Recuperar tu nombre

Juan Álvarez
Recuperar tu nombre

Título original: *Recuperar tu nombre*
Primera edición en Alfaguara: febrero de 2024

© 2024, Juan Álvarez
© 2024, de la presente edición en castellano para todo el mundo:
Penguin Random House Grupo Editorial, S. A. S.
Carrera 7 N.º 75-51, piso 7, Bogotá, D. C., Colombia
PBX (57-601) 7430700

© Diseño: Penguin Random House Grupo Editorial, inspirado en un diseño original de Enric Satué
Diseño de cubierta: Lorena Calderón Suárez
© Fotografía de cubierta: Archivo personal del autor

Penguin Random House Grupo Editorial apoya la protección del *copyright*.
El *copyright* estimula la creatividad, defiende la diversidad en el ámbito de las ideas y el conocimiento, promueve la libre expresión y favorece una cultura viva. Gracias por comprar una edición autorizada de este libro y por respetar las leyes del *copyright* al no reproducir, escanear ni distribuir ninguna parte de esta obra, por ningún medio, sin permiso. Al hacerlo, respalda a los autores y permite que PRHGE continúe publicando libros para todos los lectores.

Impreso en Colombia-*Printed in Colombia*

ISBN: 978-628-7659-35-3

Compuesto en caracteres Adobe Garamond Pro
Impreso en TC impresores, S.A.S.

Para Catalina Navas, miamor

La mejor forma de tratar la verdad es no pretender que una tiene una relación incontestable e imparcial con los hechos, sino revelar los propios deseos e intereses, porque la verdad no reside exclusivamente en los acontecimientos, sino también en las esperanzas y las necesidades.

Rebecca Solnit,
Una guía sobre el arte de perderse

No sé si usted se habrá preguntado alguna vez por el sentido de la vida en una cárcel. Salvo la libertad, nada es válido. Esa palabra lo encierra todo. Se pierde la libertad y con ella se cercena casi todo. Lo único que no puede perderse allí es la dignidad, ese es el reto, este es el relato.

Doris Suárez,
Resistiendo el encierro.
Testimonios de exprisioneros políticos
Farc-EP y luchas carcelarias

Su súplica de 1617 había identificado tres causas generales interrelacionadas que explicaban la persecución a su madre: 1) enemistad contra su madre debido a su situación social como viuda; 2) temores culturales generalizados contra las mujeres mayores, y 3) un nuevo gobernador necesitado de brujas para efectuar sus otros planes.

Ulinka Rublack,
El astrónomo y la bruja.
La batalla de Johannes Kepler por salvar
a su madre de la hoguera

Índice

Cargo de responsabilidad   15

Movimiento uno: prehistoria   17
    Trébol de pantano   19
    Primeros silencios   25
    Acercamientos   29
    Encuentro con Adriana Díaz Lezama   35
    «Tres mil personas imputadas»   41
    Un lugar físico y emotivo   49
    Chat de Instagram   55
    En las rejas   61
    La Biblia rota   67
    Ley Rosa Elvira Cely de 2015   73
    Atender tu propio sufrimiento   79

Movimiento dos: precarcelazo   93
    El servicio público (¿en América Latina?)   95
    «Mi socialista»   101
    «Nunca recibas solo a nadie»   109
    Otros riesgos del servicio público (en Colombia)   113
    Llegada de Álvarez a las administraciones distritales (2006-2011)   119
    Fabricaciones, presión mediática   125
    Primera diligencia de interrogatorio   129

Camino a la audiencia de imputación … 135
«No se pueden identificar los casos que fueron objeto de priorización» … 141
La envergadura de lo comprendido … 149
Diligencia de arraigo (¿trampa?) … 161
La llamada (de quiebre) de mi hermano … 167
No recuerda … 171
Puñaladas (febrero de 2017) … 173

Movimiento tres: audiencia de imputación de cargos … 177

«Régimen de comunicación» … 179
El lugar sin oxígeno del pantano … 185
Yo también necesito respirar … 195
«Me atengo a lo allí expuesto» … 199
Nuestro esfuerzo de respuesta … 205
Desenlaces previsibles … 211
«No me pongan esposas» … 217
Las celdas de paso del antiguo DAS … 225

Movimiento cuatro: carcelazo … 231

la materialidad de la imaginación en el oído … 233
tres traslados … 239
comprensión de capitales … 245
gilberto vargas, varguitas, canero … 257
catálogo de negocios … 265
sin necesidad de asalto … 279
el piso de la celda en la visita … 285
fisioterapia … 293
modos de libertad … 301

Movimiento cinco: disoluciones	307
Saber perderte	309
«No hay un solo fugado»	317
La inmunidad es más que un hecho biológico	329
Tres meses encendidos	339
Así nacen las crisis de credibilidad	353
¿Cómo conseguiste, viejo, no acabar enfermo?	365
El pleno pulmón	377
Otra cosa más bella con tus pedazos	383
Agradecimientos	393

Cargo de responsabilidad

Esta nota suele ir en la página legal de las publicaciones y diluirse allí entre otros textos mecanizados. La traigo aquí al frente porque en este libro no puede ser un texto mecanizado o diluido justo porque trata del alcance de mis responsabilidades, es decir, de las consecuencias de mis acciones de investigación y escritura ante la potestad penal del Estado, paradójicamente, una de las materias de este libro.

Así las cosas, a esta nota le cambio su nombre genérico («descargo de responsabilidad») y la rebautizo con su nombre presente, *Cargo de responsabilidad,* y lo hago de este modo porque las opiniones expresadas en las miles de palabras que siguen —que más que opiniones son las valoraciones que hago de la realidad, las indagaciones que adelanté para establecer esa realidad, las digestiones de la realidad que viví procurando que no me destruyera, las conversaciones que sostuve para comprender los varios frentes en disputa que constituyen la realidad, las hipótesis informadas que formulo y acerca de las cuales aún medito y las imágenes reflexivas y poéticas que cometo—, son mi responsabilidad exclusiva, el autor más que nunca en su nombre propio, Juan Álvarez, si quieren, y como estoy tomándome en serio la nota genérica y haciéndola mía, digo también que así como la responsabilidad de estos textos es mía, todo lo dicho acá no refleja o puede no coincidir o no coincide en lo absoluto (los adverbios que quieran) con los puntos de vista de la editora o la casa editorial que publica. También digo que los hechos que aquí narro —aquellos que no son de la intimidad de mi familia— están basados en investigaciones periodísticas y procesos judiciales cuya existencia es de conocimiento público y los divulgo con respeto por la memoria de las víctimas y la privacidad de sus familias.

Hago mía por completo la responsabilidad de contar lo consignado en este libro porque no puede ocurrir que la justicia de turno de este país vuelva a cometer una infamia y responsabilice a mi padre y lo castigue una vez más.

No acuso a nadie de ningún delito, así el quebrantamiento de las leyes y el abuso del poder asome de manera intrincada en cada esquina de estas fracciones de historias.

Este libro es también sobre el valor del nombre propio y la reputación, aquello que le erosionaron a mi padre con una medida de aseguramiento excesiva y arbitraria y con una cascada de titulares imprecisos e impasibles (para nada de lo cual hubo pruebas), razón de fondo para tener cuidado con el nombre propio de todas las personas aquí nombradas, incluso aquellas que hoy sabemos capaces de abusos de poder insondables y que me producen miedo, un sentimiento al que elegí atenerme para la escritura antes que escribir desde la rabia o sus aledaños.

Hago mía esta nota como hice nuestro y texto, padre mío, el dolor de la arbitrariedad por la que nos obligaron a pasar.

Movimiento uno: prehistoria

Trébol de pantano

Este libro intentó ser tres historias distinguibles, como un trébol común y su tallo. Las tres hojas del trébol quise que fueran las historias diferentes; el tallo sería el libro y también la lectura que cada quien haría del lugar sinuoso de donde vienen estas historias porosas o fracciones de historias o historias con silencios: los pantanos de la ley en Colombia.

No pudieron ser tres completas, son más bien varias permeables y un abandono o una y esquirlas, puñados de insinuaciones, dolores regados, la vida.

Esto acabó ocurriendo así porque la primera historia que empecé a investigar, el feminicidio en 2009 de mi compañera del liceo, Alejandra Díaz Lezama, significó una conversación generosa y extendida a lo largo de los años con su hermana, Adriana Díaz Lezama, de la cual resultó la voluntad suya y de su familia de que yo no hiciera público nada de lo conversado con ella respecto a Alejandra, así como tampoco la primera carta con la que Adriana contestó a la mía y me dijo, en nombre de su familia, que no querían que yo escribiera un libro sobre su hija y hermana y me dieron sus razones francas y contundentes.

Ese libro entonces no existe, aunque exista su dolor subyacente y sus porosidades estén aquí.

Este libro, el que sí existe, es también un asidero a la realidad. Fundirme en él, prenderme a la existencia presente a través de sus rigores, acabarlo antes de que me destruyera dado que durante varios años vivió en mi cabeza y en mi experiencia como dinamita de mecha encendida, fue la manera que encontré de no volverme loco.

Un ancla de palabras y palabras transfiguradas en materialidad.

En algún momento, cuando estuve a punto de perder la cabeza durante los años y los hechos que acá empiezo a contar, las notas que tomaba en mis libretas, o las pausas que hacía los domingos tirado en la cama recogiendo energía para volver a moverme, o las montañas que subía detrás de Catalina para hallar perspectiva, iban anticipando en ese presente, que hoy es mi pasado, la resignación y la fascinación, simultánea y dolorosa, de que me había llegado la hora en la vida de escribir desde un lugar que hasta entonces no había querido ocupar: el nombre propio, la primera persona.

En este libro, con nuestros nombres propios, conjuro los ciento ochenta y siete días en los que mi padre fue afectado con una medida de aseguramiento privativa de la libertad, primero en las celdas de paso del antiguo DAS y luego en la cárcel La Picota al suroriente de Bogotá, sindicado de dos delitos contra la administración pública.

Conjuro el frío del piso de la celda impecablemente trapeada donde mi hermano y yo nos echábamos mientras el viejo nos conversaba desde su plancha tendida y su rostro apesadumbrado.

Con este libro sepulto aquella angustia que sentí al tantear los bordes cenagosos de la vergüenza y la angustia.

*

Este libro está hecho de *tajos*, que es la forma que encontré de llamar a estos apartados cortos, sucesivos y distinguibles a partir de los cuales cuento el disturbio o los contornos del disturbio de cada una de las escenas, episodios, hechos, averiguaciones y tangencialidades de las varias fracciones de historias que componen este libro: *hechos en tajos*; tajos poros.

Un tajo es un corte profundo, pero sobre todo un final y un principio. Cuando llega el día en que te cuesta respirar o pasar saliva, necesitas de eso: el principio transparente de la entrada de aire, el final transparente de la salida de aire.

La ilusión de una unidad vital.

La forma del tajo, simple en principio, es también mi oferta de un pacto de lectura: tanto la historia del carcelazo arbitrario de mi padre, como el no-relato del feminicidio de mi compañera de liceo y el silencio posterior y meditado de su familia, son entramados imposibles de comprender por fuera del ordenamiento jurídico y mediático, un universo de leyes, sinuosidades, entidades de la rama judicial, gritos, agentes del Estado, poderes, operadores de poderes; fuerzas de tan distinto tipo, densas y difíciles de navegar, que el corte de principios y finales es (también) la guía que les ofrezco para sobrellevar el lodo denso del pantano mediático-judicial: lugares claros dónde saltar y caer; puntuaciones notorias de la realidad relatada para que ustedes los lectores resuelvan dónde respirar.

Ustedes entrarán acá o saldrán de acá en la medida en que quieran acompañarme a reconocer el lodo, y los tajos distinguidos les ayudarán a resolver cuánto lodo están dispuestos a oler o cuándo juzgan que han tenido suficiente y quieren brincar adelante a la siguiente maraña de raíces en el pantanal.

En mi caso, como no puede ser de otra manera, estoy aquí para meterme al fango hasta las narices, y por eso necesito a mi vez de poros que hagan para mí lo que los tajos harán para ustedes: orificios de respiro.

Rendijas de ventilación.

El respiradero de quince centímetros de alto por cincuenta centímetros de largo que mi viejo tuvo como ventana en su celda.

El ritmo en tajos y poros para darle cause y sentido al dolor y al consuelo.

*

En el último trimestre de 2015 me senté y me pregunté si tenía lo que se necesitaba para acercarme a una historia de la vida real que traía atravesada en la garganta: el feminicidio en 2009 de una amiga del colegio. Quería entender cómo había sido posible que la ambición por un poder político minúsculo hubiera conducido a su esposo a pagar un sicario para asesinarla, según la sentencia condenatoria que existe.

Meses después de husmear en el dolor ajeno de una hermana y una familia que se recuperaban del desconsuelo por el feminicidio de su hija, la oficina de un fiscal a cargo de un proceso penal en contra de mi padre, empantanado desde hacía años, lo aceleró, lo hizo crecer, lo ensució de contexto hasta hacerlo sonar *gravísimo* y acabó metiéndole una detención preventiva en establecimiento de reclusión. *A la cárcel*, titularon los medios de comunicación a diestra y siniestra. Esto se concretó el martes 25 de julio de 2017. Fue la destrucción de su vida pública y laboral.

La defensa de mi padre ganó la apelación de la medida de aseguramiento y él quedó en libertad el sábado 20 de enero de 2018. Desde entonces estamos en juicio. Desde entonces no tiene vida laboral. Se envejeció (tampoco tanto), le llegó su pensión mal liquidada, se dedicó a estudiar Derecho y se hizo abogado. El delegado fiscal a cargo del proceso nunca volvió a aparecer. Su fiscal de apoyo, que luego fue puesto al frente, a veces aplaza las audiencias, a veces asiste; en una audiencia del juicio, a finales de 2021, desistió de varios testigos y dejó que toda su teoría del caso descanse en un «informe base de opinión pericial y dictamen» que en realidad es un formato de la Fiscalía donde dos contadoras de la entidad leen un conjunto incompleto de documentos administrativos y al final hacen «sugerencias». No concluyen nada. Hacen sugerencias a la investigación. Así la consistencia del lodo.

En medio de este proceso nos aplastó la tormenta sanitaria de la pandemia de covid-19. Desde entonces, marzo de 2020 para el caso de América Latina, el juicio de mi padre, que ya poco le importaba a la Fiscalía y nada a la prensa, dejó de importarle incluso al primer juez a cargo del proceso. En cierto sentido, en esos primeros ocho o diez meses de angustias médicas, ansiedades financieras y encierro social —o mejor, semiencierro social, porque millones de trabajadores informales siguieron en la calle o en las ventanas de sus casas rebuscándose la vida—, a nosotros en la familia el juicio también dejó de importarnos.

Si se quiere pensar que este libro es una sola historia, y no esquirlas extraviadas, esa historia es esta sucesión de respiros interrumpidos y vinculados por el ordenamiento jurídico y la realidad azarosa y avasalladora: husmeé en el dolor ajeno; luego abandoné esas averiguaciones porque la realidad judicial y mediática se le vino encima a mi familia; luego dejé a un lado mis sentimientos de injusticia y el interés por el resultado judicial en el caso de mi padre porque la experiencia del encierro covítico nos ocupó y nos arrolló como sociedad y especie.

Derivas de la primera persona hacia su disolución.

Intentos de control donde el control es inconcebible.

Los sábados y domingos pandémicos despertaba en la mañana y pensaba en la gente hacinada en las cárceles, personas en alto riesgo de contagio y a quienes ahora les habían encerrado a sus familiares o amantes y no iban a recibir visitas, ninguna, ni el sábado ni el domingo ni el siguiente fin de semana, y recordaba entonces el valor de esas visitas que impedían que tú y tu familiar detenido perdieran la cabeza.

La cuerda de la cordura carcelaria rota.

La relación que comprendimos en nuestras visitas entre cordura y panza: el valor nutricio y sentimental de la comida que podía entrar los fines de semana. O mejor, los domingos, porque los sábados, en la visita de hombres, la comida permitida era (es) la que venden controlada al ingreso del penal: platos de lechona o presas de pollo asado o frito.

Hoy, mientras escribo, pienso también en el lapso de paz mental que les confiere, a los familiares de víctimas de homicidas o feminicidas, el encierro de éstos en la cárcel. Años acaso para lidiar, como mínimo, con el miedo de volver a encontrárselos en la calle. Horrores del cuerpo como quizás pocos existan.

Pero vuelvo a la pandemia. En más de un sentido escribir este libro es redactar desde allí: la gente con familiares en la cárcel encerrada en sus casas mirando por la ventana y preguntándose qué irían a comer sus familiares encerrados mirando detrás de los barrotes; la gente con familiares asesinados pensando que ellos mismos iban a morir y pronto se reencontrarían con ese dolor truncado en algún otro lugar de la existencia.

Mi propia cuerda de la cordura vuelta a tensar.

Catalina y yo ante el bicho y la hipocondría compartida.

El desquiciamiento como horizonte.

Tal vez ese abismo cenagoso sea el tallo de este trébol común de hojas rotas. O tal vez no.

Escribo con mi nombre propio para averiguarlo.

Primeros silencios

Alejandra Díaz Lezama fue compañera nuestra en el Liceo Juan Ramón Jiménez, el colegio donde estudiamos toda la vida. Fue la niña con la que me intercambié papelitos de dulzura en la clase de español en cuarto de primaria y la persona que me prestó sus cuadernos para adelantarme ese mismo año cuando pasé dos meses en la cama sin moverme porque sufrí un cuadro viral de hepatitis. Amigamos en los equipos de voleibol y compinchamos en las excursiones a las montañas y en los viajes a los torneos a edades tan distintas como los once y los quince años. Con Alejandra a los trece cantamos tonterías melosas y coquetas sentados en los brazos de las sillas de los buses que nos llevaron por carreteras de Boyacá y Santander. Con Alejandra cursamos juntos desde la guardería hasta graduarnos, ella en 1996, un año más tarde que nosotros. Algo debió ocurrir en los anchos años del bachillerato que hizo que ella repitiera un grado. «Perder el año». Así le dicen a esa repetición de grado, como si tal cosa, *perder un año,* fuera posible cuando uno tiene once o trece o quince años. Como si el tiempo fuera materia ganable.

Alejandra, pasadora de voleibol en las categorías infantil y juvenil.

Alejandra la hija de una familia de músicos y cantante ella también.

La sonrisa recogida y al tiempo vivaz de nuestra compañera Alejandra.

Su asesinato en 2009 un día antes de cumplir treinta años, las revelaciones posteriores y mediatizadas respecto de los motivos y circunstancias, nos sacudieron y nos regresaron, a mí y a un conjunto de personas de una generación vinculada por su relación académica y afectiva con el Liceo Juan Ramón Jiménez, a un antiguo sentido de comunidad que vivía exhausto o desatendido.

Aquí en este segundo tajo, antes de intentar balbucir quién fue Alejandra, había redactado los hechos escuetos de su feminicidio. En la primera línea de ese texto que borré decía que ella había empezado a morir mucho antes del disparo del sicario contratado. Lo decía así para anticipar los episodios de maltrato psicológico que existieron en su casa por parte de su esposo y que se hicieron públicos en el juicio, cuando el proceso penal concluyó que él fue el autor intelectual de su asesinato.

En la redacción de esas mil palabras escuetas que ya nunca existirán aprendí dos cosas.

La primera, que la tipificación del delito de *feminicidio* como delito autónomo no hacía parte aún del ordenamiento jurídico colombiano en 2009 y sólo empezó a hacerlo a partir de 2015, cuando las ramas legislativa y ejecutiva sacaron adelante la Ley 1761 o Ley Rosa Elvira Cely, que creó para nuestra sociedad este tipo penal y dictó otras disposiciones.

El caso de Rosa Elvira Cely fue paradigmático, no sólo de la violencia patriarcal sino de la inoperancia y la complicidad del Estado. Cely fue asesinada en mayo de 2012. Era vendedora ambulante y madre de una niña de doce años. Estaba estudiando para terminar el bachillerato. Javier Velasco, un sujeto que había conocido en la escuela donde estudiaba, la llevó al Parque Nacional y allí la estranguló, la violó, la empaló y la dejó tirada moribunda. Cely alcanzó a llamar a la línea 123 de la Policía, declaró que estaba siendo violada y dio su ubicación. Las autoridades llegaron tarde y luego trataron de ocultar la llamada. Después de pasar varios días en cuidados intensivos, Cely murió al tiempo que las investigaciones de la prensa encontraron que Velasco ya había sido condenado por el asesinato de otra mujer diez años antes, que sólo había pagado diecinueve meses de condena y que tenía denuncias por abuso sexual. La hermana de Rosa Elvira, Adriana Cely, fue quien se puso al frente del caso al tiempo que se educó en lo que ella misma empezó a llamar *temas de género*.

La segunda cosa que aprendí tiene la forma de una cadena de elementos abstractos. El término *feminicidio* aparece en el mundo tan tarde como 1985, lo hace a partir del concepto «gendercide», acuñado en el libro *Gendercide: The Implications of Sex Selection* de la antropóloga norteamericana Mary Anne Warren. Luego llega a América Latina de la mano de la antropóloga mexicana Marcela Lagarde, que lo recoge para describir el asesinato sistemático y masivo de niñas y mujeres en Ciudad Juárez, al norte de México en la frontera con Estados Unidos, donde la década de los noventa significó la consolidación de una nueva geografía socioeconómica a partir de la industria maquiladora y el narcotráfico.

Hay más: a pesar de los esfuerzos sociales y legislativos por nombrar y detener la epidemia de violencia contra las mujeres por razones de género —según el boletín semestral del Observatorio Colombiano de Feminicidios, en el primer semestre de 2023 se cometieron cuarenta y dos feminicidios al mes—, a pesar de la aparición en distintos países de América Latina y el Caribe de leyes para tipificar el delito de feminicidio y otras disposiciones cruciales (ya llegaré a esto), las organizaciones civiles y feministas tuvieron que volver a alumbrarnos el problema porque, tiempo después de estas promulgaciones, fue haciéndose evidente la insuficiencia del camino estrictamente judicial para paliar la epidemia.

Y una de las razones cruciales de esta insuficiencia es el hecho de que los operadores de la justicia no tienen (siguen sin tener) sensibilidad ni comprensión suficiente del peso del patriarcado en su mirada y en su cultura de investigación, enjuiciamiento y restauración de derechos. El enfoque diferencial de género y la debida diligencia, dispuestos en tratados internacionales y en las normas internas de la Fiscalía y de los tribunales judiciales, son omitidos con frecuencia.

Así las cosas, organizaciones tan disímiles como ONU Mujeres o Estamos Listas (primer partido político en Colombia construido a partir de municipalismos feministas) han tenido que continuar invirtiéndose en la formulación de instrumentos, protocolos y rutas para la atención e investigación de las muertes violentas de mujeres por razones de género, es decir, han tenido que seguir trabajando para incidir en la manera como las mujeres víctimas de violencias de género o los familiares de víctimas de feminicidios acceden a los escenarios de justicia penal y restaurativa, una espesura de lucha que incluso tuvo que intensificarse en la pandemia, donde las violencias de género se multiplicaron.

Entonces, lo segundo que aprendí: el despeñadero de nuestras desgracias socioculturales no se salva simple y llanamente con la promulgación de más leyes.

Acercamientos

En noviembre de 2015, cuando decidí acercarme de manera organizada a la historia del feminicidio de Alejandra Díaz Lezama, hice una lista de tareas preliminares. En esa lista escribí dos cosas que hoy copio acá. Son documentos que existen, así uno de ellos yo haya dejado de buscarlo y ya jamás vaya a encontrarlo.

* Escribirle una carta a Adriana Díaz Lezama.
* Conseguir los informes cualitativos de cuarto de primaria de Alejandra.

Apenas recuerdo cómo tomé la decisión de intentar contar la historia de mi compañera de liceo. De pronto fue cierta intuición narrativa ingobernable y algo inmoral; o la llana oscuridad al acecho de las violencias que se acercan y nos rozan. O quizás fue la fuerza afectiva de una imagen: Alejandra cantando en un bus repleto de adolescentes mientras descendemos la cordillera andina y entramos en la tierra caliente. Se me ocurre que pudo ser también la naturaleza de esos años 2014 y 2015, cuando regresé a vivir a Colombia, un país que entonces se mecía entre el anhelo y la desconfianza hacia el proceso de paz con la antigua guerrilla de las Farc-EP; un país que parecía decirnos, a quienes tratábamos de escuchar en esa clave de paz, que era hora de reparar, con proximidad emotiva, en las distintas historias de violencia de nuestro acervo de horror.

Y la historia del feminicidio de Alejandra, antes de que existiera en Colombia la tipificación del delito de feminicidio, fue a todas luces un caso paradigmático de violencia patriarcal: su esposo, Vladimir Melo Carrillo, padre de su niña y de su niño —ambos menores de edad para la fecha de los hechos—, un sujeto que aspiraba a una carrera política porque estaba a punto de reemplazar, en una curul del Concejo de Bogotá, al representante de un partido cristiano del que él hacía parte, ese sujeto, Melo Carrillo, dice la sentencia judicial, la mandó a asesinar para proteger su acceso a la vida pública luego de ser descubierto en adulterio y de ser perpetrador de un ciclo previo de violencia psicológica, elemento clave en el juicio que lo declaró culpable aunque él hubiera sido investigado, juzgado y condenado en 2011, cuando la ley de feminicidio aún no existía y cuando los procedimientos de administración de justicia no eran sensibles (hoy todavía siguen sin serlo) a los patrones culturales arraigados en ideas misóginas de desprecio contra las mujeres y sus vidas.

No recuerdo con exactitud mis razonamientos detrás de esos días en los que me senté a organizar las ideas, pero sí que una segunda carta, dirigida a Melo Carrillo, me tomó decenas de versiones, tantas que, antes de terminarla y de encontrar la manera de hacérsela llegar a la cárcel, otra forma de comunicación nos encontró.

En cambio, la carta dirigida a Adriana, la hermana menor de Alejandra, compañera también del liceo, me salió de una sentada. Está fechada el 8 de diciembre de 2015. Mi correo de envío es del 15 de diciembre de 2015. Ahora que la releo, y considerando la razón por la que le escribí y el tipo de propuesta que le hice a ella y a toda su familia, la carta es espantosamente pragmática.

La saludo y le declaro que seré directo y franco. ¿Por qué pudo parecerme que ser *directo* y *franco* era una manera aceptable de tocar el dolor de una persona a la que le asesinaron a su hermana mayor?

Copio acá aquella carta y el movimiento emocional que aún hoy, cinco (siete) años después —cuando inicio la redacción de este mismo libro, que es otro libro porque es otro y es mío el dolor por el que finalmente escribo—, no entiendo por qué desaté.

Querida Adriana,

Quiero escribir con largo aliento, con cuidado infinito, con sentido de propósito, sobre la historia de Alejandra.

Quiero recuperarla para la memoria nuestra como el individuo que fue. [...] Creo que a partir de su asesinato muchas cosas sobre la naturaleza humana, el poder local en Colombia y la idiosincrasia nuestra, pueden comprenderse. Creo que un libro sigue siendo un objeto poderoso allí donde algo cabe ser comprendido.

No puedo imaginar lo que han sido para ustedes todos estos años de conciliación interior. No puedo imaginar el dolor con el que han tenido que lidiar. No quiero despertar dolores arbitrarios, aunque sé muy bien que estas pocas líneas ya pueden estar obrando lo contrario. Me disculpo por ello.

Lo que puedo intentar es contar su historia como nadie más lo hará. Con la sensibilidad, la inteligencia y el involucramiento que nadie más lo hará. Esa única vez que conversamos al respecto, hace años, cuando me contaste los pocos detalles que me contaste, quiero pensar que de algún modo los dos nos sembramos la posibilidad de este momento.

Sé que a lo largo de estos seis años y medio han ido y venido periodistas que han hablado con los abogados o con personas cercanas a Alejandra. Estoy seguro, también, de la sensación de vacío que a ustedes en la familia les ha quedado después de esos relatos.

¿Crees que podríamos conversar con más detalle al respecto? ¿En qué lugar crees que estén tus padres frente a esta intención que aquí les declaro?

Si antes de decidirte a hablar conmigo lo consideras oportuno, por favor muéstrales a tus padres esta carta, que entrego con nervios infinitos [...].

Adriana me contestó cuatro días después. «Nuestra respuesta frente a la propuesta es un decidido no», dice su carta, que debía seguir acá en este relato, citada completa en este punto, porque es una negativa fuerte y radical e incluso quizás pedagógica, pero ya no va, fue el acuerdo al que llegué con ella por razones que también acordamos guardar para nosotros.

(Luego de años de conversaciones esporádicas y de este primer acuerdo acerca de no escribir un libro sobre Alejandra en el que su familia participara, otro acuerdo final nos encontró: a mediados de 2023 le propuse a Adriana que leyéramos juntos, en voz alta, el camino que tomé para no escribir un libro sobre su hermana y sin embargo contar el preámbulo de ese no-libro y mi conexión emocional con su existencia no-existencia; estuvimos cerca de hacerlo, pero al final no ocurrió, no leímos juntos. Lo que sí ocurrió es que Adriana me dijo *Juan, escriba lo que quiera, pero hágalo de manera empática*, y en la envergadura de ese compromiso fértil y delicado he vivido de adelante para atrás y de atrás para adelante todos estos años de desentrañamiento.)

Frente al horizonte de claridad de la carta de negativa de Adriana, sólo cuento mis sentimientos y derivas.

Me impactó primero la frontalidad de sus razones, asociadas o disparadas desde una lectura de los medios de comunicación donde (no lo decía así, pero podía leerse así) el dolor de la gente era succionado y consumido y rápidamente sustituido por uno nuevo para alimentar una maquinaria de morbo y espectacularización de las miserias de la gente. Ella y su familia estaban en otro momento de la vida y no querían participar de un libro y reclamaban su proceso de duelo en intimidad y como un derecho radical y punto.

Ahora en la distancia, cuando repaso todo en sus palabras concretas y recupero mis notas sobre lo que en su momento me conté a mí mismo como *el silencio de la familia de Alejandra*, entiendo lo impreciso y lo torpe que fue llamar *silencio* a lo que la familia Díaz Lezama me estaba diciendo, porque mi interpretación de su negativa como silencio implicaba hacer de su relato un *relato detenido*. Yo pensaba que no iba a escuchar su relato —sí escuché; con Adriana hemos conversado a fondo varias veces desde este primer intercambio de cartas e incluso antes—, y a partir de ese hecho estaba asumiendo que su duelo y su dolor y las singularidades de su tristeza ya no las iba a conocer nadie, una vanidad delirante en donde yo resolvía —sin pensarlo de manera explícita, sin actuarlo— que mi oreja y mi escucha y mi escritura posterior podían ofrecer consuelo, todo por mi convicción simple de que los libros existen para eso: darnos alivios que al tiempo pueden ser abismos.

También derivo ahora en una cosa innecesaria que ligeramente me avergüenza pensar mientras pienso en la familia de Alejandra.

Existe un reverso de los casos de hermetismo de las familias víctimas de violencias feminicidas u homicidas en general: volcarse a hablar y exponer su tragedia en la prensa y hacerlo así porque, de otro modo, esas familias no consiguen accesos eficientes a la justicia. Gritar y exponer su dolor porque, de lo contrario, las autoridades permanecen sordas, con sus protocolos de atención insensibles e inoperantes.

Pese al desgarro que tiene que seguir sintiendo la familia Díaz Lezama, el caso de su hija contó con la fortuna de una operación de justicia que dio con los responsables materiales e intelectuales de su desgracia. Ahora, ¿la condena a treinta y seis años de cárcel en contra de Melo Carrillo ayudó en qué sentido a la pérdida de la familia Díaz Lezama? Esa condena, que significará (significa) una reclusión efectiva de quince o diecisiete años, ¿fue o será justicia suficiente para restaurar algo en el corazón de la madre de Alejandra?

Nosotros mismos, ¿cómo sobrevivimos a las tragedias familiares? ¿Cómo consiguen recomponerse nuestros sistemas nerviosos y nuestros lazos emocionales? ¿Cómo se miden, cómo se comprenden las consecuencias que la tormenta de la violencia tiene sobre un núcleo familiar, comunitario o social?

En noviembre de 2015, cuando decidí acercarme en clave narrativa al dolor de otros, al dolor de Adriana y su familia, yo sólo era una lista preliminar de tareas de investigación y un puñado de imágenes en la memoria sumadas a preguntas. Quizás por eso no tuve manera de darme cuenta de las advertencias azarosas que se cifraban en la carta de negativa de la hermana de mi excompañera de liceo.

Encuentro con Adriana Díaz Lezama

Le contesté a Adriana al día siguiente. Le escribí que su carta no me parecía ni «seca» ni «radical» y sí clara y abismal. (Sí era radical.) Le dije otro par de cosas que ahora que releo me dan vergüenza. No porque hubiera vuelto a intentar convencerla (eso habría sido canalla), sino porque fui malabarista en la comprensión de lo que ella me decía, hablando sin ninguna necesidad de mi propia mirada y elogiando sin ningún sentido una postura de silencio y de cuidado de la intimidad familiar que la verdad yo apenas entendía y ni siquiera sabía nombrar bien.

Dos semanas después nos encontramos y nos tomamos un par de cervezas. Llevábamos años sin vernos. Conversamos durante horas. Siempre que veo a Adriana —ese día que nos sentamos sabiendo que íbamos a hablar en profundo y grueso—, o cuando nos cruzamos de manera espontánea en espacios sociales de amigos en común, me pasma el parecido de su mirada con el recuerdo que tengo de la mirada de su hermana: ambas miran, Alejandra miraba (Adriana mira), en un espectro simultáneo de alegría y tristeza que es como si el océano te abrazara al tiempo que te arrolla y te desaparece.

Ese día Adriana me contó sobre sus años recientes en Argentina estudiando Estética y Teoría de las Artes, de su trabajo como maestra de música y de sus sobrinos. Poco a poco, por decisión de ella, la conversación fue adentrándose en su hermana. No apunto aquí una sola cosa de las que ese día me contó o insinuó porque entiendo que esa conversación, detallada, dolorosa y escandalosa, fue su manera de reencontrarme como amigo y de hacerme entender, no ya la postura de distanciamiento hacia los medios de comunicación que su familia había adoptado desde el primer momento del feminicidio, sino el sinsentido de que yo anduviera hurgando en el dolor de su familia.

Nos despedimos, nos cruzamos un par más de correos electrónicos y en uno de ellos le pedí su dirección postal. En esos primeros días de 2016 terminé de leer *El año del pensamiento mágico* de Joan Didion. Quería enviárselo de regalo. En el correo donde anunciaba mi regalo le decía que había llegado al final en lágrimas mal, que el libro era una meditación meticulosa sobre el dolor y que Didion decía haberlo escrito para entender lo que le pasó a ella y a su cuerpo después de la muerte de su esposo y la enfermedad repentina de su hija adoptiva, dos cosas que ocurrieron al mismo tiempo.

Lo cierto es que, así como entendí y respeté la negativa clara y contundente de la familia Díaz Lezama y no volví a acercármeles para preguntarles nada (en esos primeros largos años), así también continué con mis averiguaciones y con mi lista de tareas trazada en noviembre. Llámenla inercia o pulsión investigativa. Llámenla tozudez. Yo había entendido que ese primer libro que había imaginado no existiría, pero no había dejado de imaginar que algún tipo de libro podría existir. Lo ignoraba todo.

Leí cientos de notas de prensa que se produjeron en el marco del juicio a Vladimir Melo Carrillo, que al momento de su arresto el 22 de octubre de 2009 llevaba dos meses como concejal de Bogotá en reemplazo de Gustavo Páez, el pastor del Partido Cristiano de Transformación y Orden (Pacto). Descargué el caso del sistema Consulta de Procesos de la Rama Judicial, que empezó ante un juez de control de garantías (es el caso para casi todos los colombianos), pasó al juzgado 5 penal del circuito con función de conocimiento, donde Melo Carrillo fue encontrado culpable, escaló al Tribunal Superior de Bogotá, que ratificó la condena, y terminó en la Corte Suprema de Justicia, desde donde fue calando como uno de los casos claves estudiados por las organizaciones sociales que, años más tarde, le presentaron a la sociedad colombiana sus argumentos respecto de la importancia de una ley de feminicidio para enfrentar la pandemia de violencia contra las mujeres en nuestra cultura machista, rota y desquiciada por la guerra.

Me reuní también con el abogado penalista John Villamil. Fue en su oficina en el barrio Los Alcázares. Allí llevé una batería de preguntas y necesidades de asesoría de todo tipo. Lo más importante tal vez haya sido mi pregunta por el camino apropiado para reunirme en la cárcel con Melo Carrillo y Luis Franco Morales Nieto, alias Mil Caras, el exparamilitar que, decían todas las notas de prensa, había informado a la Fiscalía sobre los autores materiales del asesinato en busca de rebaja de pena. Villamil era entonces abogado de mi padre. Cuando el viejo supo lo que yo intentaba investigar y escribir, y que parte de mi abismo era la dificultad de comprender cómo funcionaba o de qué se trataba el aparato judicial colombiano, me sugirió conversar con John.

Por último, mientras definía una fecha para visitar el Liceo Juan Ramón Jiménez a finales de enero —antes de que empezaran las clases y nadie allí tuviera un respiro—, hice una línea del tiempo de las acciones alrededor del crimen y un mapa de personajes secundarios a entrevistar que se me salió de las manos de inmediato.

Estaban allí, en ese mapa, sujetos como Mabel Zurbarán, la patóloga que hizo la necropsia y puso de presente, durante el juicio, el roce en el brazo de la bala a la cabeza que mató a Alejandra, señal de que ella vio a su asesino y alcanzó a reaccionar. Álvaro Pachón y Marlon Díaz, fiscal y procurador judicial a cargo del caso; éste último, coinciden los periodistas que asistieron al juicio, fue quien salvó el proceso gracias a sus habilidades orales y ante las torpezas de los delegados de la Fiscalía. Jenny Bulla, amiga de Alejandra y testigo en el juicio de los maltratos e infidelidades del esposo. Claudia Lobo, otra compañera del liceo que yo recordaba había sido gran amiga de Alejandra y a quien llegué a entrevistar durante horas. María Díaz, prima de las hermanas Díaz Lezama, hija de otro exalumno del liceo y la persona que actuó como vínculo entre la comunidad del colegio y la familia tras el crimen, esto en los largos y feroces meses del juicio. Leidy Díaz, tallerista de lectura y escritura en La Picota durante años, la persona que quizás me haya contado los detalles más reveladores sobre la personalidad de Melo Carrillo. (Un día, éste la tomó de la mano y le dibujó en tres dedos las letras A, B y C para representar a los tres sujetos que lo acusaban de ser el autor intelectual y para explicarle por qué sus testimonios eran contradictorios; también le habló del libro que estaba escribiendo y le pidió ayuda varias veces, pero era receloso del texto y nunca finalmente lo compartió con ella.) Alfonso Melo, padre de Melo Carrillo, interlocutor con los medios y vocero durante los años del juicio de la tesis según la cual todo era un complot para acabar con la carrera política de su hijo. Gustavo Páez, pastor y político elegido por el movimiento Pacto y quien le cedió la curul a Melo Carrillo. Wilson Rivera y Víctor Ospina, primeros abogados del acusado. Edgar Osorio, abogado de la familia Díaz Lezama. Gildardo Acosta, abogado de Jonathan Torres (desmovilizado de las Autodefensas Unidas de Colombia), el gatillero contratado que disparó, y de los intermediarios Luis Díaz y Víctor Jiménez.

En el mapa de personas a buscar leo también los nombres de tres periodistas: Yolanda Gómez, Carlos Guevara y Mauricio Collazos. Con los dos primeros, periodistas en su momento de *El Tiempo*, acabé reuniéndome y estremeciéndome con sus recuerdos, ambos muy distintos entre sí. Con Collazos, reportero judicial de *RCN Radio*, nunca pude encontrarme, y ahora que reviso mis notas creo entender por qué no quiso hablar conmigo pese a que dos veces estuvimos a media hora de vernos.

Yolanda Gómez no era especialista en temas judiciales, pero la historia de Alejandra —violencia contra la mujer en el escenario de una familia ejemplar como la de un político cristiano— la impactó tanto que acabó pidiendo vacaciones en el periódico y usando ese tiempo para asistir al juicio de principio a fin. Redactó más de cien páginas. Hizo todo lo que estuvo a su alcance para hablar con Margarita Lezama, la madre de Alejandra. Nunca lo consiguió, por eso terminó desistiendo. Carlos Guevara, en cambio, sí era especialista en crónica roja. Trabajó cinco años en *El Espacio* y tomó talleres de criminalística en la Policía Nacional. Su cubrimiento no se detuvo por la negativa a hablar de la familia. Me contó que visitó Ciudad Montes —el barrio donde vivían Alejandra y Vladimir y donde éste hacía su trabajo proselitista— y que buscó averiguar todo lo que estuvo a su alcance respecto al partido Pacto y su vínculo con las iglesias cristianas. En mis notas hay un elemento que tengo resaltado como pista a seguir: Gómez me contó que, meses después de terminado el fallo en segunda instancia del Tribunal Superior de Bogotá, su colega Guevara no quiso reproducir un testimonio de un exfuncionario de la Fiscalía según el cual en el caso de Melo Carrillo hubo «manipulación de pruebas y pago de testigos buscando incriminar al concejal». Para Guevara era claro que ese supuesto «testimonio protegido por razones de seguridad» podía haber sido orquestado (¿conseguido?) por Alfonso Melo, padre del victimario. El periodista que reveló el testimonio del exfuncionario de la Fiscalía en noviembre de 2012 fue Mauricio Collazos. Vuelvo a escuchar el audio. Collazos presenta al exfuncionario como «clave en la sentencia contra el exconcejal Melo». Repite varias veces que se trata de una «exclusiva de *RCN*». Dice, antes de que escuchemos la voz distorsionada del testigo: «Hoy el caso podría tomar un nuevo giro» —el expediente estaba en ese momento en la Corte Suprema de Justicia—. En mis notas encuentro cuatro preguntas que le envié a Collazos por WhatsApp el 6 de marzo de 2016, luego de dos meses de buscarlo, de estar cerca de reunirnos y de al final nunca encontrarnos. En una de ellas le pregunté por el contexto del testimonio.

No volví a saber de Collazos. Tampoco supe en ese momento (no tenía cómo saberlo) que mientras yo punzaba en dolores ajenos y cercanos a la comunidad juanramoniana, indagaba en la historia del feminicidio de Alejandra y seguía adelante, empecinado, con mis tareas de investigación para la escritura, una fuerza compleja, proveniente del universo público y político del país, lanzada por aquellas mismas semanas de principios de 2016, tomaba una trayectoria que acabaría colisionando conmigo y mi familia de un modo violento que nunca tuvimos oportunidad de prever.

«Tres mil personas imputadas»

Entre el 19 de junio de 2015, cuando la justicia brasileña imputó y detuvo a Marcelo Odebrecht en el marco de la Operación Lava Jato, y el 21 de diciembre de 2016, cuando el Departamento de Justicia de los Estados Unidos (DOJ, por su sigla en inglés) reveló la escala internacional de corrupción de la constructora Odebrecht, los círculos del poder político y empresarial colombiano, socios de la empresa brasileña, tejieron una alarma anticipatoria que derivó en la elección, como fiscal general de la nación, del exministro Néstor Humberto Martínez Neira (NHMN), abogado especialista en derecho financiero. La Sala Plena de la Corte Suprema de Justicia (CSJ) votó su elección el 11 de julio de 2016. En la terna propuesta para la elección del cargo también estaban Mónica Cifuentes y Yesid Reyes, ambos especialistas en derecho penal.

Respecto a la conformación de la terna, potestad del entonces presidente Juan Manuel Santos, tres de los periodistas con los que conversé, y que cubrieron el anuncio hecho en abril de 2016, coinciden en que el nombre de NHMN fue el último en entrar como resultado de presiones ejercidas por Germán Vargas Lleras, entonces vicepresidente de la república y cofundador con NHMN del partido Cambio Radical. (La influencia de Vargas Lleras en la terna para fiscal general también me la confirmó una de mis fuentes reservadas, quien trabajó en una oficina de la Presidencia durante el gobierno Santos.) Así mismo, con más o menos agudeza, algunos medios registraron la estrecha relación de décadas de NHMN con el poder económico del país. Había sido, por ejemplo, abogado de confianza de Luis Carlos Sarmiento Angulo, propietario controlador del Grupo Aval, uno de los conglomerados financieros más grandes de Colombia y socio en años anteriores de Odebrecht en la construcción de la carretera Ruta del Sol II, donde, justamente, con las revelaciones del DOJ en diciembre de 2016, empezamos a enterarnos existió un descomunal esquema de corrupción.

Los vínculos conocidos entre NHMN, el Grupo Aval y Odebrecht son varios y vienen de años atrás. Apunto sólo dos críticos:

En 2010, la firma de abogados de NHMN le presentó a la Concesionaria Ruta del Sol una propuesta para elaborar y tramitar un *contrato de estabilidad jurídica* con el Estado colombiano, de tal modo que a la empresa le garantizaran la aplicación de la norma vigente en materia de impuestos por un periodo de trece años; esto primero fue negado, pero luego, en diciembre de 2012, justo antes de que entrara en vigencia una nueva ley que prohibió este tipo de contratos en el país, la propuesta, presentada y gestionada por NHMN, fue aceptada. (En diciembre de 2017 el exsenador Bernardo el Ñoño Elías, del Partido de La U, admitió los delitos de cohecho propio y tráfico de influencias para conseguir la suscripción de este contrato de estabilidad jurídica.)

En 2016, luego de menos de un año como ministro de la Presidencia, y justo antes de ser elegido fiscal general de la nación, NHMN elaboró un *contrato de transacción* para dirimir los desacuerdos entre Odebrecht y Episol (Grupo Aval) sobre pagos sin soporte hechos desde empresas del Consorcio Ruta del Sol II. Con este contrato ambas compañías acordaron compensar dichos pagos y se obligaron a no demandarse y a mantener en confidencialidad el acuerdo. (El contrato fue revelado por la periodista María Jimena Duzán en julio de 2018 en una columna publicada en la antigua revista *Semana* titulada «¿Pacto de silencio?».)

Con estos indicadores flagrantes de varios conflictos de interés en juego (información de la que vendríamos a enterarnos después), la dirección de NHMN en la Fiscalía General de la Nación empezó en agosto de 2016. Desde su posesión rondó la metáfora del cristal como transparencia y luego en el último trimestre del año puso en marcha el programa «Bolsillos de Cristal», cuya primera característica fue anunciarse siempre de forma ambigua, porque a veces tenía las propiedades de un *plan de comunicaciones* y otras era presentado como *estrategia judicial*. La existencia del programa se formalizó a través del documento «Direccionamiento Estratégico 2016-2020 para la Fiscalía General de la Nación», aprobado a través de la Resolución N.º 0738 del 24 de febrero de 2017.

Cito las palabras que NHMN pronunció el 5 de octubre de 2016 en la ceremonia de instalación de la XXIX Asamblea de la Asociación Nacional de Instituciones Financieras:

> La lucha contra la corrupción es global y ya no existe refugio para la impunidad frente a un delito que ha terminado por extenderse más allá de las fronteras nacionales. [...] nuestra victoria contra la corrupción, en la etapa que estamos reinventando, conocerá resultados en las investigaciones con el concurso de autoridades extranjeras. [...] Frente a esta realidad y en el afán de hacer de la lucha contra la corrupción una causa ecuménica, creo que el estado colombiano debe ofrecer en extradición a esta clase de delincuentes [...]. ¡La lucha contra la corrupción es internacional y va en serio! No vamos a desfallecer en este empeño, al menos hasta que volvamos a ver que los bolsillos de los servidores públicos son de cristal.

Con la distancia del tiempo, este *aire de lucha internacional*, exhalado por NHMN en su gestión de la metáfora del cristal transparente como anticorrupción, tiene la temperatura exacta del cinismo, pero también puede leerse como viento cargado de revelación: el ocultamiento de sus conflictos de interés, probado en diciembre de 2018 cuando la CSJ eligió a Leonardo Espinosa como fiscal *ad hoc* para asumir las investigaciones por los sobornos de Odebrecht en las cuales declararon impedimento, de manera tardía, tanto el ya fiscal NHMN como la vicefiscal general María Paulina Riveros; su comprensión, desde el arresto de Marcelo Odebrecht, de la llegada a Colombia de la ola de investigación internacional a raíz de la corrupción de la constructora, y su conocimiento, desde 2015, de los hallazgos de Jorge Enrique Pizano Callejas como auditor del Grupo Aval en el Consorcio Ruta del Sol II de irregularidades en la contratación son todos elementos que se transparentan allí en su ansiedad por «internacionalizar», con grandilocuencia, *la nueva ruta de procedencia de la corrupción*.

«Autoridades extranjeras»: anticipaciones elocuentes.

Luego de tres años, cuando NHMN salió de la Fiscalía en mayo de 2019 envuelto en escándalos denunciados por decenas de investigaciones periodísticas —oficinas de su administración que todo indica complotaron contra el Acuerdo de Paz de 2016; el hecho de no haber tocado a la cúpula en Colombia involucrada en el mayor escándalo de corrupción en la historia reciente del país (Odebrecht/Aval); el nombramiento de un director anticorrupción descubierto en sus entuertos y detenido por la justicia de los Estados Unidos; haber presuntamente entorpecido la investigación por las muertes de Jorge Enrique Pizano Callejas y su hijo Alejandro Pizano Ponce de León, el primero testigo en su contra (la lista no acaba aquí)—, en fin, luego de ser responsable de una severa crisis de credibilidad del aparato de investigación y acusación del Estado, NHMN se defendió entregando una cifra que, a su juicio, probaba de manera incontestable su compromiso con *la lucha por la transparencia*: «Tres mil personas imputadas por corrupción».

¿Servidores públicos? ¿Exfuncionarios? ¿Contratistas? ¿Fusibles humanos?

¿En cuántos de estos casos los fiscales a cargo solicitaron medidas de aseguramiento privativas de la libertad? De esas tres mil personas imputadas entre el segundo semestre de 2016 y el primer semestre de 2019 (tres años), ¿cuántas han sido condenadas y en cuántos casos se trató de condenas por alguna de las figuras de la terminación anticipada? (Formas alternativas y consensuadas de solución del conflicto jurídico penal sin recorrer el camino tradicional del juicio público y contradictorio.)

¿Qué oficinas de la Fiscalía estuvieron a cargo de la recolección y el reporte de estos números? ¿Cuántas personas siguen en el limbo de la irresolución de sus casos? ¿Por qué Álvaro Márquez, presidente nacional de uno de los sindicatos de la Fiscalía, le dijo a la prensa en noviembre de 2018 que Bolsillos de Cristal era un «show mediático»? Lo cito: «Se inventan unas jornadas de Bolsillos de Cristal para congestionar más la Fiscalía porque no falta la gente que va a denunciar, pero dónde quedan esos procesos… engavetados porque no hay gente para lograr sacarlos adelante. Es una estrategia inútil». (Busqué a Márquez. Recibió mis mensajes de WhatsApp. Nunca me contestó.)

En una de mis dos conversaciones con Yesid Reyes —uno de los dos prestigiosos penalistas derrotados por el *lobby* de poder de NHMN en su urgencia por hacerse fiscal general— le pregunté por este tema sobre el que ha escrito columnas en varias ocasiones: las *cifras* que suele presentar la Fiscalía; la cultura de evaluar y valorar a los fiscales de acuerdo con el *número de imputaciones* que presenten; los estándares (no internacionales) de esclarecimiento; las consecuencias de endulzar la ignorancia jurídica de la opinión pública mostrándole, con regularidad, cifras que nada tienen que ver con decisiones de fondo o con una administración de la justicia provechosa para la sociedad. También le pregunté todo esto al exfiscal antinarcóticos Ricardo Carriazo.

Las respuestas de ambos empezaron a mostrarme el tamaño del hongo dentro del pantano: es la propia estructura administrativa de la Fiscalía, relativamente dispersa, donde los coordinadores de fiscales cada vez tienen menos tiempo mensual para evaluar el trabajo de sus equipos en claves cualitativas, y están apegados por completo a la evaluación homogénea y cuantitativa, la que conduce a que los fiscales se plieguen a dinámicas de administración de su carga laboral en función de dicha evaluación estadística y panda, un hecho que, según Carriazo, empezó en la administración de Martínez Neira con el ánimo de mover a los flojos («había muchos flojos»), pero que luego se salió de proporciones en la administración de Barbosa:

«Hoy por hoy lo que vale es el número [...]. La evaluación es la misma para cualquier tipo de fiscalía [...]. Y no es lo mismo un caso contra Otoniel o su organización, donde puedes hacer cinco capturas de gran magnitud, que un fiscal sentado en una URI de Popayán, donde puede llegar a hacer tres imputaciones diarias, capturas en flagrancia, el ladroncito de barrio [...]. Acabaron calificando como mal funcionario a alguien que expone su vida, toma riesgos, asume casos en los que su vida está en peligro [...]. Eso desestimuló a las personas [...]. Los directores salvan su pellejo, presionan a los fiscales, y los fiscales hacen cualquier cosa con tal de cumplir las metas, y eso genera falsos positivos... Comenzó bien, te digo, eso empezó en la administración de NH para mover al que no trabajaba mucho, pero se convirtió en una forma de mostrar, ante las noticias, *yo soy el que más hago* [...]. En esta administración [Barbosa] ya es el número porque sí, vamos a inflar».

Quedé frío cuando escuché a Carriazo.

Más frío aún cuando Reyes me complementó los contornos del fango: «Los fiscales, en la práctica, siempre tienen en un anaquel un grupo de procesos que saben que deben terminar. Pero no lo hacen. O no lo hacen de inmediato. Con ese grupo de procesos administran sus estadísticas».

Mi padre, exservidor público, fue una de las tres mil personas imputadas bajo el programa o estrategia Bolsillos de Cristal.

Una de las estadísticas del periodo 2016-2019.

También fue enviado a la cárcel en detención preventiva. Duró allí seis meses. Le destruyeron su nombre. (Hoy se defiende en juicio.)

Las preguntas que aquí planteo no son para mí especulaciones despreocupadas que se desprenden de manera natural de la trama de la historia. Todo esto es personal. Lo es en el legítimo sentido de querer comprender qué fue lo que erosionó la vida pública y laboral de mi padre y estuvo a punto de rompernos como familia.

Son preguntas acerca de las cuales este libro necesita indagar.

Sin embargo, antes de entender esto, antes incluso de vivirlo para sufrirlo y estar hoy aquí en la necesidad de indagar, mi camino de búsqueda fue otro y distinto, y recorrerlo fue parte del extravío emocional que consigno en este movimiento que llamo *prehistoria*.

Un lugar físico y emotivo

Visité el Liceo Juan Ramón Jiménez el martes 26 de enero de 2016. Llegué temprano, siete y treinta de la mañana. Tenía varias citas a lo largo del día con las distintas profesoras con las que me había contactado: Piedad Ruíz, Luz Mujica y Carmenza Salamanca. Maestras nuestras de primaria. En mi recuerdo, la primaria fue el espacio emocional donde Alejandra y yo estuvimos cerca: aquellas carticas de cariño en clase de Español; los papelitos para la averiguación o circulación de sentimientos. En bachillerato seguimos siendo amigos y tratándonos; de hecho, allí nos encontró el deporte porque ambos hicimos parte de los equipos de voleibol del liceo, pero también en bachillerato el espacio social se nos extendió y las distancias empezaron a formarse. A partir del recuerdo de nuestras profesoras de primaria, vitales y comunes, yo esperaba desatar mi propia cadena de recuerdos.

También había quedado de encontrarme con los docentes y directivas Susana, Leopoldo y Claudia Gamba, hijas de Marta Bonilla, la mujer leyenda fundadora del liceo junto al catalán Manuel Vinent. Nunca me alcanzará el ancho de la página para retratar lo que las figuras de Susana, Claudia y Leopoldo, y en general la familia amplia de pedagogos que son los Gamba Bonilla, significaron para mi generación y para miles de personas que buscaban escenarios de educación no confesional en Colombia (asequibles, no de élite) antes de la Constitución de 1991. Pero además de no alcanzarme el ancho de la página —tendría que ser un retrato complejo, con sus versiones oscuras y no armónicas—, entiendo y comparto la idea de que, en este país segregador, hablar de manera elogiosa (e irreflexiva) sobre el colegio privado donde uno estudió, hace parte de un ritual de reconocimiento de secta que suele derivar en prácticas de exclusión y nostalgias irrelevantes. Me abstengo. Para efectos del tejido afectivo de esta historia, sólo contaré lo siguiente: cuando terminé quinto de primaria busqué a mi madre y a mi padre y les dije que debían cambiarme de colegio. Mi yo preadolescente de doce años estaba convencido de que en el Juan Ramón no estudiábamos nada.

Mi madre y mi padre recuerdan muy bien la conversación porque dicen que les produjo un ataque de risa.

Yo volvía por las tardes al conjunto de torres en Chapinero donde vivíamos con mi madre y mi hermano Juan Diego y salía a la plazoleta a jugar y me cruzaba con amigos que iban camino a sus apartamentos, cabizbajos y tristes, a hacer tareas. Yo casi nunca tenía una jodida tarea. Aquel conjunto de torres, bien arriba por la calle 67 —eran pocas las construcciones que existían allá arriba en la montaña hacia 1989—, había sido construido por un fondo de exempleados del Ejército. Muchos de esos niños que yo veía con morrales pesados, libros de texto para cada materia y cadenas interminables de tareas eran hijos e hijas de gente relacionada con el Ejército. Hacían *deberes* todas las tardes. Eran disciplinados. Iban siempre de uniforme escolar. A mí nada de eso me parecía especialmente atractivo, pero el contraste con mi vida escolar en el liceo, donde no tenía uniforme, no cargaba una maleta pesada, no llevaba una mole de texto escolar por materia y el salón parecía un juego continuo, sí me hizo sospechar y preguntarme: ¿yo sí estaré estudiando o aprendiendo alguna vaina?

Aquel martes de enero de 2016, cuando pisé el pasto del liceo después de años de ausencia, lo hice pensando cómo plantearles a mis antiguas profesoras de primaria el tópico delicado sobre el que quería escucharlas. En el liceo, en medio de la sabana andina, a esa hora temprano el aire suele ser helado y la neblina intensa. Antes de saludar decidí caminar hasta La Montañita, una elevación de tierra y pasto de dos metros de alto que se extiende al costado oriental de los ciento cinco metros de largo que tiene la cancha de fútbol del liceo. La Montañita separa esa cancha de la otra gran zona verde del colegio, donde están (siguen estando) las canchas principales de voleibol y básquet, un invernadero mediano, las casetas de deportes, las tiendas de comida de bachillerato y una zona esquinera, ya al final del colegio, conocida como El Bosquecito. (Ahora, mientras escribo, me entero de que los pinos de altura media que hacían El Bosquecito desaparecieron.)

La Montañita debió ser el lugar físico y emotivo donde pasé más tiempo de recreo en mis años de bachillerato. En principio, La Montañita pertenecía a la zona de *los grandes* —el preescolar y la primaria ocurrían en otras zonas verdes del liceo—, pero estando allí, de parche, siempre veías llegar enanas y enanos que corrían como salvajes para alcanzarla y rodar por ella antes de que alguien apareciera a capturarles. Desde La Montañita los profesores acompañaban los recreos; desde La Montañita uno vivía partidos de todo tipo; casi desde cualquier punto de La Montañita uno tenía visual clara y amplia de toda la circulación de gente que iba y venía entre aquellas zonas verdes y los salones de bachillerato. La Montañita era la cordillera social. En sus faldas y llanuras ocurría aquella vida escolar y afectiva de hijos e hijas de familias vinculadas de un modo u otro con la izquierda pudiente de la capital. (Fue el caso de la cúpula del M-19, muchas de cuyas hijas estudiaron o pasaron de manera fugaz y furtiva por las aulas del liceo.)

Vuelvo a las grabaciones que hice de mis profesoras de primaria (Piedad, Luz, Carmenza). Es claro que a todas las indispuso la razón de mi visita: ¿por qué volvía yo al liceo para preguntarles por Alejandra Díaz Lezama? Me contaron, sin embargo, de la dulzura de una niña a quien recordaban como emotiva, porque reía tanto y tan fácil como lloraba, de piel morena y pelo negro liso, de ojos oscuros y unos cachetes animados que parecían decir *bienvenido el mundo*. Tenían imágenes claras de sus participaciones en el coro del liceo, de sus inseguridades y de sus cuadernos, pulcros y ejemplares. Piedad, que también fue profesora de Alejandra en bachillerato, me dijo que en esos últimos años, antes de graduarse (1994-1996), ella había tenido muchas dificultades académicas, y que sólo años después, con su muerte, se había enterado de que en esos mismos años Alejandra había empezado su noviazgo con Melo Carrillo.

En su trama de recuerdos siempre pareció imponerse la temperatura anímica que significaba *saberla asesinada*, como si su muerte violenta hubiera contaminado el recuerdo de toda su existencia y evocarla fuera inseparable del rayón brutal de su feminicidio. También me confirmaron, con horror, un hecho que luego iba a corroborar con fecha exacta en mi conversación con Susana Gamba: Melo Carrillo visitó el liceo, de la mano de su hijo y de su hija (ocho y diez años en ese momento), el miércoles 2 de septiembre de 2009, un mes y medio después del asesinato de Alejandra y casi dos meses antes de ser detenido el 22 de octubre de 2009.

Cuando ocurrió aquella visita, Susana llevaba varias semanas sin hablar con María Díaz, prima de las hermanas Díaz Lezama y su contacto con la familia. Antes, tanto en la funeraria donde velaron el cadáver de Alejandra como en el cementerio donde la enterraron —luego de una misa en Vida en Acción Iglesia Cruzada Cristiana en el barrio Santa Matilde, iglesia a la que Melo Carrillo pertenecía—, María le había dicho a Susana que, por distintas razones, la familia sospechaba de la veracidad de la historia del robo, primer relato público de lo ocurrido con Alejandra y enunciado por Melo Carrillo.

Susana y su hijo, Arcadio Plazas, recuerdan muy bien la escena de la funeraria, tomada por completo por amigos y familiares de Alejandra. Melo Carrillo se veía en shock. Su padre, Alfonso Melo, lo acompañaba todo el tiempo. La gente estaba tan mal que en un punto Susana decidió pedirles que se tomaran de las manos y cantaran. Antes, sin embargo, la tensión entre las dos familias fue palpable. Esto me lo cuenta Arcadio, que entonces vivía en La Soledad y llegó temprano al lugar en la Caracas con 42, saludó al padre de Alejandra, parado sollozando en la puerta, subió al segundo piso y encontró a Melo Carrillo, solo ante al féretro. Apenas Melo Carrillo lo vio se le lanzó al hombro y se le echó a llorar. A la misa, en cambio, la única persona que asistió, asociada con la comunidad del liceo, fue Estela Vega, profesora de telares y amiga cercana del padre de Alejandra. En su reporte posterior a Susana, dicha misa fue aterradora: cientos de personas, un pastor que no paró de hablar durante dos horas, que nunca tocó el duelo o el dolor de los hijos o de la familia y que, más bien, pareció aprovechar los hechos para pedir por una suerte de cohesión rabiosa en el interior de su congregación.

El 2 de septiembre de 2009, cuando Melo Carrillo apareció en el liceo, cabizbajo, disminuido y repitiendo lo difícil que le estaba resultando la paternidad, Susana no recordó las sospechas que le había planteado María Díaz. Lo abrazó, le preguntó cómo seguía y conversó con los niños. Melo Carrillo le dijo entonces que la visitaba porque pensaba sacar a sus hijos del colegio donde estudiaban y meterlos al liceo. «Quiero que estudien en el colegio de su mamá». A Susana le pareció extraño. Le preguntó por la formación cristiana —en ese momento, Melo Carrillo ya se había posesionado como concejal de Pacto—, importante tanto para él como para Alejandra.

Susana no recuerda la respuesta de Melo Carrillo y tampoco qué otros temas trataron. Con la perspectiva del tiempo y el desarrollo de los hechos, regresar a esta escena la aturde. Melo Carrillo y Alejandra se ennoviaron cuando ella aún estaba en el liceo. Melo Carrillo asistió a más de una fiesta convocada por Arcadio y Pablo Plazas, compañeros de curso de Alejandra, lo que significa que Susana, como madre presente en esas fiestas, conoció a Melo Carrillo y le abrió las puertas de su casa en Chía desde cuando él mismo era un jovencito. Reconciliar aquello con la acusación y la condena por homicidio, y regresar a la escena íntima de visita de Melo Carrillo al espacio físico del liceo, semanas antes de su arresto, le da escalofríos. «Vino con móviles manipuladores, no me cabe la menor duda».

En mis notas, luego de mi propia visita al espacio físico y emotivo del liceo, dos cosas dejé resaltadas como caminos a seguir investigando: Melo Carrillo había ido al Juan Ramón para acercarse a la comunidad del liceo y mostrarse afligido; al tiempo, si lo había hecho, era porque de pronto ya se sabía bajo sospecha y no tenía muchos otros escenarios dónde averiguar lo que estaban diciendo de él.

Además, dado que en ese punto yo seguía empecinado en escribir sobre Alejandra —a Piedad le había contado de la negativa de la familia y de cómo mi plan B quizás sería, entonces, entender y contar esa decisión de *duelo en privacidad absoluta*, distanciados a ultranza del morbo mediático—, también se me ocurrió apuntar que aquella escena de la misa en la Iglesia Cruzada Cristiana, presenciada y reportada por Estela Vega, podía ser el camino para seguir indagando lo que había ocurrido en términos de un choque entre ese universo religioso a ultranza, de iglesia cristiana y congregación vigilante, y la serie de valores (¿valores?) seculares (¿seculares?), no confesionales, que yo imaginaba eran posibles de asociar con la autodenominada *educación juanramoniana*.

En mis notas apunté: «¿Qué fue lo que vio y escuchó Estela Vega en esa misa antes del entierro de Alejandra?».

Chat de Instagram

Escribo las primeras páginas de este libro y pienso en los meses de encierro que llevamos acumulados millones de personas a lo largo y ancho del planeta desde principios de 2020, cuando la pandemia de covid-19 fue cayéndonos en el orden de los husos horarios y según la segregación en nuestras estructuras económicas y sociales. Pienso en esto y repaso también la inusual forma de comunicación que entablé con Vladimir Melo Carrillo entre el 18 de enero y el 5 de abril de 2016.

Como conté ya, le escribí varios intentos de carta, pero antes de encontrar la manera de hacérselas llegar, mientras navegaba en decenas de hebras desperdigadas en la internet relacionadas con su caso, lo encontré a través del chat privado de su cuenta de Instagram. Me sorprendí, y no porque una persona condenada por homicidio en Colombia tuviera acceso a redes sociales, sino porque me lancé a revisar sus publicaciones para corroborar que se tratara de él y me encontré con el registro de una vida cotidiana tan normalizada como la de cualquiera de nosotros que usa Instagram en plan álbum digital: su cara sonriente ante un plato de comida recién servido; un grupo de personas con quienes celebra después de compartir una experiencia educativa; familiares abrazándolo en una visita de sábado o domingo, estoicos, rígidos en su voluntad de saberse dignos. Él estaba preso, no mostraba las rejas y sin embargo hablaba de ellas y de su relato ecuménico de inocencia.

El primer mensaje que le escribí decía: «Mi nombre es Juan Álvarez. Me gustaría entrar en contacto con usted por motivos que ya le explicaré. ¿Algún correo al que escribirle con detalle? ¿Alguna otra manera de entrar en contacto? Saludos». Con su respuesta, ese mismo día en la noche, pude confirmar de inmediato que se trataba de él: «Puede ser por esta vía. Es muy complejo acceder al correo aquí, pero con esta aplicación se facilita la comunicación. Usted estudió con Ale… Lo recuerdo… Pero cuénteme, por favor».

Lo que vino, tras el sobresalto de que me reconociera, fue una comunicación a pedazos, a veces atropellada, a veces franca —al menos de mi parte, y me atrevería a decir que de parte de él también; desde el segundo mensaje le expliqué que quería hablar con él como periodista para escribir sobre el feminicidio de Alejandra y saber qué tenía él para decir—; una comunicación más llena de preguntas de lado y lado que de respuestas; una comunicación, en cualquier caso, orientada por un escenario tutelar que nos sobrevoló implícita y explícitamente hasta que el tiempo, dieciocho meses después, lo hizo realidad de una manera que yo, mientras chateaba con el sujeto condenado por el homicidio de mi amiga del liceo, no me imaginé posible: encontrarnos en las rejas del patio Ere de la cárcel La Picota en Bogotá.

Junto a su primera respuesta, Melo Carrillo me envió una foto de la nota de prensa de 2012 que recuperaba aquella noticia de manipulación de pruebas y pago de testigos publicada por Mauricio Collazos, el periodista judicial de *RCN Radio* que yo más adelante contacté y nunca pude ver. Luego discutimos la opción de hablar por teléfono —lo que nunca ocurrió, aunque le di el número fijo de mi casa y recuerdo haber pasado al menos una tarde pendiente del aparato—, le insistí que lo buscaba como periodista y él quiso saber qué tipo de «producto» yo quería escribir. «No tengo clara la naturaleza del texto que podría hacer», le contesté. (En ese momento no había manera de que yo supiera qué tipo de texto podía escribir: la familia Díaz Lezama no iba a hablar conmigo porque no querían revivir su dolor y su duelo, yo andaba rumiando la posibilidad de un disparate etéreo como escribir sobre las razones detrás de esa decisión y, por lo mismo, mi incipiente recorrido de investigación era más la inercia sin rumbo de una primera lista de tareas que la fuerza dirigida de una pesquisa obsesiva.)

Melo Carrillo me habló de la meditación como camino para paliar el dolor del encierro, de sus primeros años en la Universidad Nacional como estudiante de Diseño Industrial, de una inundación en 1996 en el barrio San Benito que él identificaba como el inicio de su activismo político, de su noviazgo con Alejandra desde que ella tenía quince años, de cómo él (son sus palabras) «casi había terminado de criarla», de cómo él «le había lidiado su primera borrachera», de sus hijos y en general de lo que llamó «la historia de amor más bella y más trágica», esto por el desenlace de cada uno (son sus términos y su relato). «Nosotros éramos arte caminando», me escribió, un tropo que años más tarde iba a leer repetido en un extraño libro testimonial que, también me contó entonces, él estaba escribiendo.

Estos retazos de conversación —los repaso ahora, ordenados como archivo— avanzaron hasta que toqué una posibilidad que lo hizo detenerse y querer tomar las riendas de la situación: «¿Quiénes son las mujeres en la última foto? ¿Lo acaban de visitar este fin de semana? Esas visitas me imagino que deben de ser muy importantes para usted». Me contestó que sí, que lo eran, y que a pesar de la gran «mentira» que habían «tejido» en torno a su «tragedia», había gente que creía en su «testimonio de vida». Le dije entonces que me gustaría hablar con alguna de esas personas que creían en su inocencia. «Tiempo, mi amigo… Sigamos primero este diálogo». Después de esta respuesta, que se tardó un par de días, yo seguí planteándole preguntas breves y pandas —incluso le repetí un par que no me había contestado—, hasta que unos días después me preguntó si yo estaría dispuesto a visitarlo. Le dije que sí, que yo quería entender qué era lo que había pasado, que ya le había dicho que quería plantearle preguntas hasta las últimas consecuencias si él estaba dispuesto, e incluso me apresuré a proponerle una fecha a finales de ese mes de febrero.

La respuesta de Melo Carrillo me anticipó una pieza de información que sólo meses después comprendí a cabalidad: los privados de la libertad en Colombia tienen derecho a visitas que se gestionan a través de listas que pueden actualizarse cada tres meses. Incluir a alguien en tu lista de visita no es un asunto ligero, porque si alguien te visita una sola vez, o dos, ese cupo queda desperdiciado el resto de los siguientes meses. Con el tiempo incluso descubrí que existe un comercio entre los detenidos alrededor de dichos cupos en las listas de visita. Soldados, policías, exmiembros de la fuerza pública —80% de la población carcelaria en los patios Ere-1 y Ere-2 de La Picota—, imputados o condenados por delitos de distinto tipo, de regiones apartadas del país o abandonados a su suerte por sus familias, encerrados allí pagando por sus acciones, por no haber contado con defensas apropiadas o por haber aceptado la culpa en beneficio de otros oficiales poderosos y adinerados, esos soldados y policías, rasos la mayoría de las veces y que no tienen quién los visite, acaban vendiendo sus cupos de visita a politiqueros pudientes dispuestos a pagárselos y usarlos.

El 4 de abril de 2016, penúltimo día de nuestra primera temporada de comunicación, Melo Carrillo me avisó del cambio en las listas de visitantes, le confirmé que iría a verlo, acordamos que él me avisaría la fecha y no volvimos a hablar. Ni él me confirmó si me había sumado a su lista de visita ni yo volví a buscarlo. Así hasta el 8 de octubre de 2017, dieciocho meses después.

Vladimir Melo...
melocarrillovladimir

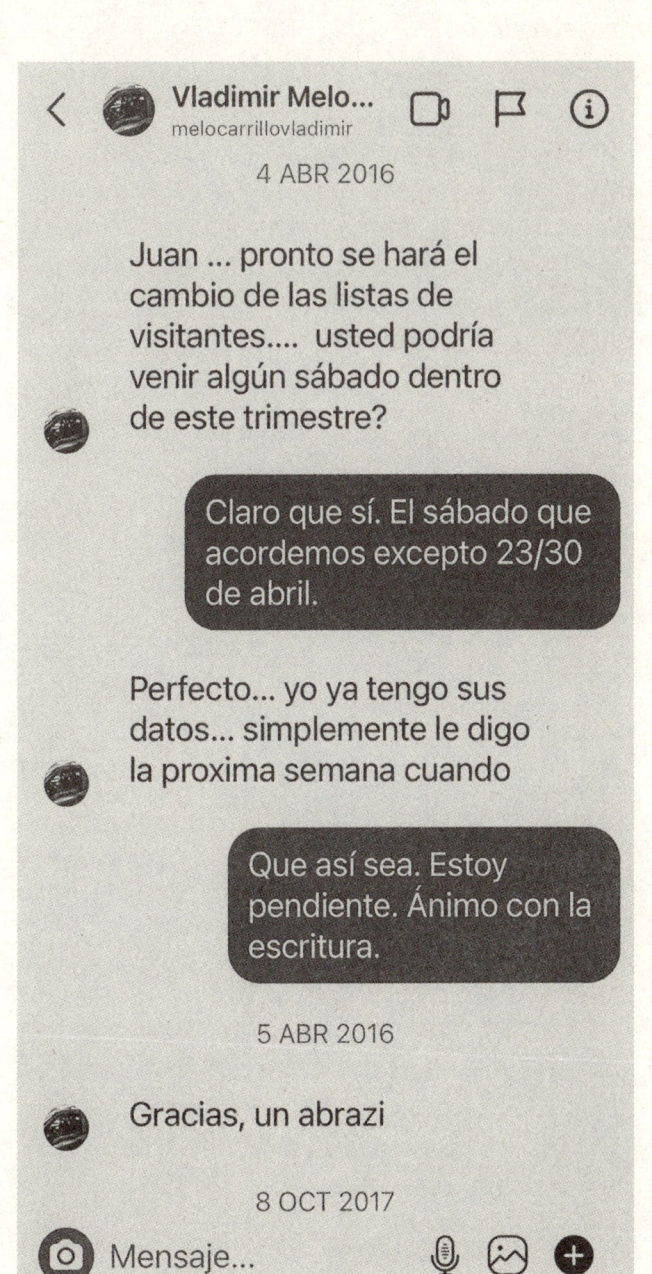

4 ABR 2016

Juan ... pronto se hará el cambio de las listas de visitantes.... usted podría venir algún sábado dentro de este trimestre?

> Claro que sí. El sábado que acordemos excepto 23/30 de abril.

Perfecto... yo ya tengo sus datos... simplemente le digo la proxima semana cuando

> Que así sea. Estoy pendiente. Ánimo con la escritura.

5 ABR 2016

Gracias, un abrazi

8 OCT 2017

Mensaje...

En las rejas

Pasé tardes enteras pensando en las líneas que siguen. No porque volteara con las palabras que las componen, que es lo que suele ocurrir cuando escribes un libro, sino porque consideré y consideré y consideré las formas comprensibles de conexión entre dos de las historias que acá intento contarles. Con el tiempo entendí que no era la búsqueda de una manera de asociar o conectar o dar cuenta de las relaciones entre las historias lo que me detenía. Lo que me detenía era simple y llano miedo. Miedo al estigma. Miedo a lo que ustedes los lectores iban a pensar o interpretar o podían confundirse e imaginar en este tejido de hechos reales que, al primero que siempre desbordó, fue a mí, por completo a mí.

En nuestras conversaciones, con Catalina nos decíamos: hacer con el miedo es también convertirlo en la fuerza con la que luego nos vamos a impulsar.

Acá entonces una de las cosas que este libro tiene que decir: mi padre, Francisco Fernando Álvarez Morales, trabajó en la alcaldía de Samuel Moreno Rojas, primero como gerente de Transmilenio de enero a octubre de 2008 y luego como secretario de Movilidad a partir de noviembre de 2008 y hasta enero de 2012. Hizo parte también del gabinete de Clara López Obregón, formalizado por el santismo en junio de 2011, pero operando de facto semanas antes del 3 de mayo de ese mismo año, cuando la Procuraduría destituyó al alcalde Moreno por el escándalo de una serie de contratos en obras civiles ante los que él y su hermano, el entonces senador Iván Moreno Rojas, así como abogados amigos de su familia, concejales y representantes a la Cámara, funcionarios y empresarios contratistas, pactaron comisiones de dinero, escándalo de corrupción conocido desde entonces como el «carrusel de la contratación».

Las consecuencias penales de las investigaciones abiertas por la Fiscalía, luego de recibir denuncias que aparecieron desde distintos sectores, uno de ellos el encabezado en su momento por el concejal Carlos Vicente de Roux, fueron ágiles y extensas: al final de la administración de Luis Eduardo Montealegre y Jorge Fernando Perdomo, su vicefiscal general (2012-2016), el equipo de fiscales a cargo, adscritos a lo que entonces se llamó Unidad de Delitos contra la Administración Pública, había procesado a ciento diez personas, veintinueve de ellas condenadas (once funcionarios y dieciocho contratistas) y cuarenta más en etapa de juicio. (El exalcalde Samuel Moreno fue hallado culpable con tres condenas proferidas entre 2016 y 2019. Su hermano, Iván Moreno, también fue condenado en 2014 por la Corte Suprema de Justicia.)

Mi padre estuvo entre los cientos de personas investigadas. Nos esculcaron hasta las muelas. Yo tuve que organizar, colilla por colilla, los cheques que recibí como estudiante de maestría y doctorado financiado con becas de trabajo pagadas por las propias universidades donde estudié y trabajé. Al final de la Fiscalía de Montealegre, luego de decenas de horas de indagatorias y pese a que varias veces los fiscales a cargo le filtraron a la prensa la idea de que vendrían más imputaciones, éstas no llegaron. Lo que sí llegó, en agosto de 2016, fue un nuevo fiscal general de la nación, el abogado comercial NHMN, y una vez esto ocurrió, el caso de mi padre —repito esta última frase y me arrugo de lo ingenuo; no fue sólo *el caso de mi padre*, lo que tardamos tiempo en descubrir—, igual que otros cientos de casos de exservidores públicos, acabaron precipitados a escenarios de imputación de cargos.

Fue así, a grandes rasgos —para los rasgos detallados y desquiciados tendrán que seguir adelante o saltar adelante, para eso están los tajos—, como acabé encontrándome frente a frente con Vladimir Melo Carrillo. Ocurrió en las rejas de salida del patio Ere-2 en la cárcel La Picota el sábado 26 de agosto de

2017. Yo estaba allí junto a mi hermano y mi tío Víctor Álvarez. Era nuestra quinta visita a mi padre, detenido de manera preventiva desde el martes 25 de julio de ese mismo año, primero en las celdas de paso del antiguo DAS y luego allí en La Picota a partir del lunes 14 de agosto, fecha en la que lo trasladaron.

Al final de la mañana, cuando iba camino al puesto de venta de jugos, justo al frente de la reja de entrada al patio, vi a Melo Carrillo agarrado de los hierros buscando a alguien adentro en nuestro patio. (Él estaba, está, detenido en la otra ala del patio, Ere-1, designada en principio para condenados.) Nos reconocimos de inmediato. Nos saludamos, la reja de por medio. Me dijo que me estaba buscando. Había escuchado la noticia de la detención preventiva de mi padre y lo había visto de lejos en días pasados en la zona exterior de visita de abogados, donde coinciden los tránsitos de las dos alas del patio, Ere-1 y Ere-2. Melo Carrillo sabía bien quién era mi padre porque lo había conocido en Transmilenio en 2008, cuando intentó renovar un contrato que tuvo allí como consultor de mercadeo entre 2003 y 2006.

No recuerdo con exactitud los detalles del monólogo de inocencia que ese día, separados por la reja de entrada y salida del Ere-2, le escuché durante treinta y cinco minutos. Recuerdo sus ojos intensos clavados en los míos, una cosa relacionada con el accionar de la Fiscalía en su proceso que él llamó «artimaña», y el hecho de que, a las pocas semanas, una «amiga mexicana» que él había conocido por internet venía a visitarlo. Le pregunté por aquella mujer mexicana. Mi vida en ese momento estaba en llamas. Yo no tenía cabeza para nada que no fuera el carcelazo que entonces destruía la vida de mi padre. Varios meses atrás había abandonado mi comunicación con Melo Carrillo o cualquier investigación al respecto. Y sin embargo, estoy seguro de que le pregunté por la persona que él decía haber conocido por internet porque fue el tema con el que, días después, el 8 de octubre, Melo Carrillo volvió a escribirme al chat de Instagram. También porque, días más tarde, acabé encontrándome con ella y una hermana de Melo Carrillo en una cafetería del barrio Restrepo.

La detención preventiva de mi padre me tenía hecho polvo. Apenas me alcanzaban las fuerzas para no perder el trabajo —lo que era crucial para contribuir al pago de abogados, conceptos, pesquisas—, visitarlo los sábados junto a mi hermano y no enloquecer de tristeza los domingos cuando me quedaba echado en la cama, tieso como un trapo arrugado y secado al sol. Con todo, por un par de semanas volví a chatear con Melo Carrillo y a acercarme a lo que había pasado a través de la visita de aquella mujer, quizás porque me costaba creer que ella fuera verdad o por misterios de la curiosidad narrativa que desbordan mi comprensión: una cosa era que gente cercana, que lo hubiera conocido, creyera en su relato de inocencia; otra distinta que alguien a la distancia, con quien hablaba por internet, estando él encerrado y condenado por el homicidio de la madre de sus hijos, estuviera dispuesta a viajar desde otro país para hospedarse con su familia y visitarlo durante su estancia. ¿Cómo era eso posible? ¿Quién era acaso esta mujer?

Hasta último momento, con la puerta abierta y las llaves de mi casa en la mano, dudé de ir a aquella cita pactada por teléfono con la hermana de Melo Carrillo. No entendía para qué lo hacía. ¿De qué íbamos a hablar? ¿Quién era yo para querer averiguar si era cierto que la amiga mexicana existía y los motivos que la movían? ¿Por qué además en ese momento, cuando ya había abandonado la voluntad de escribir sobre esto? Al final del encuentro nos tomamos una foto con mi teléfono. En la foto, la hermana de Melo Carrillo me mira de reojo, con recelo, tal y como recuerdo todo aquel encuentro esfumado en menos de una hora.

Nora Yepes (cambié su nombre), una mujer alrededor de los veinticinco años, graduada de la Benemérita Universidad Autónoma de Puebla, me contó a grandes rasgos que se había enterado del feminicidio de Alejandra (ella no lo llamaba feminicidio), y del proceso y condena en contra de Melo Carrillo, a través de un episodio del programa de televisión *Instinto asesino*, producido por Discovery Channel y emitido el 29 de marzo de 2017. Después de ver el programa había concluido que todo se trataba de un montaje por la posición política de Melo Carrillo. Luego ¡lo había encontrado en Instagram!, lo había contactado, habían entablado una relación epistolar y finalmente ella había decidido venir a visitarlo. Nora pasó dos semanas en Bogotá. Recorrió la ciudad con la hermana de Melo Carrillo y fue a visitarlo los domingos 22 y 29 de octubre de ese año 2017. En su cuenta de Instagram nunca publicó fotos de turismo en Bogotá. Sí publicó, el 2 de noviembre, una foto junto a Melo Carrillo (él publicó la misma foto el 9 de noviembre). Abajo en la descripción dice: «No había mejor forma para agradecerte lo que en la distancia has hecho por mí que ésta… Te amo con todo mi ser mi pequeño… [sic]».

La Biblia rota

Nunca hice notas detalladas de mi conversación escueta con Nora. Solo recuerdo estar sentado allí, en una cafetería con las paredes despintadas, los ojos de la hermana de Melo Carrillo clavados en mi cara mientras yo miraba a Nora y trataba de hacerle preguntas luego de haberles contado a ambas por qué mi padre también estaba detenido en La Picota. Había abandonado la voluntad de escribir sobre lo sucedido con Alejandra. Pero estaba allí, e hice preguntas, cansadas y dirigidas a comprender la hondura emotiva detrás del hecho de que esa mujer estuviera allí. Fue una tarde apagada, de ahí seguro el recelo que sentí de parte de la hermana de Melo Carrillo. No puedes intentar comprender las honduras emotivas que mueven a la gente con preguntas apagadas: o te involucras en eso que quieres comprender de una persona, o jamás llegarás al núcleo del disturbio.

Ahora, mientras desentierro y organizo la prehistoria de este libro, con el IG de Nora abierto, repasando sus fotos, leyendo su frecuencia de publicación y sus inclinaciones religiosas, creyendo que entiendo algo de su vida, siento el impulso —¿narrativo, de apuntalamiento dramático, de búsqueda de precisión ante los hechos?— de volver a buscarla y empezar de nuevo con mis preguntas. Me abstengo. Respiro. Esta sí es la escritura que retoma el recorrido descontrolado de lo ocurrido para sacudirse de la perplejidad y de la incomprensión, pero con las velas dirigidas en otra dirección del pantano.

Abro en cambio el libro de Melo Carrillo publicado en abril de ese año 2017. *La Biblia rota*. Me lo dejó firmado, con mi padre, días después de nuestro encuentro. Algún domingo triste de ese segundo semestre de 2017 debí abrirlo por primera vez y debí cerrarlo de inmediato. No era momento de leer un relato rimbombante de inocencia, autocomplaciente, escrito en tercera persona. El último capítulo se titula «El montaje que quiso destruir una vida, una familia y un proyecto de nación». Me siento ahora con un lápiz y leo y marco con detalle las primeras sesenta y ocho páginas. Me detengo cuando llego al capítulo «Dios habló (la primera cachetada de Dios)», donde arranca tratando «la participación de los cristianos en política». El tema me interesa, podría seguir, pero me detengo porque empieza a hacerme mella lo que acabo de leer en el capítulo anterior, «Caperucita y el lobo».

Vuelvo sobre este capítulo, rayo más. Divido en partes lo que allí cuenta para estar seguro de entender lo que estoy leyendo. Apenas puedo creerlo.

(Ya había sido difícil leer el relato anterior sobre cómo él se había acercado al partido Pacto —era el partido el que se había acercado a él—, cómo había conocido a la coordinadora de logística del partido —siempre descrita a partir de sus atributos físicos—, cómo ella iba a casarse pero había terminado su relación, y cómo, en paralelo, su hogar había sido «puesto en riesgo» porque Alejandra había retomado sus estudios profesionales, en la casa se reunía con sus compañeros de estudio y terminaban de fiesta: «Su chata empezó a fumar y a tomar, algo que no había ocurrido antes». Entonces, la puntada: «La doctora hablaba palabras dulces, él le correspondía con elogios. Abrió la puerta al pecado». Con «la doctora» se refiere a la coordinadora de logística, politóloga de la Universidad Nacional, dato que Melo Carrillo resalta varias veces como prueba de que estaban entrando cuadros profesionales, como él y como ella, al movimiento político cristiano, razón por la cual —era imposible que no ocurriera, son sus palabras— ella y él se habían atraído y acercado.)

«Caperucita y el lobo» empieza el 8 de noviembre 2009, cuando Melo Carrillo lleva quince días detenido. Es domingo y se ha puesto un vestido de paño que dice haber mandado a hacer para el funeral de Alejandra. Espera con ansiedad e ilusión la visita de una «hermosa jovencita que marcó su vida por esos días y los primeros cinco años de prisión». Habla de «esos días» porque la conoció el 13 de octubre de 2009, nueve días antes de ser detenido.

Para soportar el dolor del asesinato de Alejandra, Melo Carrillo cuenta que pasó muchos días de esos meses entre el homicidio y su arresto deambulando en la camioneta que tenía asignada como concejal. Cuenta que una noche llegó incluso a ir al Liceo Juan Ramón Jiménez, en la carretera entre Suba y Cota, y que se parqueó allí al frente del colegio para recordarla. Aquel martes 13, al final de la tarde, cayó un aguacero prolongado. Melo Carrillo subía por la calle 13, giró a la derecha, no cuenta a qué altura o por cuál carrera, y ciento cincuenta metros adelante vio «la silueta de una joven mujer que, con una sombrilla medio buena y medio desbaratada, intentaba resguardar su cuerpo del torrencial aluvión». La mujer caminaba por el andén izquierdo. Ambos iban en sentido norte-sur. Melo Carrillo desaceleró, cambió de carril, se acercó a la mujer, bajó el vidrio y la llamó. Ella iba «ensimismada». Entonces Melo Carrillo «decidió oprimir el claxon, con lo que logró que la bella silueta femenina girara su cabeza y lo viera». La invitó a subir a la camioneta. Ella rechazó la invitación. Volvió a preguntarle a todo pulmón para donde iba. «Voy para mi casa». Melo Carrillo le preguntó dónde quedaba. Ella señaló con el dedo índice en dirección al suroccidente.

En el momento que la joven mujer le indicó que se dirigía hacia su casa bajo la lluvia, encontró un destino de llegada; razón por demás para decirle que él también iba en esa dirección. Le insistió que por favor subiera al vehículo, que no arriesgara su salud quedándose bajo semejante aguacero torrencial y mucho menos con una sombrilla tan destartalada. Ella, con toda la precaución, asomó su cabeza por la ventana para ver el interior del vehículo y después de reparar [en] la mirada y el aspecto de quien la invitó... ¡se subió! [...] ella con su mano izquierda despejó su rostro llevando su cabello por detrás de su oreja, así en ese momento él pudo contemplar uno de los rostros más hermosos que jamás hubiera visto, unas cejas delicadamente delineadas que enmarcaban sus ojos negros profundos como el mar, en el que él más adelante, una vez superada la etapa del duelo, quisiera sumergirse [*sic*], y dos lunares perfectamente simétricos a lado y lado de unos labios rosados, carnosos y sonrientes.

El relato se interrumpe varias veces para acotar sus propias explicaciones: iba solo en su camioneta de concejal, sin escolta, porque solía despacharlo ya que quería «alivianar las condiciones laborales de quienes le servían»; había auxiliado a la mujer porque él se caracterizaba «por tener un compromiso social y querer ayudar a los demás o a quienes veía en situaciones de indefensión»; ella llevaba una chaqueta de capota, él le dijo que parecía Caperucita y ella le contestó «si yo soy Caperucita, usted es el lobo».

Melo Carrillo la lleva a su casa. En el camino hablan de los afanes que ella tiene por sus obligaciones como estudiante de Ciencias Políticas en la Universidad Militar. Melo Carrillo le cuenta que él también es politólogo y de su desgracia reciente. Ella no le presta cuidado. Se ven tres veces más antes del arresto. En una de ellas, Melo Carrillo le prepara pasta con pimentón y carne. Toman té. La cuarta vez que ella lo ve es en «las noticias nacionales, que lo presentaron como el asesino de su esposa». El domingo 8 de noviembre de 2009 lo visita en La Picota. Es la primera de «ciento cincuenta visitas y el comienzo de una relación que hoy día resulta infalible por todo lo que implicó».

Pienso en averiguar el nombre de la mujer porque en el libro no aparece, aunque Melo Carrillo sí da una explicación de por qué no aparece. (Todo, en *La Biblia rota*, cree estar *explicado*. Edulcoramientos y explicaciones.) Cuando voy a regresar al punto del libro donde Melo Carrillo explica por qué no usa el nombre de esta mujer, un pinchazo me detiene. ¿Qué estoy haciendo? ¿Por qué me pregunto por la mujer? ¿Por qué pienso que el siguiente paso *adecuado*, que el gesto periodístico de corroboración de su existencia, es el camino *natural* para dar cuenta de un relato (un texto) que, más bien, tendría que continuar examinando en su misoginia constitutiva y extendida?

No quiero preguntarme más *quiénes son ellas*. Entiendo, con el pinchazo que me ocurre entre la lectura y la escritura, que no son las bondades misteriosas de estas mujeres, o las casualidades a partir de las cuales él declara que se las «encuentra» en la vida, lo importante en toda esta deriva. Lo importante, lo cabalmente significativo, es la identificación de un *modus operandi*: su manera, primero, de estar en el mundo (autocomplaciente, narcisista, taimada); y luego la manera como él mismo cuenta que ve a las mujeres y se relaciona con ellas, siempre impelido a referirse a sus características físicas en clave de «belleza», siempre orientado a contar las perturbaciones y motivaciones que esas mujeres-cuerpos le producen, una manera escalofriante considerando las circunstancias judiciales y el hecho de que todo esto está expuesto por él mismo en su libro revelador, una *autoexposición* por razones opacas o estridentes que las velas de este libro ya no pueden averiguar más.

Esto no puedo intentar averiguarlo más.

Lo comprendo ahora mientras escribo. Lo comprendo mientras existo: debo salir de esta parte seca del fango.

Para cerrar o intentar cerrar esta primera no-historia —es la fantasía de control de la escritura—, vuelvo a escuchar mi conversación con Leidy Díaz, la tallerista de Idartes y activista de la localidad de Usme que lo conoció en espacios educativos en La Picota. Me cuenta que Melo Carrillo le pidió ayuda con su libro y que parecía confundido con el género de lo que quería escribir. En un primer momento, cuando empezaba a conocerlo, ella le dijo que sí, que le ayudaba, que le pasara el material, pero él era receloso de su texto y acabó por nunca pasárselo. Le pregunto por qué cree ella que nunca se lo pasó si estaban en un escenario de talleres de escritura. Me dice que no tiene idea, pero que ella también escribió sobre sus experiencias en la cárcel («crónicas de cárcel»), y que cuando elaboraba o narraba sobre Melo Carrillo, su novio lector le decía que esos eran los pasajes más «vívidos», los que debía continuar. Le pregunto si los continuó. Me dice que no. Le pregunto por qué. Su respuesta difusa nos diluye en los varios textos de los que estamos hablando y nos lanza a otra cosa que en ese momento debió parecernos más importante, así lo importante aquí y ahora sea la vivacidad de esos pasajes carcelarios que Leidy también intentó escribir y tampoco compartió nunca conmigo.

Ley Rosa Elvira Cely de 2015

Cuando Alejandra fue asesinada en 2009, Colombia ocupaba el deshonroso primer lugar en la comisión de feminicidios en Suramérica, una medición difícil de hacer por el subregistro y porque el tipo penal, diseñado para investigar y castigar los homicidios de mujeres perpetrados por razones de género en un contexto social machista, no estaba reconocido en el Código Penal colombiano.

El proceso social y político que derivó en la Ley 1761 o Ley Rosa Elvira Cely de 2015, cuyo objeto es «tipificar el feminicidio como delito autónomo» y «garantizar la investigación y sanción de las violencias contra las mujeres por motivos de género y discriminación», tuvo un antecedente importante en la Ley 1542 de 2012 sobre violencia intrafamiliar, lo que acabó profundizándose en la Ley 1959 de 2019, a partir de la cual la violencia intrafamiliar ya no es desistible ni conciliable. En la estela posterior al debate de aquella primera ley de 2012, los defensores de este esfuerzo legislativo contra la violencia en los hogares colombianos operaron cierta estrategia de comunicación: asociar la discusión al ambiente de construcción de paz en el que estaba inmerso el gobierno del entonces presidente Juan Manuel Santos.

Detrás de la Ley 1542 fue gestándose entonces la investigación necesaria para darle fondo y fuerza a la demanda política de la tipificación del delito de feminicidio, cuyo primer movimiento legislativo ocurrió con el Proyecto de Ley N.º 107 de 2013, presentado por la presidenta de la Comisión para la Equidad de la Mujer del Congreso de la República, la senadora Gloria Inés Ramírez, del Polo Democrático Alternativo, previo esfuerzo de investigación y redacción hecho por el Centro de

Investigación en Justicia y Estudios Críticos del Derecho (Cijusticia), dirigido por Isabel Agatón.

El proyecto, firmado por otras diecisiete legisladoras entre senadoras y representantes a la Cámara de diferentes partidos, tuvo una «exposición de motivos», uno de los cuales apuntó a la «identificación de la violencia feminicida de acuerdo con las políticas públicas implementadas por las secretarías de la mujer a nivel territorial». En el caso de la Secretaría Distrital de la Mujer, su aporte ocurrió a partir de un estudio adelantado por la Casa de la Mujer Trabajadora de la CUT (Central Unitaria de Trabajadores) titulado «Análisis Cuantitativo y Cualitativo del Feminicidio en Bogotá (2004-2012)».

Es un estudio lleno de cifras escalofriantes.

Las cifras están todas tamizadas por el fantasma del subregistro.

El subregistro es la expresión de la propia cultura patriarcal detrás de estos homicidios y de la ausencia de sensibilidad, por parte del aparato judicial, para comprender la urgencia del trato diferencial: mover las hojas en el suelo para poder ver y estudiar la tierra de la que también está hecho ese suelo.

En el punto 4.3.3. del estudio, cuando tratan los homicidios de mujeres según «circunstancias de hecho», las investigadoras precisan que las muertes violentas de mujeres en medio de robos o similares no representan un feminicidio, pero añaden: «[…] la forma como se registra la información corresponde a la hipótesis inicial de los hechos. […] algunos casos en principio registrados como robo en la residencia resultan en feminicidio una vez adelantada la investigación. Recuérdese el caso del feminicidio de Alejandra Díaz Lezama, perpetrado por su esposo, el exconcejal de Bogotá Vladimir Melo Carrillo del Partido Cristiano de Transformación y Orden».

Antes de que su asesinato fuera esclarecido gracias a las delaciones de un detenido, y al igual que en el caso de Rosa Elvira Cely, la memoria y la justicia para Alejandra estuvieron en riesgo de diluirse en un pliegue del subregistro aprovechado por su homicida, el primero en intentar aprovechar una cultura de la investigación penal que apenas empieza a hacerse sensible a la epidemia de violencia contra las mujeres en América Latina. («Fue un robo», le dijo Melo Carrillo al primer policía en llegar a la escena del crimen.)

Pasamos siglos sin la palabra para designar el horror del asesinato de mujeres a manos de hombres convencidos de tener derecho a ello porque las sociedades que las han discriminado y subordinado, a partir de la imposición de determinados roles sociales, así lo han auspiciado: la indefensión física es siempre y primero una ausencia de vocabulario; la ausencia de vocabulario no es un accidente; es, al contrario, una acotación premeditada de la realidad: construcción de realidad por la vía del estrechamiento léxico.

Y así como no teníamos palabra para el *feminicidio* hasta hace apenas unas décadas, el trabajo de miles de investigadoras feministas fue dándole oriente también al tipo de protocolos de investigación penal y *denominaciones* que son, a su vez, mecanismos para la prevención y la disminución de las violencias feminicidas: feminicidios directos —muerte de mujeres y niñas como resultado de violencia doméstica, entre otras— o indirectos —muerte resultado de abortos inseguros y clandestinos, entre otros—; modalidades delictivas: íntima, no íntima, infantil, familiar; feminicidios por conexión, sexual sistémico, por prostitución o por ocupaciones estigmatizadas, por trata, por tráfico de migrantes, transfóbico, lesbofóbico, racista, por mutilación genital femenina.

La transversalidad del horror.

En el debate público aparecieron también distintas columnas de opinión pronunciándose respecto a la pertinencia y urgencia de la ley. Fue el caso de «Feminicidio, un caso de odio impune» (10/2014), de Florence Thomas. Su texto recordó de nuevo el nombre de Alejandra y lo hizo a partir del elemento definitivo en su feminicidio, aunque ambiguo en el proceso penal que halló al responsable: el ciclo previo de violencia intrafamiliar.

Tendemos a pensar en las leyes como enunciaciones taxativas acerca de lo que una sociedad les permite hacer o no a sus ciudadanos. Pero las leyes, cuando están bien hechas, son más que eso, porque suelen venir acompañadas de «otras disposiciones», elementos desplegados en los demás artículos de la ley y con los cuales los legisladores (competentes) saben que tienen que intentar una cosa más significativa y profunda que la sanción (penal, administrativa, civil) de determinadas conductas: la transformación social y cultural para desestimular esas conductas y que el peso del *progreso social* comprometido en la ley no recaiga sólo en la punibilidad.

En el caso de la Ley Rosa Elvira Cely de 2015, su artículo diez quizás sea tan o más importante que el artículo primero («objeto de la ley»), porque da (daba) instrucción al Ministerio de Educación de disponer lo necesario para que las instituciones educativas de preescolar, básica y media «incorporen a la malla curricular la perspectiva de género y las reflexiones alrededor de la misma». Para desgracia, sin embargo, de la juventud colombiana, esas *otras disposiciones*, que debían desplegar el valor del «enfoque de género», y a partir de dicha perspectiva ofrecer una mejor lectura de la realidad y una mejor actuación contra la discriminación patriarcal, acabaron degradadas al año siguiente.

La ley fue sancionada y promulgada en julio de 2015. La ministra de Educación era Gina Parody, firmante también de la sanción presidencial de la ley.

En el segundo semestre de 2016, cuando el Ministerio de Educación estaba en el esfuerzo de implementar el artículo diez de la Ley Rosa Elvira Cely, llegó la campaña por el plebiscito, cuyo propósito era refrendar el Acuerdo de Paz o ajustarlo. Allí, en el marco de esa campaña, sectores de la derecha colombiana armaron una batería de mentiras entre las cuales estaba la consideración de la incorporación del enfoque de género en la malla curricular de las instituciones educativas como veleidad de la izquierda y camino para «homosexualizar» a la juventud colombiana.

Con el partido Centro Democrático al frente de dicha campaña de distorsiones, el NO, defendido por la derecha, acabó ganando la elección por medio punto porcentual: 49.78% vs. 50.21%. La participación fue sólo del 37.43% del censo electoral. En departamentos y municipios altamente maltratados por el conflicto armado, donde ganó el SÍ, la participación alcanzó porcentajes del 75% al 80%.

Así empezó el propósito de destruir el Acuerdo de Paz firmado por el Estado colombiano y la extinta guerrilla de las Farc-EP. Ya entonces, desde agosto de 2016, NHMN ocupaba el cargo de fiscal general de la nación.

*

En agosto de 2023, el juzgado 37 administrativo de Bogotá estableció que varias entidades del Estado (Fiscalía, Secretaría Distrital de Salud, Hospital Santa Clara) fallaron cada una en los distintos momentos en los que la vida de Rosa Elvira Cely se cruzó con ellas. El fallo condenatorio se ocupó también de la memoria de la víctima e incluyó un llamado de atención a la Secretaría Distrital de Gobierno por haberla culpado de su propia muerte.

Atender tu propio sufrimiento

Claudia Lobo fue una de las buenas amigas de Alejandra en el bachillerato. La última vez que se vieron ocurrió en septiembre de 2006 en la Fiesta del Fuego, el bazar que el liceo hace cada año para empezar a despedir a chicas y chicos del grado once, para que los familiares se encuentren en la alegría de ver las presentaciones artísticas de las estudiantes y para comer y reír juntas y alimentar así cierto sentido de comunidad. Claudia recuerda bien aquel reencuentro de 2006 con Alejandra porque fue el año de su divorcio. Acordaron verse en el liceo para que sus hijos se conocieran y porque llevaban cinco años desconectadas, ambas volcadas a las obligaciones de crianza y familia. Se acomodaron en La Montañita. Rieron al hacerlo. Hacía mucho que no estaban en el liceo y sentarse allí les desató en el cuerpo la compinchería. Hablaron de las razones del divorcio de Claudia, de la niñez de ambas en aquellos prados, de los muchachos y muchachas que entonces les gustaban. Fueron de nuevo allí las niñas de siempre del Liceo Juan Ramón Jiménez.

*

Este tajo es bisagra: no acaba de cerrar lo que empiezo a contar y tampoco acaba de abrir lo que aquí tengo que seguir abriendo.

Uno quiere creer que hace el esfuerzo de reportar la realidad, *lo ocurrido*, aquello cotejable, y hace el esfuerzo, construye un archivo de Excel dirigido por la palabra *datos*, pero la realidad sólo nos es dada como *acotamiento*.

Con la locura es distinto. La locura responde a un principio de plenitud y no de delimitación.

Por eso este libro necesita conservar cierto sentido de sucesión de las cosas, una antes que la otra, la otra después de la una. Reconstruir en orden lo ocurrido es asegurar mi cordura. Un ancla de palabras en los riesgos del pantano.

Tajos atrás dije que este libro vivió en mi cabeza como dinamita de mecha encendida y que, en su escritura, esta escritura, corrí y viví para acabarlo antes de que él me destruyera. (Nadie como Catalina Navas sabe que corrí y fui lento y corrí y fui lento e hice, sigo haciendo, lo humanamente posible para evitar que la escritura de este libro me destruya.) Sí me quebró en lugares concretos, y trabajar en terminarlo fue depositar el dolor fuera de mí mismo, poder ahora contemplar la mecha correr.

Un tajo es una rigidez, pero no es menos *direccionamientos*, derivas, formas premonitorias de la blandura. ¿Qué me advertía la carta franca y radical de Adriana Díaz Lezama en la que me decía que ni ella ni su familia querían dar entrevistas o participar de un libro sobre Alejandra?

Me advertía de manera expresa su agotamiento y su derecho a la intimidad. Y había más: me advertía de manera táctica de los riesgos kármicos de andar yo husmeando en el dolor de los otros.

El problema no es sólo cómo sobrevivimos a la desgracia. El enigma es la desgracia misma.

*

El padre de Alejandra y Adriana, músico profesional e hijo él también de una familia de músicos consagrados, se graduó del Liceo Juan Ramón Jiménez en uno de esos primeros y remotos años del colegio a finales de los sesenta, cuando fue más verdad que nunca que estudiantes y profesores aprendieron juntos el oficio difícil de formarse los cerebros en un aula de clases. Debí de verlo varias veces en mi vida en las actividades del liceo, pero sólo hay una que en realidad recuerdo, y la recuerdo con una nitidez que es extraña a mi memoria porosa.

Ocurrió en la librería del Fondo de Cultura Económica en el centro de Bogotá en algún momento del segundo semestre de 2011. Yo había lanzado en abril de ese año una novela, que en su primera edición se llamó *C. M. no récord* y luego fue reeditada con su primer y original nombre, *Candidatos muertos*, una historia sobre la trastienda y la vida mundana de músicos comunes y corrientes en la Bogotá de los noventa.

Al cierre de la edición del libro, a inicios de 2011, me acerqué a Carolina López Bernal, mi editora —mi editora favorita del mundo mundial, ella también exalumna del Liceo Juan Ramón Jiménez, lo que es sólo un accidente del destino—, y le pregunté qué opinaba de mi voluntad de dedicarle el libro a la memoria de Alejandra.

Con Carolina varias veces hablamos sobre el feminicidio de Alejandra. Fue un desconsuelo y una consternación que discutimos, que estuvo presente en nuestra realidad. Justo a finales de 2009 Carolina quedó embarazada, y la idea de que un padre pudiera pagarle a un sicario para acabar con la vida de la mujer junto a quien había traído una vida al mundo le resultaba un horror incomprensible.

Carolina me sugirió que le preguntara a Adriana qué opinaba ella respecto a la dedicatoria. Eso hice. Adriana lo consultó entonces con su familia. Estuvieron de acuerdo. Me lo agradecieron, y en muestra de ese agradecimiento de familia de músicos, el padre y Adriana se presentaron aquel día en aquella librería para saludarme y darme un abrazo.

Recuerdo la sonrisa de afecto de ambos rostros. Recuerdo sus ojos entristecidos. Tragué saliva para abrirme la garganta cerrada.

*

No recuerdo si fue ese mismo día de la presentación del libro o en otro momento, pero en algún punto de ese 2011

Adriana me buscó y me regaló una bufanda negra preciosa que me tejió de regalo la hija de Alejandra.

Era la bufanda negra más bella que había visto en mi vida, de una tela fresca y abrigada al mismo tiempo. La llevé conmigo a Nueva York en el verano de 2012, cuando regresé a terminar mis estudios de doctorado. Apenas esperé a que corriera el primer viento de septiembre para colgármela.

Luego la perdí en la fiesta de fin de año de 2013.

Esa noche, una de mis compañeras de estudios me invitó a la fiesta familiar de su casa porque yo andaba despechado. Luego del brindis de las doce salimos a un bar en Harlem junto a varias de sus amigas y familiares. En el bar había tanta gente que caminábamos unos encima de otros. Allí dejé la bufanda, abandonada en una silla. Eran las cuatro de la mañana. Debíamos correr no recuerdo a dónde. Pise la calle, ebrio, y supe que no tenía la bufanda conmigo y supe también que devolverme a buscarla significaba una hora y tendría que despedirme allí mismo del grupo con el que había ido.

La abandoné resignado.

Hoy me habría regresado a buscarla.

*

Los once volúmenes del Informe Final de la Comisión de la Verdad representan esfuerzos monumentales en órdenes metodológicos y conceptuales. Cuando el informe se hizo público el 28 de junio de 2022, el énfasis en esta monumentalidad ensombreció otros órdenes de tipo moral y estético que quizás sean más propicios para acercarnos a las preguntas cruciales que plantea el legado de la Comisión: ¿cómo permitimos que algo así sucediera? ¿Cómo hacer para que la sociedad civil se conmueva y se conduela con lo ocurrido y sus consecuencias? En el orden estético importa que los miles de páginas de los once volúmenes no agotan la noción de *informe final* y que el Informe Final no agota el legado de la Comisión de la Verdad. Nos dicen: estamos ante un *acontecimiento* y ante un *ejercicio vivo*. En el orden moral importa la oportunidad para las víctimas de depositar su dolor fuera de sí mismas, de hacer las preguntas que han tenido suspendidas en el tiempo, de atravesar de nuevo por su dolor, pero con una valoración diferente del proceso vivido y también como punto de inflexión en sus vidas porque es al tiempo un acontecimiento para el país.

*

Pretendes acercarte al dolor de otros sin poder prever que la vida siempre te tendrá reservada la obligación narrativa y moral de atender tu propio sufrimiento.

¿Era posible que mi viejo, servidor público más de la mitad de su vida laboral, se hubiera equivocado en la supervisión de la delegación de un contrato interadministrativo?

Así acabé arrojado a una silla para entender un berenjenal de documentos administrativos al tiempo que conversaba con mi padre. Lo que en un punto del extravío empecé a escribir y acabé consignando en este libro es resultado de nuestra vivencia, de mi empeño por entender qué había ocurrido y no se refiere a elementos reservados del proceso.

*

Nunca antes en la historia las sociedades habían encarcelado tanta gente.

Los estudiosos de la sociología del castigo han alcanzado incluso un consenso respecto al nombre de nuestro tiempo: *la era del encarcelamiento masivo*. El consenso se acaba a la hora de las explicaciones de esta realidad diversa según geografías, pero hay elementos comunes que orbitan en un sentido u otro. La pena de prisión es un sistema que opera de manera selectiva: son las personas pobres y racializadas quienes sufren mayor probabilidad de acabar encerradas. Existe una cultura punitivista alimentada por la lógica de la mediatización del crimen y por la demagogia vindicativa de politiqueros detrás de los beneficios del populismo punitivo. Ante el encarcelamiento masivo vivimos en estado de negación: sabemos que las condiciones de vida en las cárceles son inhumanas, que son escuelas de agudización de los métodos criminales, pero nos negamos a actuar sobre esa realidad porque imaginamos que nunca tendremos que padecerla.

En el estudio preliminar al libro *Encarcelamiento masivo: derecho, raza y castigo* (2020), estudio titulado «Prisiones y jueces: la Constitución y la prisión en la era del encarcelamiento masivo», los investigadores Libardo Ariza y Mario Torres indagan en una línea poco estudiada: el papel de jueces, fiscales y funcionarios penitenciarios en la realidad del Estado penal. Simplifico el argumento para poner de presente la relevancia del caso colombiano en la relación entre rama judicial y prisiones en América Latina: en Colombia, la Corte Constitucional ha declarado tres veces el estado de cosas inconstitucional respecto al sistema penitenciario y carcelario, dos veces de manera general y una tercera concentrada en el derecho a la salud de las personas privadas de la libertad.

A partir de este hecho ejemplar en el continente, Ariza y Torres leen tres elementos fundamentales: el reconocimiento de la gravedad de la crisis, la voluntad de intervención judicial y un giro en la comprensión de la institucionalidad penitenciaria que tiene varias consecuencias, la crucial para el tejido de este libro quizás sea la siguiente: «La Corte Constitucional es clara en señalar la importancia de crear una política criminal responsable, técnica y deliberativa, basada en criterios procedimentales y sustantivos que restringen (restrinjan) […] la tentación creciente que supone el recurso fácil, emotivo y reactivo, a las políticas efectistas propias del populismo punitivo».

Hoy vivimos de lleno en tal tentación creciente. No hay campaña politiquera en la que no aparezca el recurso fácil, emotivo y reactivo de proponer la construcción de megacárceles o el incremento de penas a diestra y siniestra.

*

El 11 de enero de 2019, el abogado y académico Rodrigo Uprimny, junto a otros investigadores del Centro de Derecho, Justicia y Sociedad (Dejusticia), presentaron ante la Sala de lo Contencioso Administrativo del Consejo de Estado demanda de control de nulidad electoral contra la elección de Néstor Humberto Martínez Neira como fiscal general de la nación por parte de la Sala Plena de la Corte Suprema de Justicia (CSJ) mediante el Acuerdo 871 del 11 de julio de 2016.

La razón principal (no la única), dice la demanda, es el hecho de que dicha elección cayó en «vicio de falsa motivación». NHMN omitió y ocultó información grave y relevante sobre su grado de conocimiento de la corrupción Odebrecht/Aval y sobre su involucramiento con empresas y personas interesadas en este caso y que él había representado. La Sala no contó con información sustancial que podía haber afectado su decisión.

La demanda no prosperó.

Los consejeros de Estado la rechazaron por razones de caducidad. Según ellos, ya había pasado el tiempo establecido para poder proceder con la nulidad del nombramiento. Según los demandantes, ese tiempo debía empezar a correr desde el momento en que se confirmaron de manera pública las informaciones que probaban el ocultamiento de información grave y relevante por parte de NHMN, lo que ocurrió en noviembre de 2018 a raíz de la muerte de Jorge Enrique Pizano Callejas y las consecuentes revelaciones de *Noticias Uno*, quienes a través del periodista Iván Serrano y la directora Cecilia Orozco publicaron el material que Pizano les confió para divulgarlo en caso de que algo le ocurriera. Y algo le ocurrió: él y su hijo mayor, Alejandro Pizano Ponce de León, acabaron muertos en circunstancias hasta ahora no esclarecidas, Alejandro envenenado con el cianuro de una botella de agua abandonada en el estudio de su padre tres días después de haberlo enterrado. (El material, testamento de sus denuncias, son su entrevista emitida por *Noticias Uno* el 12 de noviembre de 2018, los audios en los que grabó a NHMN contándole de sus hallazgos de corrupción con materiales a la vista —«eso es una coima, marica», le responde NHMN y se ríe—, un conjunto de documentos que probaban su actuar diligente, la comunicación de sus hallazgos a las directivas de Corficolombiana, empresa del Grupo Aval y socia de Odebrecht en la construcción de la Ruta del Sol II, e incluso su reporte posterior a las autoridades.)

Con todo, a inicios de mayo de 2019 corrió el rumor de que la CSJ estaba cerca de decidir sobre todos los impedimentos de NHMN en el caso Odebrecht/Aval. También, la semana anterior la Comisión de Acusaciones de la Cámara de Representantes había iniciado su trabajo respecto al caso de corrupción del magistrado Gustavo Malo, uno de los sujetos que eligió a NHMN como fiscal general. Ante la posibilidad deshonrosa de que la CSJ resolviera en su contra —la CSJ ya había nombrado a Leonardo Espinosa como fiscal *ad hoc* para un primer conjunto de casos de Odebrecht en diciembre de 2018—, y aprovechando la coyuntura mediática de la decisión de la JEP de dejar en libertad a Jesús Santrich por vicios en la forma como la Fiscalía lo estaba procesando, NHMN hizo una vez más su movida escapista y renunció a su oficina. (Digo *una vez más* y digo *escapista* porque tres altos exfuncionarios con los que conversé, y quienes trabajaron en distintos gobiernos en los que NHMN participó y lo conocieron en sus cargos a lo largo de su carrera pública, coinciden en afirmar su deslealtad consustancial y su capacidad de escapar de las propias tormentas que arma.)

*

¿Cuál fue entonces el aporte de Néstor Humberto Martínez Neira, desde la dirección de la Fiscalía General de la Nación entre agosto de 2016 y mayo de 2019, a la construcción y gestión de una política criminal responsable y alejada, como solicita la Corte Constitucional (justo en 2015), de las políticas efectistas propias del populismo punitivo?

El plan Bolsillos de Cristal, «tolerancia cero con [*sic*] la corrupción», lanzado por NHMN durante su administración, y al cual él mismo se refirió en varias ocasiones como la «médula de la acción de esta Fiscalía», ¿contribuyó a una política criminal de Estado responsable?

Al preguntarle al respecto a través de un cuestionario enviado por correo electrónico, NHMN me contestó con estridencia. Según él, Bolsillos de Cristal se trató del «más importante programa sistemático y de persecución penal de la corrupción que se ha llevado a cabo en Colombia». Luego listó los escándalos de Reficar, Hidroituango, Odebrecht, la corrupción judicial, los desfalcos contra la salud y el Programa de Alimentación Escolar y, al final, de acuerdo con su listado, «desmanteló los más caracterizados clanes de corrupción regionales» [*sic*].

¿Desmanteló los *clanes de corrupción regionales*? ¿Qué entiende NHMN por *clanes*? Hoy en la opinión pública el sustantivo «clanes» se refiere a los clanes políticos regionales, y de acuerdo a investigaciones de organizaciones y periodistas concentradas en las elecciones regionales de octubre de 2023 —la Fundación Paz y Reconciliación, la Misión de Observación Electoral, el libro *La Costa Nostra* (2023) de la periodista Laura Ardila sobre el clan Char y los hermanos Daes, los mayores contratistas de Barranquilla desde que empezó la era Char—, esos *clanes*, entramados familiares avalados por partidos políticos tradicionales y que han cooptado la contratación pública, son uno de los mayores riesgos para el desarrollo democrático del país. Dicho de otro modo: ¿por qué no es posible encontrar una sola investigación periodística que avale la afirmación de NHMN, según la cual su programa Bolsillos de Cristal «desmanteló» los clanes de corrupción regionales?

Pero hay más: para NHMN, no es posible asociar su programa Bolsillos de Cristal con el populismo punitivo porque éste operó «bajo principios universales que recomiendan la focalización de la acción penal en los peces gordos», es decir, correspondió a «un universo relevante», lo que, en su comprensión de las cosas, «nada tiene que ver con el genérico populismo punitivo», que es, en su opinión, «como trata de cuestionarse cualquier acción del Estado [que busca] imponer el orden jurídico en materia penal». Sobre este punto, el medio de comunicación independiente *Cuestión Pública*, en un reportaje titulado «Los hombres de Odebrecht en Colombia» (07/2023), muestra cómo, de al menos diez ejecutivos del Grupo Aval que «conocieron o participaron de los sobornos junto a Odebrecht en la adjudicación del tramo dos de la Ruta del Sol, sólo uno fue condenado: José Elías Melo». De acuerdo con el análisis de un experto que consultaron y que les pidió mantener su identidad reservada por razones de seguridad, en las dieciocho líneas de investigación del escándalo de corrupción de Odebrecht en Colombia, «los que están condenados son personajes de segunda categoría. […] La mejor prueba de la impunidad es el descontento del FBI».

¿Peces medios pasados por peces gordos? La acción del Estado en miles de números, pero no ante ciertos sujetos: finta central de Bolsillos de Cristal.

Respecto a los aportes de su administración a una política criminal responsable, NHMN me listó seis «herencias silentes», cuatro de las cuales son tecnologías de modernización: el Censo Delictivo Nacional, herramienta para priorizar la acción penal y ofrecer a las autoridades elementos estadísticos para prevenir el crimen; los Comités Ejecutivos de la Fiscalía, donde se debatían las cifras del censo delictivo con la participación de la alta dirección de la Fiscalía, los directores nacionales y los directores seccionales; la plataforma A Denunciar o Sistema Nacional de Denuncia Virtual, un aplicativo de recepción de denuncias en línea integrado con la Policía; el aplicativo Fiscal Watson, esfuerzo de inteligencia artificial para agrupar denuncias penales a partir de patrones —hay una investigación de Colombia Check, de julio de 2020, donde se preguntan por los alcances y calidades de este aplicativo—; el programa Cero Papel para digitalizar los expedientes —de hecho, fue iniciado en varias de las oficinas del Estado colombiano—, y la creación de una «delegada de finanzas criminales» con policía judicial especializada, contadores públicos, auditoría forense y un sistema inteligente de acceso a registros públicos para facilitar sus investigaciones.

*

Una fuente reservada que trabajó en una oficina de la Presidencia durante el gobierno Santos me contó que, por información que recibieron de NHMN a principios de 2018, según la cual había corrupción en los fondos para la implementación del Acuerdo de Paz, él y su jefe tuvieron que invertir meses haciendo una revisión detallada de toda la contratación en las oficinas a cargo de la implementación, tarea en la que ayudó un fiscal delegado por NHMN, pero no encontraron un solo peso perdido. Con el paso del tiempo y el desenvolvimiento de hechos como la controversia entre la Fiscalía y la JEP por el caso de Jesús Santrich, este alto funcionario fue convenciéndose de que, aquel retraso que les produjo la información de NHMN, se trató de una jugadita más para entorpecer el Acuerdo de Paz.

Al preguntarle al respecto, NHMN me contestó que no hacían falta fuentes reservadas porque sus denuncias fueron de conocimiento público y me remitió a una nota de 2018 de la revista *Semana* donde publicaron la carta que él le envió al presidente Santos advirtiéndole «inobservancia de los principios de contratación», la existencia de una «red de intermediarios», «acceso a información privilegiada» y «firmas de interventoría seleccionadas por los intermediarios». Para dar cuenta específica de esta denuncia, NHMN me citó el caso de Marlon Marín: «En unas indagaciones que se llevaban a cabo por corrupción del sistema de salud en Colombia, accidentalmente el fiscal del caso tuvo acceso legítimo a comunicaciones en las cuales [...] Marín tenía contactos con terceras personas para favorecerlos con contratos vinculados a los fondos para la implementación del Acuerdo de Paz [...] se hablaba de apropiarse de porcentajes de esos contratos [...]».

NHMN sólo cita este caso. El caso eslabón que luego sabríamos conectado con el episodio sinuoso, plagado de retruécanos, ocultamientos y estridencias de Jesús Santrich, uno de los miembros del equipo negociador de las Farc-EP acusado de reincidir en narcotráfico después de firmado el Acuerdo de Paz y a raíz de una operación encubierta que le tendieron y en la que al parecer cayó. (El acceso al expediente «Santrich» por parte del periodista Edinson Bolaños de *El Espectador*, así como la revelación de 24.000 audios pertenecientes al caso, fueron cruciales para entender, en noviembre de 2020, la participación activa de la DEA y de la Fiscalía en la operación. La nota se titula «Los audios de la DEA y la Fiscalía que le negaron a la JEP sobre el caso Santrich». En entrevista al día siguiente con Bolaños, NHMN se mostró confundido y sostuvo que se trató de dos operaciones diferentes y que la Fiscalía no participó con la DEA en un entrampamiento. Antes, sin embargo, en entrevista con la periodista Yolanda Ruiz en mayo de 2019, NHMN ya había dicho que la Fiscalía sí había participado en «el suministro de la cocaína».)

En el informe de gestión de NHMN, el numeral 127 habla de varios escenarios de irregularidades en contratación, uno de ellos «los fondos para la implementación del Acuerdo de Paz». Todos los demás escenarios listados en el numeral 127 están algo desarrollados en los numerales siguientes, 128 a 131, pero no hay ningún desarrollo respecto a «los fondos para la implementación del Acuerdo de Paz». (NHMN sostiene que es porque las condenas llegaron después. Las condenas sólo existen en relación con el caso de Marlon Marín.)

Sobre el problema del entrampamiento a Jesús Santrich, y luego de conocer las revelaciones del periodista Bolaños, el penalista y exministro de Justicia, Yesid Reyes, escribió lo siguiente en su columna de *El Espectador* el 16 de noviembre de 2020:

> Entrampamiento […] comprende dos figuras distintas: el uso de agentes encubiertos que, tratándose de delitos relacionados con el tráfico de drogas, suelen realizar entregas controladas

de sustancias ilícitas a quienes por su propia iniciativa emprenden la comisión de un delito, y el llamado *agente provocador*, cuya característica distintiva es que hace nacer en alguien la voluntad de delinquir. Mientras la primera está permitida en Colombia, la segunda está expresamente prohibida por la ley. […] Si la operación encubierta era un anzuelo con el que se esperaba tentar a alguien para que picara, Martínez Neira debería saber que se estaba utilizando la figura del agente provocador, prohibida en la ley penal colombiana. Eso podría explicar su férrea negativa de entonces a suministrar a la JEP unos audios que pondrían en evidencia la ilegalidad del procedimiento, y de los cuales ahora sabemos que solo entregó 12 de 24.000 que estaban en su poder. […] Entrampamiento: enredar o confundir algo para que no se pueda resolver; precisamente lo que en su momento hizo Néstor Humberto antes de recurrir a sus dotes de escapista para desaparecer en medio de los efluvios de su renuncia.

La diferencia entre entrampamiento y agente provocador es una sutileza que opera como grieta; en esas grietas hay poderes que saben bien cómo prender su maleza. Maleza que, análoga o tecnológica, consume el agua y los nutrientes de los demás.

Movimiento dos: precarcelazo

El servicio público (¿en América Latina?)

Es extraño: esperamos soluciones del Estado frente a los problemas de convivir como sociedad diversa y llena de intereses privados y distintos y, no obstante, a la figura intermediaria que gestiona esas diferencias intentando robustecer *lo público*, al sujeto administrativo y político que opera el día a día del aparato de ese Estado del que esperamos soluciones, solemos empobrecerlo en nuestra comprensión de las cosas tildándolo de «burócrata», «clientelista» o llanamente «ladrón». La narrativa latinoamericana del siglo XX está llena de retratos de *servidores públicos* en clave de desprecio. Es espeluznante: el tirano ridículo y el dictador sanguinario a la cabeza; el prócer resignificado como sinuoso miserable; también el oficinista sudoroso, el intendente autoritario y el policía bruto y abusivo. ¿Por qué?

La obra de Jorge Ibargüengoitia es ejemplar al respecto. Vuelvo a *Instrucciones para vivir en México* (1990), una colección de ensayos breves que recoge viñetas quejumbrosas sobre trámites, retratos de burócratas y pastiches hilarantes de la mentalidad colonial de las élites en el poder. Reparo en un hecho que no recuerdo haber percibido en mis primeras lecturas hace quince años: así como Ibargüengoitia esculca en la figura del funcionario con desprecio e hilaridad, así también enseña tufos de clasismo. Me detengo en «Los inquilinos nuevos». El asunto central del texto es la dialéctica de salida y llegada de funcionarios según las victorias electorales y las asignaciones presupuestales. A través de la metáfora de la desocupación y ocupación de una casa, Ibargüengoitia va tejiendo una red de acciones adjudicadas a servidores salientes y entrantes que arrasa con lo público en sí mismo: «La mugre de los inquilinos pasados empieza a confundirse con la que suelta el nuevo. [...]

Después viene lo bueno, cuando se descubren los grandes fraudes, los negociazos, las torpezas. Este momento corresponde al inquilino descubriendo un zapato debajo de la cama. [...] Pero estos descubrimientos desagradables no se hacen en privado... sino en público. [...] Hay que proceder con tiento. [...] Dosificarlo todo». En los propios términos de la metáfora, no hay posibilidad de *habitar lo público* porque no hay posibilidad de contrarrestar *lo nocivo*. Todas las acciones del servicio público están teñidas de sospecha. El servicio es él mismo —en la ocupación y en la desocupación de la casa— la perpetuación del no futuro, lo estático, la simulación que dosifica.

Dejo a un lado este retrato demoledor y paralizante del servicio público y continúo explorando nuestras lecturas y sesgos culturales en su contra. Me encuentro un *paper* académico exquisito como nunca me imaginé que fuera posible un *paper* académico y menos uno que dice hacer «etnografía del documento burocrático». El trabajo se titula «Cifras de papel: la rendición de cuentas del Gobierno colombiano ante la justicia como una manera de incumplir cumpliendo». Su autora es Valentina Pellegrino y fue publicado en la revista *Antípoda* en el primer trimestre de 2021.

El *paper* cuenta lo siguiente:

En 2009, el Auto 004 de la Corte Constitucional declaró en riesgo de exterminio a treinta y cuatro pueblos indígenas y le ordenó al Gobierno nacional, en cabeza del Ministerio del Interior, la creación de un programa de garantía de derechos y planes de salvaguarda para la protección urgente de dichos pueblos en un plazo de seis meses. El auto se derivó, a su vez, de la Sentencia T-025 de 2004, con la cual la misma Corte Constitucional declaró un «estado de cosas inconstitucional» por la inadecuada e insuficiente atención estatal al desplazamiento forzado y la vulneración permanente de los derechos humanos de cientos de comunidades a lo largo y ancho del país como consecuencia del conflicto armado.

En 2013, cuatro años después de proferido el auto y nueve después de la sentencia, cuando *lo público* (el país) estaba bajo una nueva administración nacional porque en agosto de 2010 Colombia pasó del gobierno de Álvaro Uribe al gobierno de Juan Manuel Santos, ni el programa ni los planes de salvaguarda habían sido puestos en marcha. Entonces, los magistrados citaron a una audiencia pública para solicitarles a las instituciones responsables una respuesta a la orden judicial, e invitaron también a los líderes indígenas. En los meses previos a esa audiencia de 2013, cuando las diferentes direcciones del aparato del Estado pusieron a correr a sus funcionarios y contratistas para contestarle a la Corte Constitucional, Pellegrino se infiltró en esos equipos («observación participante») y tuvo acceso directo a todo el trabajo interno de preparación. Lo que comprendió estando allí adentro, lo que pudo comprobar con su propia participación, orbita entre lo delirante y lo compasivo.

Uno de los cambios cruciales en materia política, en la transición entre un gobierno y otro en 2010 (Uribe-Santos), fue el reconocimiento del conflicto armado, lo que significó la creación de agencias para atender el despojo de tierras y a las víctimas de desplazamiento, de ahí la Ley de Víctimas 1448 de 2011 y el Decreto Reglamentario 4633 de ese mismo año, enfocado en población indígena. En tal contexto, el Ministerio del Interior estableció un mecanismo de consulta, del cual surgió el Programa de Garantía de Derechos junto a una ruta metodológica para que las comunidades indígenas diseñaran sus propios diagnósticos y propuestas y de allí nacieran los planes de salvaguarda, tal y como era el espíritu del Auto 004 de 2009. Sin embargo, cuando la Corte Constitucional convocó la audiencia para septiembre de 2013, la mayoría de los pueblos indígenas aún estaban en la etapa de diagnóstico, no había avances en la concertación con las instituciones del Estado y, en consecuencia, los planes de salvaguarda aún no existían. Estaban más cerca de existir de manera apropiada —con la voz de los pueblos victimizados como «insumo principal»— porque las velas habían sido reorientadas en la dirección correcta, pero aún no existían.

Entonces, cuenta Pellegrino, funcionarios y contratistas de las distintas entidades, ante la presión de los hechos y la necesidad de construir un informe que evitara que el Gobierno fuera declarado en «desacato» del auto, acordaron un «eje de argumentación que no dejara mal paradas a las instituciones». Hicieron a un lado la especificidad de la ruta metodológica en la que venía trabajando el Ministerio del Interior con las comunidades indígenas, sumaron todas las actuaciones ordinarias y misionales de todas y cada una de las entidades responsables de la garantía de los «bloques de derechos», incluso sin ponerse de acuerdo en la distinción entre «participación» y «acciones», sumaron todos los renglones de los presupuestos de ejecución —el «informe presupuestal financiero» sumó la cifra de tres billones de pesos— y con dos pases más de «estética» cerraron un «informe técnico» que, era lo importante, cumplió con su objetivo: el Estado no fue hallado en desacato.

Para Pellegrino, la clave opaca de este logro-no logro, de este «cumplir incumpliendo», estuvo en el papel que jugaron «las cifras», agigantadas y presentadas bajo el *prestigiado* esquema epistemológico del *informe técnico*. No hay espacio en esta glosa para detallar los lances fascinantes de Pellegrino alrededor del dinero y los números como «tecnologías del encanto». Basten dos puntadas para sumar acá a la comprensión de la práctica del *servicio público* como *experiencia de supervivencia*: fue la autoridad que otorga «la cuantificación» lo que hizo posible la evasión de las preguntas fundamentales planteadas por la Corte; esa autoridad, la confianza alrededor de los números, ha hecho que los asumamos como «preinterpretativos». Pero los números en política pública nunca son datos brutos (crudos), sino datos construidos, y en esa construcción hay decisiones e interpretaciones.

El que hace el conteo tiene poder.

Decide, para empezar, *qué se cuenta, qué se cuantifica*. Los números, cuando son usados para controlar, y no para entender, pueden incluso rayar en el peligro, provocar daño.

Antes de sintetizarles este texto de Pellegrino dije que era delirante y también compasivo. En mi lectura, la reflexión de Pellegrino es compasiva y de ancho alcance en su comprensión de las complejidades que trata porque inicia con el performance exquisito del delegado del pueblo jiw, quien contesta a la audiencia imprimiendo los archivos de Excel de los «planes de acción» citados en el informe absolutorio, los pega unos después de otros en un frankenstein análogo y absurdo —hay foto del hecho, está en la segunda página del texto de Pellegrino— y hace reír a todos los presentes por igual, magistrados, funcionarios y demás delegados de los pueblos indígenas. Pero también leí un texto compasivo porque allí, en la escucha de Pellegrino, atenta a las discusiones y dificultades de ese puñado de servidores y contratistas honestos cuidando «lo institucional» —creyendo, claro, que cuidaban lo institucional, así el espectro de incidencia de lo que intentaban obrara también en contra de *eso institucional*—, vi a mi padre y a sus cuitas y alegrías y de refilón vi también su vida bohemia, su convicción acerca de lo público como escenario para la transformación social e incluso su uso mecanizado (repetitivo, convencido, satisfecho) de ideas o categorías con las que él se armó un mundo que luego le explotó en la cara y tuvo que recoger en pedazos.

Así como Pellegrino hace en su artículo *etnografía del documento burocrático*, ¿qué etnografía del servicio público en Colombia podría hacerse a partir de las historias de empeño y astucia de miles de sujetos que, como mi padre, hicieron una carrera en la administración pública y acabaron empapelados y detenidos de manera preventiva a través de casos penales irrisorios, alimentados por otros funcionarios, ellos a su vez empeñados y astutos?

¿Cómo opera, en rigor callejero —pragmático, emotivo—, la máquina descomunal que es el Estado moderno?

Cuando hablamos de respaldar, proteger, fortalecer —escojan ustedes el lugar común cómodo y asignado— las instituciones como valor democrático, ¿de qué hablamos exactamente?

Claro que existen diferencias sustanciales entre *administraciones* (inquilinos, según la metáfora de Ibargüengoitia) dependiendo de los razonamientos e intereses con los que se asignan y ejercen los cargos de responsabilidad en el descomunal aparato del Estado. ¿De qué modo entonces sopesar, leer (tal vez leer no sea el verbo) esas administraciones, más allá de sus eslóganes, de sus usos y abusos de las cifras, y de nuestros sesgos indómitos?

A ti, padre, ¿alguna vez te despreciaron por tu papel como funcionario u operario del poder de turno?

«Mi socialista»

En los años setenta en América Latina no había forma de participar en el movimiento estudiantil y no tener una filiación política de izquierda específica y rutilante. Álvarez (mi padre), por ejemplo, fue trotskista, pero no sólo trotskista sino del ala Bloque Socialista, lo que significaba diferenciarse de otras alas del trotskismo criollo y, sobre todo, de las dos grandes organizaciones juveniles de izquierda ya existentes en el país, la Juventud Comunista (Juco), del Partido Comunista Colombiano, y la Juventud Patriótica (Jupa), del Movimiento Obrero Independiente y Revolucionario. Acá no hay espacio para entrar en los detalles de estas experiencias políticas y sus fraccionamientos, baste con decir que las razones principales de los distanciamientos fueron las crisis de la hegemonía prosoviética y del maoísmo, dos prácticas de poder que se habían descubierto y probado criminales y que entonces hacían agua.

El viernes 5 de septiembre de 1975, en medio de aquella creciente atomización de agrupaciones de izquierda y tras un semestre de paro en la Universidad Jorge Tadeo Lozano, un centenar de estudiantes de universidades públicas y privadas en Bogotá salieron del centro de la ciudad por la carrera Décima luego de haber hecho varios recorridos infructuosos tratando de entrar a la Plaza de Bolívar para conmemorar el segundo aniversario del golpe de Estado en contra del gobierno democrático de Salvador Allende. Allí, sobre la Décima, fueron recogidos en camiones del ejército, detenidos y acusados de violar un decreto reciente de orden público del gobierno de Alfonso López Michelsen, decreto con el que, además de reafirmar el estado de sitio permanente en el que vivía Colombia, ese año pretendieron prohibir la protesta estudiantil.

Álvarez y decenas de sus compañeros de estudio venían caminando en dirección sur-norte, megáfono en mano, cuando vieron al primer grupo de soldados acercarse trotando. La mayoría de los manifestantes corrió a esconderse en las cafeterías aledañas, hasta donde entraron a sacarlos. Álvarez recuerda los gritos de los soldados, pero también tiene la impresión grabada de que el tipo que lo sacó del baño, lo golpeó y lo arrastró hasta el camión del ejército fue una persona vestida de civil —*tiras*, les decían ellos; infiltrados de la fuerza pública—. Ya al frente del camión, un soldado terminó de ayudarle a esa persona vestida de civil dándole a Álvarez un culatazo en la espalda.

La detención duró seis días. Fueron alrededor de cien estudiantes. Primero los llevaron a la estación de policía de la Caracas con Sexta y al día siguiente los trasladaron a la Cárcel Distrital. Entre los detenidos ese día, compañeros de la carrera de Economía en la Universidad Jorge Tadeo Lozano, y con quienes Álvarez continuaría una relación a veces de amistad, a veces de trabajo, estaban Fabio Villegas (ministro de Gobierno en 1993), Carlos José Herrera (secretario de Educación Distrital en 2009) y Rafael Awad (muerto joven en un accidente). Las noches y los días se convirtieron en un mitin permanente. Los familiares y compañeros de estudio empezaron a llegar al día siguiente con colchonetas, cobijas, alimentos y cartones enteros de cigarrillos. Los jefes de los distintos minipartidos detrás de aquella movilización estudiantil —en el caso del trotskismo ala Bloque Socialista eran Ricardo Sánchez Ángel, Camilo González Posso y Kemel George González— les ayudaron a conseguir abogado. Al grupo de Álvarez, recuerda Herrera, que era miembro del Comité Coordinador, lo acabó representando el prestigioso penalista Antonio José Cancino, tanto en el juicio sumario como en el colectivo. En algún momento de esa semana, al calor de los mítines, varios de los grupos detenidos consideraron declararse culpables para recibir el estatus de «presos políticos», una condición glamorosa para el partido y fatal para los individuos allí detenidos, pues quedarían con antecedentes. Al final nadie se declaró culpable, fueron absueltos y quedaron libres la noche del séptimo día. (Los detalles del proceso son deliciosos y picarescos, pero aquí no hay espacio.)

Un año después, en 1976, mientras Álvarez adelantaba sus estudios, un compañero de clases, familiar lejano del entonces director del Instituto Colombiano de Crédito Educativo y Estudios Técnicos en el Exterior (Icetex), Augusto Franco Arbeláez, le contó de una vacante en ese despacho. Álvarez se presentó, lo contrataron como técnico auxiliar y empezó a trabajar escribiendo discursos de todo tipo. El trabajo era conveniente porque podía hacerlo en las tardes sin descuidar sus estudios en la mañana. Franco era un conservador ilustrado, lector de literatura. Pronto se agarraron aprecio: Álvarez a Franco porque empezó a comprender todo aquello que era posible desde el servicio público y el poder ejecutivo, y Franco a Álvarez porque, aunque éste era un radical de izquierda, lo escuchaba con atención y era veloz y acertado en sus redacciones. Tres meses después de estar allí, en privado, Franco empezó a decirle a Álvarez *mi socialista*.

Álvarez trabajó en el Icetex durante diecisiete años ininterrumpidos. Ocupó todo tipo de oficinas (incluso regionales) hasta llegar a ser subdirector técnico en 1991. En ese largo periodo laboral y de conocimiento del poder ejecutivo, a Álvarez le ocurrieron tres cosas definitivas para su vida pública y laboral de entonces: por un lado, construyó una comprensión detallada, sustancial, del acceso a la educación como oportunidad para la construcción de igualdad y movilidad social; también se armó una inmensa red de relaciones con la academia y más en concreto con los poderes detrás de las universidades (sus rectores y sus consejos superiores); al final, de ese universo educativo recibió el beneficio de formarse en el exterior, porque en 1987 accedió a una beca de la Agencia Española de Cooperación Internacional para el Desarrollo, conservó su sueldo en Colombia porque el Icetex lo envió en comisión de estudios —mi hermano y yo ya habíamos nacido; para poder irse tenía que asegurarse de dejarle ayuda económica a mi madre— y se fue un año a estudiar una especialización en Administración Pública en la Universidad de Alcalá de Henares en España.

Estando en España, meses antes de su regreso a Colombia y de su reintegro a funciones en el Icetex, dos giros siniestros de la vida política del país lo marcaron tanto como marcaron a su generación entera: los asesinatos en marzo y agosto de 1989 de José Antequera y Luis Carlos Galán, magnicidios que terminaron de acorralar a la sociedad colombiana y de confirmar la nueva espiral de destrucción de las opciones alternativas y democráticas de acceso al poder. (Año y medio antes, en octubre de 1987, esa espiral genocida había iniciado con el asesinato del candidato presidencial de la Unión Patriótica, Jaime Pardo Leal. En marzo y abril de 1990, el acorralamiento de la muerte continuó con los magnicidios de Bernardo Jaramillo y Carlos Pizarro; aún más: en el atentado contra Antequera, también fue herido de muerte Ernesto Samper, senador y precandidato presidencial por el Partido Liberal.) Ante este panorama, con la deriva al frente de la Constitución del 91, que inició con movilizaciones sociales y estudiantiles a finales de 1989 y la votación de la Séptima Papeleta en marzo de 1990, Álvarez tomó la decisión de acercarse a los sectores heridos del Partido Liberal. Lo hizo porque allí leyó la posibilidad más cierta de construir opciones reales de acceso al poder.

A través de Margarita de Tamayo, militante barrial del galanismo, madre de dos hermanos y amigos suyos de toda la vida, Guido y Guillermo Tamayo, Álvarez conoció a José Blackburn y a María Cristina Ocampo, representantes galanistas electos al Senado y a la Cámara en las elecciones legislativas de octubre de 1991, tres meses después de la sanción de la nueva Constitución Política en julio de ese mismo año. Yo entonces tenía trece años. Recuerdo bien esa campaña porque el día de las elecciones aún estaba permitida una práctica proselitista extendida, propia más de los viejos tiempos gamonales que de los entonces recién pactados —práctica divertida, en cualquier caso, para un adolescente deseoso de acción y calle—: empapelar la ciudad de manera apabullante y mugrosa, de arriba a abajo, con publicidad política de los candidatos. Un basurero espantoso y festivo en el cual mi padre me montó y yo, por mi cuenta, monté también a un par de amigos con quienes pasamos dos fines de semana repartiendo volantes y pegando carteles a diestra y siniestra en el centro y en Chapinero, donde entonces vivía con mi madre y mi hermano.

En el segundo trimestre de 1992, en el mismo contexto de efervescencia política, tuvo lugar en el Congreso un debate sobre el papel del servicio público en la educación superior que derivó en la Ley 30 de 1992, aún vigente. El ministro de Educación del presidente César Gaviria era entonces Carlos Holmes Trujillo. Álvarez era subdirector técnico del Icetex, pero en esos días estaba de director encargado y presentó una posición institucional que señaló graves ausencias de financiación de la educación superior en el proyecto de ley presentado por el ministerio. Cuando terminó su intervención, Álvarez se acercó al ministro y le ofreció su renuncia. El ministro, por el contrario, le agradeció la intervención y le pidió que entregara el material que había expuesto a la comisión redactora. En esas, cuando Álvarez se despedía del ministro, se le acercó para conocerlo Jorge Enrique Molina, rector entonces de la Universidad Central.

Álvarez conocía bien esa universidad: la relación de sus fundadores con el Partido Liberal, el amparo intelectual que había recibido del Externado. Conocía, por ejemplo, a través del poeta Orinzon Perdomo, uno de sus grandes amigos de la vida, el Taller de Escritores del maestro Isaías Peña, oriundo del Huila (donde yo nací en 1978 cuando mi padre trabajaba en la oficina regional del Icetex). Molina, impresionado con la intervención de Álvarez, lo invitó a reunirse y a conocer la rectoría de la universidad, que entonces quedaba en una casa en el barrio Santa Fe y no en la sede de la carrera Quinta. Así empezaron una relación laboral y una amistad entrañable que fue corta e intensa y que duró hasta la muerte temprana de Molina a finales de 1995.

Aquel mismo año de 1992, a raíz de una polémica ocurrida entre el veedor del tesoro y el entonces director del Icetex, Víctor Reyes, la institución quedó sin director en propiedad.

Álvarez levantó la mano y declaró su interés. Iba a cumplir dieciséis años en la institución, se debía a ella, había hecho toda la carrera desde las bases hasta la subdirección. A su juicio, merecía una oportunidad. Primero, sin embargo, designaron otra directora encargada, luego nombraron a Germán Guerrero y, finalmente, en 1993, la dirección la ocupó Jaime Niño, cuota del samperismo en el gobierno de Gaviria. Guerrero, recuerda Álvarez, resultó ser un tipo brillante. Nariñense, galanista, concejal de Bogotá y miembro a la sombra de la comunidad LGBTIQ+. Empezaron a hacer un trabajo estupendo. Todo iba bien hasta cuando Guerrero cayó enfermo. Llegaron a hacer reuniones en el hospital. La cosa se hizo insostenible y entonces nombraron a Niño, con quien Álvarez nunca se llevó bien porque lo vio actuar como un politiquero clientelista. Álvarez se frustró. Confirmó en carne propia la necesidad de padrinazgos políticos para ascender en el servicio público en Colombia. Al tiempo, sin embargo, dada la red de poderes manejados por el rector Molina, y gracias también a sus gestiones propias, Álvarez entró en una dinámica de acercamiento al poder no del todo distinta.

Álvarez renunció al Icetex terminando el primer semestre de 1993. No le aceptaron la renuncia. Niño le pidió ayuda a Fabio Villegas (ministro de Gobierno en ese momento) para manejar a Álvarez y que se quedara. Villegas tenía entonces otro problema: empezaba el final del gobierno Gaviria, las cosas parecían a flote, pero, entre otras tantas urgencias, necesitaban dar un salto cualitativo en materia de modernización de la infraestructura aérea y acababan de nombrar a Fernando Zarama como director de la Aeronáutica Civil (Aerocivil) —esto luego de que el recién nombrado director, Fernando Corrales, muriera en el accidente de la avioneta HK 3016 el 24 de julio de 1993—. Zarama necesitaba equipo. Villegas resolvió entonces dos problemas con un movimiento: le pidió a Álvarez que asumiera como secretario general de la entidad. Álvarez intentó consultarle al rector Molina, con quien venía haciendo planes para vincularse a la Universidad Central, pero éste estaba en

Rusia, no pudo comunicarse y tuvo que tomar la decisión solo. Le habían cortado las piernas en el Icetex, quería irse. Además, había hecho sus estudios de posgrado para la administración pública en sentido amplio, no sólo para trabajar en educación. Decidió aceptar. La gente cercana le dijo que estaba loco.

Ahora, mientras escribo, me detengo y me distancio del vértigo laboral y político de mi padre y vuelvo y escucho la grabación de una de las decenas de conversaciones que tuve con mi hermano para construir este libro. En ella le pregunto por sus recuerdos de infancia alrededor del servicio público del viejo. Piensa un momento. Cuando resuelve de qué quiere hablarme, en la voz se le despierta un pliegue de entusiasmo que ahora mientras lo escucho sé que para mí también fueron escenas importantes: las fiestas de fin de año y los regalos de Navidad para hijas e hijos de los empleados del Icetex. Aquellos juguetes eran muy buenos, a veces incluso más grandes y consentidores que los que uno podía aspirar a recibir en casa. (Al menos en mi casa seudosocialista en camino a convertirse en burguesa.)

Ese día la fiesta transcurría sin novedad cuando Juan Diego notó que algo pasaba porque los adultos organizadores empezaron a moverse y a preocuparse por algo distinto a la entrega de regalos que se atrasaba.

Resulta que los regalos no alcanzaban.

Si eran ciento cinco hijas e hijos de empleados allí presentes en la fiesta, la logística de la fiesta había traído noventa regalos. Estaban a punto de salir a hacer el numerito de la entrega y habían resuelto elegir al azar quince niños y niñas a las que les quedarían debiendo el juguete. Álvarez se había enterado, había detenido la entrega y estaba en la cocina con los organizadores de la fiesta entendiendo cuál había sido el problema para que no estuvieran allí los ciento cinco regalos completos.

A partir de este punto el recuerdo de Juan Diego es borroso excepto por dos hechos: estaban en un lugar del noroccidente de la ciudad porque la solución tuvo nombre propio y desde entonces ese nombre quedó ubicado en su mapa psicoafectivo de la ciudad: Centro Comercial Bulevar Niza. Y también: el tipo que dio la orden de pagar una hora más de payasos, lo dejó encargado con otros adultos y se fue en su carro, junto a uno de los organizadores, a comprar los quince regalos que faltaban, fue su padre, el entonces subdirector técnico de la institución.

«Nunca recibas solo a nadie»

Detenerme. Acelerar. Volver. No poder saber qué hacen en mí los movimientos agitados de este libro. No tener tiempo tampoco para investigar los efectos en el cuerpo de la escritura ansiosa. La escritura de este libro como un libro otro y subterráneo.

Víctor Álvarez, el hermano mayor de mi padre, siempre jugó un papel crucial en su vida como faro moral e intelectual. Víctor es historiador y ha sido profesor toda su vida en la Universidad de Antioquia. En ese momento, cuando Álvarez tuvo que decidir si salía del Icetex y aceptaba el despropósito de trabajar en la Aeronáutica Civil, Víctor no sólo se opuso, sino que lo gritó por teléfono, le advirtió que era una estupidez sacrificarse estando a cargo de dos hijos y le colgó enfurecido. Jorge Enrique Molina, que tardó en enterarse, también se molestó.

Aceptar trabajar en la Aeronáutica Civil, en la Colombia de principios de los noventa, cuando el brazo del narcotráfico más violento apenas estaba siendo torcido por parte del Estado, no era una decisión sensata. Y sin embargo, Álvarez aceptó.

Como amuleto intangible y astucia concreta para sobrevivir, Álvarez asumió, al pie de la letra, el único y definitivo consejo que entonces le dio Molina, práctica que abrió, para él mismo, la comprensión del servicio público como complejidad más allá de lo técnico: «Nunca, bajo ninguna circunstancia, recibas solo a nadie, no importa quien sea; si estás solo y te abren un maletín o te muestran una pistola, ya no habrá nada que hacer».

Junto al director de la Aerocivil y una decena más de funcionarios sacaron adelante la política de tecnificación y modernización pendiente, renovaron el aeropuerto de San Andrés, licitaron la segunda pista de El Dorado y garantizaron en general la descentralización de los aeropuertos.

En 1994, al comienzo del gobierno, el presidente electo Ernesto Samper nombró directora del Instituto Colombiano de Bienestar Familiar (ICBF) a María Cristina Ocampo, que buscó a Álvarez para que la acompañara como secretario general. Molina, en ese momento, con apoyo de la Asociación Colombiana de Universidades (Ascun) promovió la candidatura de Álvarez a uno de los viceministerios de Educación, pero la cosa no prosperó, así que Álvarez se lanzó al ICBF, donde se ocuparon de una reestructuración administrativa que descentralizó el poder concentrado en la Secretaría General, abrieron una Secretaría Técnica y les entregaron autonomía a las regiones en su prestación de los servicios de protección de la infancia.

En 1996, tras un intento fallido por privatizar Telecom en el gobierno de César Gaviria, la tarea la terminó de replantear y enfrentar José Blackburn, que llamó a Álvarez para que fuera su vicepresidente financiero y lo ayudara en el proceso complejo de negociación con los sindicatos y apertura del servicio telefónico de larga distancia, dos frentes complementarios.

Para Álvarez, aquellos seis años en entidades tan distintas fueron delirantes. Ahora, en este presente pandémico cruzado por el paro nacional y el estallido social en Colombia ocurrido entre abril y junio de 2021, cuando converso con él y contesta a mis preguntas —mientras cotejo datos con terceros involucrados en estas historias y reviso archivos de prensa—, su recuerdo regresa con detalle a las protestas, los bloqueos y las negociaciones con sindicatos que tuvo que manejar en aquellas tres experiencias disímiles.

En la Aerocivil (1993) el sindicato de controladores aéreos amenazó con tomarse la pista del aeropuerto El Dorado en vísperas de la temporada de turismo de fin de año y terminaron manoteándose las mesas. En Telecom (1996) llegó el día en que los trabajadores técnicos, para sostener la operación de la empresa, tuvieron que entrar al edificio principal en la calle 22 en tanquetas de la policía. Álvarez y su equipo decidieron solidarizarse con esos trabajadores del área técnica y despachar a su vez desde el interior del edificio, con lo cual probaron también la cojinería de hierro de las tanquetas de la fuerza pública.

Pero la más significativa de las protestas que Álvarez recordó ocurrió en las horas de la mañana de un día de noviembre de 1994. La protagonizaron cientos de madres comunitarias y sustitutas del ICBF. Su reclamo era el albor de un pleito jurídico que iba a tardar años en resolver. En ese primer momento, sus peticiones apuntaron al reconocimiento de las prestaciones sociales y aportes a la seguridad social adicionales a su paga, pero más tarde se trató de una cuestión de fondo: establecer si la relación entre la institución y dichas madres comunitarias y sustitutas era o no una relación laboral.

Las madres salieron a la calle 68 al frente de las oficinas del ICBF y bloquearon la vía. Una hora después la policía estaba lista para despejarla. Dos horas más tarde, Álvarez y su equipo consiguieron detener a la policía. Megáfono en mano, se sentaron a hablar con las madres —en rigor, se pararon, porque tuvieron que sacar una mesa al andén para subirse en ella y conseguir que los escucharan—. Tres horas después las madres habían escogido cinco voceras, junto a Álvarez habían entrado a la oficina de la directora Ocampo y se habían sentado a negociar con ella. El bloqueo se levantó en ese momento sin intervención de la policía.

Hay una foto de Álvarez en los hechos.

En la foto, las caras de las pocas madres que alcanzan a verse —en ángulo, porque la mayoría está de espaldas— lucen apretadas, concentradas en lo que allí ocurre pero dispersas al mismo tiempo, como si en aquel instante nadie supiera qué hacer y esa incertidumbre pesara allí en el espacio abierto. Detengo la mirada en el semblante de mi padre —sentado encima de una mesa, el megáfono en la mano izquierda, descolgado— y reconozco en él una expresión que también es mía y que descifro con absoluta claridad: impaciencia; parece sereno, atento a lo que mira, casi calmado, pero no es así, por dentro bulle de una exasperación que le cuesta (nos cuesta) controlar.

El respiro frente a esta intensidad pública ocurrió para Álvarez a finales de junio de 1998, cuando se retiró de Telecom y asumió como vicerrector administrativo y financiero de la Universidad Central, institución académica de la que también fue director de Planeación y a la que le dedicó los siguientes ocho años de su vida.

Luego, sin embargo, en algún punto del primer semestre de 2006, a Álvarez volvió a despertársele el bicho de la política, esta vez a través de la administración distrital de Luis Eduardo Garzón. Si se hubiera quedado en la universidad, o hubiera tomado cualquier otro rumbo menos regresar al servicio público, nada de lo que acá sigue hubiera ocurrido.

Este libro, para empezar, tampoco existiría.

Otros riesgos del servicio público
(en Colombia)

Releo los tajos anteriores y pienso: quién sabe qué historia imaginarán ustedes que acaban de leer. A mí antes que nada me confirma la broma-relato con la que, en mi familia, solemos sintetizar la vida de mi padre, y que dice más o menos así: cuando yo nací (1978), Álvarez tomaba aguardiente, andaba en Simca y jugaba fútbol. Cuando mi hermano nació (1984), Álvarez tomaba ron, andaba en Renault y jugaba tenis. Cuando mi hermana nació (1996), dieciocho años después, Álvarez sólo tomaba whisky, andaba en BMW y jugaba golf.

Hoy todavía juega golf. Es la curva latinoamericana clásica del trotskista que se convierte en demócrata y deriva en agente del neoliberalismo. Mi padre mismo se burla de su deriva pequeñoburguesa, confirmada por sus prácticas culturales —le fascina leer a Steven Pinker, tiene un club de lectura casi exclusivamente para ello (exagero)—, aunque no tanto por su billetera —la detención preventiva y el proceso penal lo dejaron sin trabajos de consultoría desde julio de 2017; hoy, a mediados de 2023, su único ingreso es su pensión—.

Broma aparte, los riesgos y las tensiones del servicio público en Colombia no suelen agotarse en las veleidades ideológicas, las necesidades de padrinazgos o los manejos más o menos democráticos de las demandas sociales o sindicales. En el caso de Álvarez, por ejemplo, su trabajo como funcionario de confianza y bisagra entre lo técnico y lo político lo puso en tres escenarios de atentados terroristas de los que salió vivo porque contó con suerte.

Lo relato porque, más allá de la presencia accidental o más o menos accidental de Álvarez en los hechos, son episodios que contribuyen a comprender el calibre de los peligros alrededor de la administración pública en el país.

El lunes 27 de noviembre de 1989, a las 7:10 a. m., despegó de Bogotá el vuelo 203 de Avianca con destino a Cali. Cinco minutos después, cuando el avión sobrevolaba el municipio de Soacha, una bomba plantada por el cartel de Medellín estalló, encendió vapores de combustible en uno de los tanques de gasolina y provocó una segunda explosión que desintegró la aeronave y mató a sus ciento un pasajeros y seis tripulantes, igual que a tres peatones en tierra. El atentado tenía el propósito de asesinar al precandidato presidencial del Partido Liberal, César Gaviria, que estaba programado para subir al vuelo pero a último momento no lo hizo. Cinco funcionarios del Icetex, entre ellos Álvarez, también estaban programados para tomar ese vuelo 203 de las 7:10 a. m. Iban a Cali a la reunión de junta directiva de la institución, presidida entonces por el ministro de Educación vallecaucano Manuel Francisco Becerra. La junta, sin embargo, fue cancelada la tarde anterior. Un asesor del ministro, vallecaucano también, sí tomó el vuelo, el último de su vida.

El miércoles 9 de diciembre de 1992, entre las 9 y 9:50 p. m., estallaron bombas y paquetes explosivos en cuatro hoteles de Bogotá (Tequendama, Orquídea Real, Hacienda Royal y La Fontana), una operación sincronizada que pocas horas después se adjudicó la guerrilla del ELN. En el Hotel Tequendama las bombas fueron en los pisos ocho y once y no dejaron víctimas mortales. El caso más grave fue el del Hotel Orquídea Real. Allí la explosión ocurrió en el piso treinta y seis, donde Ecopetrol y otras empresas acababan de celebrar la ceremonia de entrega de sus becas a los mejores bachilleres del país. El rostro público de los cientos de heridos de ese día lo ocupó el joven Julián Sosa, de diecisiete años, deportista, ganador de una de las becas para estudiar Ingeniería y quien quedó paralítico a causa de un pedazo de concreto que le cayó encima de sus piernas. A la ceremonia había asistido también el entonces senador Álvaro Uribe. Uribe, igual que la mayoría de los asistentes a la ceremonia —Álvarez, en representación del Icetex, era uno de ellos—, ya se encontraba de salida cuando ocurrió el estallido. Álvarez recuerda haberse montado en su carro, con prisa, ir dos cuadras adelante sobre la carrera Séptima y haber sentido el ruido. Prendió la radio y minutos después vino a enterarse de la que se había salvado.

El viernes 7 de febrero de 2003, a las 8:15 p. m., estalló en el sótano del Club El Nogal en Bogotá un carro bomba marca Renault Megan cargado en la silla trasera con doscientos kilos de explosivo anfo y clorato. El carro lo introdujo a las instalaciones del club empresarial en la noche de ese mismo día Oswaldo Arellán, tío de John Freddy Arellán, socio del club, exinstructor de squash e infiltrado de la columna móvil Teófilo Forero de las antiguas Farc-EP, autoras intelectuales y materiales del atentado terrorista. En el club había alrededor de seiscientas personas, treinta y seis cayeron asesinadas y ciento noventa y ocho fueron heridas, una de ellas mi padre, que tuvo que salir por una terraza en medio del humo y el incendio y duró seis meses con una conjuntivitis salvaje. Ese día, en honor a la precisión, Álvarez no estaba en El Nogal como funcionario porque entonces trabaja ya por completo para la Universidad Central. Dos años antes, en 2001, había hecho una de sus primeras consultorías para la Empresa de Telecomunicaciones de Colombia Infonet Enterprise. Como parte del acuerdo de pagos por dicha asesoría, Infonet le había otorgado a Álvarez, para su uso, uno de los tres cupos de la acción empresarial que la compañía tiene en El Nogal.

De estos tres espacios de muerte en los que mi padre estuvo presente o a punto de estar presente, este último, donde su presencia no ocurrió en calidad de funcionario, acabó siendo el episodio más sonado en términos de los riesgos que significa en Colombia el ejercicio de la administración pública. Además de las condenas al secretariado de las Farc y a los diferentes autores materiales e intelectuales del atentado, en agosto de 2018 un fallo del Consejo de Estado declaró la responsabilidad administrativa y patrimonial de la Nación, esto a raíz de dos hechos cruciales que pudieron probarse: uno, que altos funcionarios del Estado sostenían reuniones institucionales en el club de manera permanente, lo que ponía en riesgo a los demás asistentes, y dos, que existieron informantes e informes de inteligencia que le advirtieron a la Fiscalía General de la Nación y al extinto Departamento Administrativo de Seguridad (DAS), de la inminencia de un atentado en las instalaciones del club en la calle 78. Nadie, sin embargo, tomó medidas de precaución.

Para la fecha del atentado en El Nogal yo vivía fuera del país. Me había ganado una beca de trabajo en la Universidad de Texas en El Paso y cursaba lo que entonces armábamos, junto a Johnny Payne, director del programa (yo era su asistente), como la primera maestría bilingüe en escritura creativa en Estados Unidos. Mi hermano Juan Diego, en cambio, estaba en Bogotá, vivía con mi madre en el barrio Emaús a la altura de la calle 70, acababa de entrar a la universidad, estaba en casa con un amigo tomándose un trago cuando escucharon el bombazo. Un momento después, la columna de humo que empezó a aparecer en el cielo les hizo saber que eso que habían escuchado había ocurrido en el norte, cerca de la casa de mi padre en la calle 83. Juan Diego llamó allí, le contestó Rocío, la esposa de mi padre, y ella le contó que el estallido había sido en El Nogal y que Álvarez estaba adentro. Por fortuna, Álvarez ya la había llamado, estaba bien, intentando salir. Luego Rocío lo había vuelto a llamar, pero ya entonces el servicio de telefonía celular había colapsado. Juan Diego se asustó, decidió correr al club, llegó allí acompañado de su amigo y encontraron un operativo de policías y ambulancias que bloqueaba el paso sobre el carril del costado oriental desde la calle 77. Se acercaron y empezaron a ver gente ensangrentada que salía a la calle, algunos en bata, en shock, desplomándose en la avenida.

Juan Diego, nervioso y sin saber qué hacer, le dijo a su amigo que había otra entrada al club por la carrera quinta. El amigo le dijo que estaba loco, que lo mejor era que se fueran de ahí. Juan Diego se despidió de su amigo, corrió por la subida de la calle 77 hasta esa otra entrada y encontró la puerta abierta, todo oscuro, en escombros, y unas pocas personas que iban saliendo en llanto, mientras cojeaban y buscaban oxígeno. Justo cuando iba a entrar, una señora que salía lo reconoció, lo detuvo, le dijo que ella trabajaba en Infonet, que Álvarez seguía adentro, en el costado norte, ayudando gente a salir por una terraza. En ese momento los hicieron retirar de la puerta de entrada. Juan Diego volvió a llamar a Rocío, le entró la llamada. Álvarez acababa de llegar a la casa.

Minutos después, cuando mi hermano llegó a la 83, encontró al viejo sentado en el piso a la entrada del apartamento, pálido, tomando agua, cubierto de ceniza de arriba a abajo como si acabaran de sacarlo de la tumba.

Llegada de Álvarez a las administraciones distritales (2006-2011)

Este libro existe. Álvarez fue picado de nuevo por el bicho del servicio público. Ocurrió en un punto recóndito del primer semestre de 2006, cuando se encontró con Enrique Borda, un abogado especialista en derecho laboral y padre de dos personas que también estudiaron en el Liceo Juan Ramón Jiménez. Borda había sido uno de los abogados del sindicato de trabajadores de Telecom con el que Álvarez trató cuando trabajó en la apertura de las telecomunicaciones del país entre 1996 y 1998. Borda llevaba un año largo en el distrito como secretario general del entonces alcalde mayor de Bogotá, Luis Eduardo Garzón.

En ese encuentro, Borda le contó a Álvarez detalles de uno de los problemas que tenían y frente al cual el tiempo de gobierno no iba a alcanzarles: la movilidad de la ciudad. Tenían claro qué hacer, sólo que ese hacer era de mediano y largo plazo: primera línea de metro, tren de cercanías, cables aéreos para las lomas de los barrios populares, cobro por congestión para los carros, mejora de la malla vial, continuar la expansión de Transmilenio, ciclorrutas y programas de estímulo a la bicicleta. Había, sin embargo, un problema por encima de todos: los buses de transporte público de la ciudad pertenecían a empresas *afiliadoras* de buses, no a empresas prestadoras del servicio de transporte y obligadas, por tanto, por el Estado, a los deberes de ese servicio esencial. Ya en años anteriores, a través de decretos, otras administraciones habían intentado una integración del transporte de la ciudad y una retoma de su monopolio —separar el recaudo de la prestación del servicio, por ejemplo, medida que se comunicó como «acabar con la guerra del centavo»—, pero sin éxito. La solución seria, a mediano plazo, pasaba entonces por trazar el Primer Plan Maestro de

Movilidad para Bogotá Distrito Capital (PMM) y ejecutar, a partir de allí, los esfuerzos necesarios de integración e infraestructura.

El equipo a cargo de dicho plan, conformado por especialistas en estructuración de proyectos como Jorge Enrique Morales, o especialistas en transporte como Javier Hernández y Mauricio Camacho, ya estaba andando, contratado casi todo a través de dineros del Programa de las Naciones Unidas para el Desarrollo. Borda, en síntesis, quería saber si Álvarez estaba interesado en sumarse a ese equipo para reforzarlo de cara a las difíciles tareas de concertación social e implementación que vendrían. En principio, se trataba de un problema de aplicación de tecnologías a la administración pública, pero también había una dimensión social complicadísima: replantearles los términos del juego a familias poderosas dueñas en la ciudad, por décadas, del negocio de la afiliación de buses. Álvarez tenía otro tipo de problemas en la universidad, había aspirado al Consejo Superior, la cosa no había prosperado y estaba abierto a nuevos horizontes laborales, así que se lo pensó y luego de unas semanas decidió lanzarse.

En 2007, una vez el PMM estuvo listo y decretado, llegó la campaña por la alcaldía, donde se enfrentaron Samuel Moreno y Enrique Peñalosa. El equipo de movilidad de la alcaldía de Garzón se acercó entonces a ambas campañas y les presentó los avances y perspectivas de ciudad detrás del PMM. La campaña de Moreno fue receptiva; la de Peñalosa, no. En esa campaña, Peñalosa siempre habló en contra de la construcción de un sistema de metro para la ciudad. Llegaron las elecciones y Moreno ganó. En esa coyuntura, por las reuniones con las campañas, Álvarez conoció al sociólogo y politólogo Óscar Molina, director programático de la campaña de Moreno y quien había sido consultor de la Organización Internacional del Trabajo y asesor de la Central Unitaria de Trabajadores. Hicieron buenas migas. De los varios consultores técnicos detrás de la formulación del PMM, Molina leyó en Álvarez olfato político y lo ingresó en su radar de candidatos para conformar el equipo de gobierno.

Álvarez se había cruzado dos o tres veces en la vida con Samuel Moreno, pero no se conocían propiamente. En cambio, sobre el hermano (Iván Moreno), Álvarez tenía mucha más información: éste había trabajado en los ministerios de Salud, Trabajo y Seguridad Social en el gobierno de Samper y había sido alcalde de Bucaramanga (2000-2003), una administración que había terminado con un déficit enorme y que había sido marcada por un sospechoso incendio en 2001, donde se quemaron papeles que, en su momento se rumoró, podían haber comprometido a Iván Moreno en investigaciones de la Contraloría Municipal. Cuando Molina le planteó a Álvarez la posibilidad de ser considerado para los equipos directivos de la alcaldía de Moreno, este le agradeció y le dijo que preferiría continuar como consultor. Empezado el gobierno, sin embargo, a mediados de enero de 2008, no tenían gerente de Transmilenio, el ente gestor clave en la contratación de todo lo planeado en el PMM. Hubo reuniones, Álvarez conoció a Samuel Moreno en persona y le planteó una ruta: continuar con el mismo equipo de estructuración que venía trabajando desde la administración anterior. Moreno estuvo de acuerdo. Así fue como Álvarez aceptó la gerencia de Transmilenio.

Once meses después de iniciado el gobierno, a principios de noviembre de 2008, el secretario de Movilidad Luis Bernardo Villegas, cuota de Moreno y quien no había hecho parte del equipo de movilidad que venía desde la administración de Garzón, enfrentó una crisis por un contrato de semaforización y renunció. Le ofrecieron la Secretaría a Álvarez. No aceptarla lo obligaba a irse del gobierno. La remuneración de la Secretaría era algo menor que la de Transmilenio, pero también era cierto que, avanzado el gobierno —en 2010, era el cálculo de Álvarez—, sobre Transmilenio recaería la responsabilidad más delicada de varias licitaciones definitivas para poner en marcha el Sistema Integrado de Transporte Público (SITP) y el Sistema Integrado de Recaudo, Control e Información y Servicio al Usuario (Sirci). Álvarez tenía planeado arropar durante dos años, en términos políticos y técnicos, el equipo especializado con el que, en ese punto, llevaba más de tres años trabajando, de tal modo que, a mediados de 2010, las licitaciones estratégicas pudieran ocurrir sin contratiempos y sin necesidad de que él estuviera en la gerencia del ente gestor. Las circunstancias, sin embargo, se presentaban distintas: tenía que decidir si irse antes de Transmilenio, montarse en el liderazgo del sector formulando política pública y nuevas estrategias de movilidad, y confiar el desarrollo de las licitaciones estratégicas a ese equipo en el que, era un hecho, había aprendido a confiar luego del camino recorrido juntos.

Álvarez pasó a ser secretario de Movilidad en noviembre de 2008.

Cuando Álvarez llevaba más de un año en la Secretaría (segundo trimestre de 2010) empezaron los rumores de contrataciones amañadas en frentes de obra. Esos rumores fueron confirmándose por traiciones entre contratistas, por los propios controles administrativos institucionales y por investigaciones de concejales (Carlos Vicente de Roux, por ejemplo) y líderes de izquierda del mismo partido del alcalde electo (Gustavo Petro, por ejemplo). Los medios de comunicación publicaron grabaciones entre funcionarios y contratistas negociando comisiones, la Fiscalía abrió escenarios de delación y principios de oportunidad y la Procuraduría, luego de meses de investigación, encontró razones para suspender al alcalde Moreno como medida cautelar, lo que hizo efectivo el martes 3 mayo de 2011. Un mes antes, la Fiscalía había detenido al hermano del alcalde, Iván Moreno, acusándolo en ese primer momento de los delitos de cohecho impropio, concusión e interés indebido en la celebración de contratos. Mes y medio después de la suspensión de la Procuraduría, la Fiscalía imputó a Samuel Moreno por cuatro delitos: prevaricato por omisión, concusión, contrato sin cumplimiento de requisitos legales y peculado por apropiación.

Toda aquella corrupción desenmascarada en el distrito acabó consolidándose, en los medios de comunicación, con un nombre propio que aún nadie olvida: *carrusel de la contratación*.

(En ese momento hubo periodistas que hablaron también de un carrusel nacional de la contratación, pero eso nunca prosperó. Hoy sabemos, sin embargo, que los sobornos de la constructora Odebrecht en Colombia para asegurarse obras públicas empezaron tan temprano como 2009, en el gobierno de Álvaro Uribe y quién sabe si más atrás.)

La gobernabilidad, que estaba golpeada con los rumores iniciales, se vino al piso. Álvarez recuerda esos meses como relámpagos de una pesadilla inestable. A sus ojos, en ese momento, en medio del ajetreo interminable de la Secretaría, todo aquello resultaba tan alarmante como distante y descorazonador. Desde luego, con los rumores y sus derivas de confirmación, cada miembro del gabinete pasó semanas debatiéndose entre continuar o retirarse. Vino entonces la intervención del santismo al mando del Gobierno nacional. De acuerdo con la ley, el presidente debía elegir un alcalde o alcaldesa de una terna del mismo partido del alcalde suspendido. Al tiempo, mientras pasaban las semanas que le tomó a Santos designar a Clara López como alcaldesa encargada, en los pasillos de los despachos fue filtrándose la petición simultánea de cohesión institucional y paciencia, de tal modo que el barco, en estado delicado, no quedara a la deriva.

Clara López había sido secretaria de Gobierno desde el principio de la administración Moreno hasta el 10 de marzo de 2010, cuando se retiró para ser la fórmula vicepresidencial de Gustavo Petro en las elecciones de mayo. Álvarez y López habían sorteado juntos el durísimo paro de transportadores a inicios de ese 2010, cuando los dueños de las empresas afiliadoras de buses quisieron negociar mejores condiciones de cara a la transformación jurídica y social detrás del SITP. La designación de López le produjo tranquilidad a Álvarez. Reconocía en ella, por experiencias de primera mano, una disciplina de trabajo y una comprensión de los problemas administrativos y políticos. También era cierto que Álvarez estaba fatigado y quería retirarse. Además, con el esfuerzo que había hecho en los últimos cinco años en el distrito había cumplido las semanas de cotización para su pensión; dado su régimen de transición, podía arrancar su trámite una vez renunciara. Sin embargo, la reacción de López no le dio margen. Le dijo que de ninguna manera podía dejar el cargo y le pidió concluir el compromiso que tenía con la ciudad y su democratización del transporte. Álvarez se lo pensó dos veces. Aceptó quedarse. Después de todo, se dijo, nada debía, ¿por qué temer o desgastarse entonces con cualquier investigación natural que viniera o ya estuviera en curso?

Lo que Álvarez no podía sospechar, lo que se salía de cualquier cálculo que pudiera intentar hacer en ese momento de junio de 2011, era que el aparato acusatorio del Estado, pocos años después, caería en manos de intereses privados que desbordarían toda noción hasta entonces conocida, en la democracia colombiana, de instrumentalización del poder judicial.

Un servidor público bien puede imaginarse como aquel sujeto desvelado por los procesos disciplinarios que acumula en su contra; alguien que sabe que para mover una hoja necesita consultarles a sus abogados. Lo que vendría tendríamos que enfrentarlo con abogados, y varios, y caros, y también insuficientes, porque lo que vendría cobraría la forma de un proceso penal así no fuera, en últimas, sólo un proceso penal.

Fabricaciones, presión mediática

El principal abogado de mi padre en esta historia intrincada ha sido el penalista John Villamil. Ya hablé de John cuando conté que lo fui a visitar a su oficina en Los Alcázares a principios de 2016. John me ayudó entonces a entender cosas en mi acercamiento a la historia del feminicidio de Alejandra Díaz Lezama y al sistema judicial colombiano. En sus infancias, John y mi padre no fueron amigos, pero sí crecieron en casas contiguas allí en el barrio Los Alcázares, donde varios de los miembros de ambas familias numerosas sí fueron cercanos.

El 24 de agosto de 2011, cuando Clara López gobernaba en propiedad y Samuel Moreno llevaba tres meses destituido y estaba a punto de ser detenido, *Caracol Radio* publicó una nota según la cual Manuel Nule —uno de los tres empresarios Nule condenados por corrupción y segundo hijo del exgobernador de Sucre Miguel Nule Amín, condenado en 2016 por vínculos con el paramilitarismo—, en declaración ante la Fiscalía, profundizó sobre sus vínculos con Álvaro Dávila (abogado amigo cercano del exalcalde Samuel Moreno) y dijo: «[Dávila] nos manifestó tener un vínculo cercano con el señor Fernando Álvarez, incluso en diciembre de 2008 [...] siendo el señor Álvarez gerente de Transmilenio, el señor Dávila nos pide cien millones de pesos a nombre de él para que ese anticipo lo giren en diciembre de ese año [...]». Álvarez desmintió de inmediato la fabricación en una rueda de prensa con preguntas abiertas a los periodistas, con tal suerte que, en la torpeza criminal de la fabricación —nunca pudimos confirmar si ésta había salido, efectivamente, de una declaración de Manuel Nule ante la Fiscalía—, se equivocaron en las fechas. Para diciembre de 2008, Álvarez ya había dejado de ser gerente de Transmilenio y había pasado a ser secretario de Movilidad. Además, los adelantos para la fase tres de Transmilenio (a los que se refiere la nota) fueron girados en la misma fecha y en las mismas condiciones para todos los contratistas involucrados. No obstante, y como precaución, la salpicada hizo que Álvarez buscara hablar con un abogado penalista en el que pudiera confiar. Fue así como se reencontró con John a través de Patricia Villamil, hermana menor de éste y conocida también de la infancia en el barrio Los Alcázares.

La primera reunión de Álvarez con John Villamil ocurrió en una sala de juntas de la Secretaría Distrital de Movilidad (SDM) en octubre de 2011. Villamil recuerda el ánimo de explorar la posibilidad remota de un proceso penal en contra de Álvarez y el primero hecho jurídicamente relevante: los asesores (abogados) de Álvarez en la Secretaría alimentaban una lectura sobre «las responsabilidades en materia de delegación». Según ellos, al estar la contratación delegada en las tres Subsecretarías —así estaba establecido por una resolución de 2007, antes de que Álvarez llegara al cargo—, la responsabilidad penal de Álvarez en materia de contratación era distante. En el recuerdo de John, estas conversaciones sobre delegación fueron teóricas, casi de pedagogía jurídica. «Yo no era especialista en derecho administrativo, pero conociendo las condiciones de Álvarez y escuchando su proceder en la Secretaría, era claro que nos enfrentábamos más a una bulla mediática que a cualquier otra cosa».

Después de ese primer encuentro, Villamil y Álvarez activaron averiguaciones generales de todo tipo. Con los meses, los rumores crecieron en la medida en que el propio escándalo del carrusel de la contratación creció.

«Decían que ya venían por él, que ya iban a arrancar, todo a través de los medios», recuerda John.

Las reuniones aumentaron. Planearon enviar *derechos de petición* para confirmar si existía o no una investigación penal en contra de Álvarez y en qué sentido, pero en un primer momento desistieron de hacerlo. John era de la idea de quedarse quietos en medio del avispero: «Si tuvieran algo, ya habrían venido por ti», le decía para tranquilizarlo. Consideraron denunciar a Manuel Nule por sus declaraciones falsas, pero al haber decidido no enviar derechos de petición, al no tener confirmación de que la mentira proviniera de una declaración hecha ante la Fiscalía, no tenía sentido hacerlo. Así llegó el 2012, terminó el periodo de gobierno, Álvarez hizo su empalme, salió de la Secretaría y pronto empezó a trabajar como consultor del Grupo ISA. Los seis años en la administración de Bogotá, dos en la alcaldía de Garzón y cuatro en el periodo de Moreno/López, hicieron que Álvarez completara las semanas necesarias para su pensión.

Con el paso de los meses, los ruidos mediáticos en contra de Álvarez desaparecieron por completo. La Fiscalía empezó a detener contratistas, concejales y abogados, y a fortalecer su acervo probatorio en contra de Samuel Moreno. En ese proceso, a Villamil le iba llegando información de cómo la Fiscalía les preguntaba a todos y cada uno de esos detenidos por Álvarez, lo que desde luego les preocupaba por la posibilidad de que alguno de ellos, desesperado por la necesidad de llegar a un acuerdo y rebajar su pena a cambio de delaciones o colaboraciones, fuera a inventarse algo. En ese momento, sin embargo, nadie se inventó nada.

Así pasaron casi dos años. John y Álvarez dejaron de reunirse. La vida parecía continuar.

En noviembre de 2013, el entonces vicefiscal Jorge Fernando Perdomo Torres retomó la cuerda mediática con el anuncio de otra serie de imputaciones a exconcejales de la ciudad, y allí mismo, al final de ese comunicado de prensa, anunció el llamado a interrogatorio de once personas, entre ellas Francisco Fernando Álvarez Morales. Sin embargo, a pesar de esta nueva amenaza mediatizada, las semanas pasaron y la citación siguió sin llegar. Álvarez entonces perdió la paciencia, y ante el peso de no resolución con el que la Fiscalía seguía operando y maltratando su nombre en los medios, le pidió alternativas a su abogado. Fue así como Villamil le planteó la posibilidad de solicitar, por iniciativa de ellos, ser escuchados en diligencia de interrogatorio.

El 13 de enero de 2014, movido también por la voluntad de resolverles a los funcionarios de la Fiscalía las dudas que siguieran teniendo sobre su proceder como secretario de Movilidad, Álvarez acudió en compañía de su abogado a la oficina de Juan Vicente Valbuena Niño, entonces fiscal tercero delegado ante la Corte Suprema de Justicia. La oficina estaba en el primer piso del bloque F del búnker de la Fiscalía, una construcción descomunal de cemento expuesto inaugurada en 1997 en el barrio Ciudad Salitre, al centroccidente de Bogotá, cerca de la Embajada de los Estados Unidos.

Entrar allí requiere que te despojes de cualquier aparato electrónico. Los corredores son estrechos y también de cemento expuesto. Las oficinas son cerradas y diminutas. La lógica de circulación no es clara. Los guardias apenas abren la boca. Hay detectores de metales por todas partes. Los propios servidores que circulan parecen atados a un código de silencio o desgracia. Un espacio de aire carcelario construido para intimidar y que tú, como ciudadano, apenas puedes experimentar por fuera de su voluntad de amenaza.

Valbuena los recibió en su despacho. Los tres tomaron asiento. Lo que siguió, Álvarez y Villamil lamentan estar condenados a recordarlo el resto de sus vidas.

Primera diligencia de interrogatorio

Apenas terminaban de tomar asiento cuando Valbuena le dijo a Álvarez que arreglara su vida, que él sabía que era difícil pero que, un piso más arriba, estaba el vicefiscal Perdomo esperándolos para hacer un acuerdo y que así él podría vivir tranquilo y salir de problemas. Mientras hablaba, Valbuena blandía con agresividad y soberbia una serie de papeles que les dio a entender eran el acuerdo firmado con Iván Hernández, director de la Unidad de Mantenimiento Vial durante buena parte de la alcaldía de Moreno. Álvarez intentó cortarlo. Valbuena continuó casi a los gritos con la única pregunta que decía interesarle: saber si Álvarez conocía a Iván Hernández. Álvarez le dijo que por supuesto lo conocía, él era el presidente de la junta directiva de esa unidad dirigida por Hernández, cosa que Valbuena ya sabía, así que no entendía en realidad de qué le estaba hablando. Villamil le preguntó entonces a Valbuena si estaba insinuando que Hernández había dicho algo en contra de Álvarez. Valbuena reconoció que no, pero Álvarez tenía una posición muy alta en la administración de Bogotá, tenía que saber lo que estaba pasando.

Antes de presentarse en el búnker de la Fiscalía para hablar con fiscales que llevaban años investigándolo sin encontrar nada en su contra —*de otro modo ya habrían venido por ti*, era la premisa operativa de su abogado—, Álvarez sabía que esa podía ser una de las hipótesis de trabajo de la Fiscalía: asumir un *concierto para delinquir extendido*; suponer que todo aquel en un cargo de poder en la administración distrital había participado del carrusel de la contratación. Sin embargo, a pesar de entender esta conjetura, para Álvarez no dejaba de ser una mirada desconocedora de la complejidad de la administración pública. (Para la gente que ha hecho carrera en el servicio público en cargos directivos de diferentes administraciones, las responsabilidades no se asumen en función de los intereses del individuo electo que nombra o designa, sino en función de la agenda de gobierno y en defensa de la institución a cargo.)

Álvarez entonces se emberracó, se puso de pie y le preguntó a Valbuena si acaso él creía que en las reuniones de junta directiva, o en los comités técnicos, donde se encontraban más de quince o veinte personas —muchas veces personas que variaban según las delegaciones—, era donde se pactaban los torcidos del carrusel. «Si uno no participó del negociado, que es mi caso, ¿cómo podía saber?».

En ese primer momento crítico, que creció en recriminaciones y precisiones de un lado y otro, Villamil se paró también de la mesa y le pidió a Álvarez que se fueran de ahí de inmediato. A renglón seguido se dirigió a Valbuena para decirle que, sin ni siquiera haber iniciado la diligencia de interrogatorio, motivo por el cual ellos estaban allí, él ya había resuelto que su cliente era un bandido, y que eso, en la etapa de investigación en la que seguían (en la que llevaban años), era un prejuicio muy grave. Ambas reacciones sorprendieron a Valbuena, que moderó su actitud y dijo que lo estaban malinterpretando; él no había dicho que el doctor Álvarez fuera un bandido. Los tres intentaron calmarse. Vinieron los únicos minutos que estuvieron cerca de ser una conversación. Álvarez consiguió expresar una serie de hechos que había ido a comunicar porque para él eran cruciales y porque sospechaba que no estaban siendo considerados por la Fiscalía: su perfil era técnico; él era un hombre de academia; había llegado al gabinete de Moreno a través de Óscar Molina, director programático de la campaña y primer secretario de Planeación; luego había terminado como secretario de Movilidad por una crisis de semáforos en el primer año de gobierno y quería que la Fiscalía supiera que él estaba dispuesto a *colaborar* con las explicaciones que fueran necesarias acerca del funcionamiento complejo de la Secretaría en materia del trazo y desarrollo de la política pública, sus principales obligaciones de trabajo.

En ese punto, motivado quizás por el verbo «colaborar» —verbo que, a juicio de Villamil, Álvarez jamás debió pronunciar dado su significado concreto en el contexto judicial en el que estaban—, Valbuena volvió a perder la paciencia. Dijo que él ya conocía ese discurso; Héctor Zambrano, por ejemplo, exsecretario de Salud, había llegado igual a decirle que él no tenía nada que ver con la corrupción, pero luego de varias noches tirado en el piso de una celda, había empezado a hablar.

Luego de varias noches tirado en el piso de una celda.

En tono frío, lleno de rabia y miedo por dentro, ofendido también por los modos amenazantes de Valbuena, Álvarez se paró de nuevo de la mesa y le preguntó si de eso se trataba, si lo que le estaba diciendo era que todo se reducía a tirarlo a él al piso de una celda para hacerlo hablar.

«Vámonos, Fernando», le insistió entonces Villamil. «Este tipo ya te prejuzgó, acá no hay nada que hacer». Se puso de pie y caminó hasta la puerta de la oficina.

Valbuena repitió que él no estaba prejuzgando a nadie.

«Desde el primer minuto que entré a esta oficina, usted no ha hecho otra cosa que insinuar que soy un delincuente», le contestó Álvarez.

Valbuena le pidió a Álvarez que se sentara, él no había insinuado eso.

Villamil seguía en la puerta. Le reiteró a Álvarez que se fueran de allí de inmediato. Álvarez tomó asiento. Le pidió a su abogado que volviera. Estaba convencido de haber ido a ser escuchado en diligencia de interrogatorio. No iba a irse hasta que eso no ocurriera.

Valbuena los invitó entonces a pasar al despacho de la fiscal delegada de apoyo Aura Janeth Buitrago Pedraza. Ella se haría cargo de la diligencia.

«Excúseme, doctor Valbuena, pero yo no vine a hablar con una fiscal de apoyo, vine a hablar con usted, pensé que usted me tomaría la declaración, porque quiero darla con usted presente», Álvarez volvió a interpelarlo.

Valbuena se disculpó, hizo tono amistoso y les explicó que lo estaban esperando en otra reunión, que era perfectamente normal que las diligencias de interrogatorio las practicaran las fiscales delegadas de apoyo.

Se despidieron, secos, y Álvarez y Villamil pasaron a un despacho cerrado a unos metros de la oficina de Valbuena.

(De acuerdo con el exfiscal Valbuena, él no recuerda en esta escena haber amenazado a Álvarez «[…] como quiera que no era mi estilo y menos en presencia de su abogado defensor». En su versión de los hechos, él se limitó al procedimiento habitual: comunicarle al procesado, porque es su derecho, las posibilidades de solución de su caso. «Recuerdo haberle manifestado que siempre existía la posibilidad de negociar si consideraba que en su caso [eso] era más efectivo que enfrentar las consecuencias del proceso penal». Respecto al uso de la expresión *luego de varias noches tirado en el piso de una celda,* dice que no es verdad y que Zambrano decidió hablar con él desde el mismo día que fue capturado.)

Lo que siguió los sorprendió tanto como la actitud hostil de Valbuena. (Valbuena insiste en que no fue hostil.)

La fiscal Buitrago les planteó una serie de preguntas a tal punto generales —cómo funcionaban las juntas directivas, cuáles eran las funciones de Álvarez, de qué modo operaba la delegación, de qué se encargaba cada Subsecretaría, por qué había unos contratos que se hacían desde la Secretaría y otros desde Transmilenio; incluso preguntó si en materia de *ordenación del gasto* ¡Transmilenio dependía de la Secretaría!, es decir, desconocía la relación administrativa de independencia y autonomía entre la Secretaría y Transmilenio—, que Álvarez y Villamil se preocuparon. ¿No estaban acaso en una unidad de la Fiscalía especializada en delitos contra la administración pública?

Sólo al final, luego de una veintena de preguntas, cuando Álvarez ya había pasado cuatro o cinco horas conferenciando sobre política pública en materia de movilidad y tratando de hacerle entender a la fiscal Buitrago la independencia de Transmilenio frente a la Secretaría, ésta le preguntó por el contrato interadministrativo 1229 de 2009, celebrado entre la Secretaría Distrital de Movilidad (SDM) y la Universidad Nacional Abierta y a Distancia (Unad), así como por las adiciones N.º 02, N.º 04 y N.º 05, realizadas entre junio y julio de 2010. Álvarez se disculpó: no tenía ni la menor idea de lo que le estaba hablando. Le insistió en que en sus tres años al frente de la SDM había habido miles de contratos, que con universidades habían sido varios, y que esos en particular solía manejarlos la Subsecretaría de Política Sectorial. «Si usted quiere, con gusto le averiguo y le mando la información», terminó Álvarez. La fiscal Buitrago tomó nota del ofrecimiento y le dijo que sí, que por favor averiguara y les enviara la información.

Terminada la faena, ya en la calle, asombrados de que la única pregunta específica que la Fiscalía tuviera preparada para la diligencia fuera aquella del contrato interadministrativo 1229 de 2009 y sus adiciones, John le dijo a Álvarez que él salía contento, que de pronto sí había sido buena idea insistir en la diligencia porque habían conseguido averiguar eso: después de años de tensiones frías y de investigaciones por parte de la Fiscalía, allí no tenían nada en su contra; además, era claro que los rumores de años atrás no estaban involucrados ni habían prosperado. «Esto es una güevonada, Fernando, un contrato pequeño, donde los recursos van a un tercero que también es una entidad pública». Álvarez, por su parte, seguía en shock luego de haberse enfrentado al tono violento del fiscal Valbuena. John le dijo que no se preocupara demasiado. Era una vaina normal que hacían para ver si la persona tenía algún guardado o había participado en algún ilícito. Sacudirte.

Mientras la vida avanzaba, en el transcurso de las siguientes semanas Álvarez se quedó pensando en dos cosas: ¿su reacción indignada (casi airada) frente al maltrato de Valbuena, podía tener consecuencias contraproducentes? ¿Había puesto al tipo en su contra? ¿Un fiscal ambicioso —en los círculos judiciales se decía que trabajaba para ser magistrado—, en medio de la batalla por conseguir condenas en contra de los responsables del carrusel de la contratación, necesitado de testigos y de pruebas para terminar de cocinar a Samuel Moreno, no era acaso el enemigo más peligroso que un exsecretario de despacho podía echarse encima?

Por otro lado, los rumores que habían llegado a sus oídos y a los de su abogado indicaban que la Fiscalía buscaba corrupción alrededor de la adjudicación del SITP, un proceso contractual que le perteneció a Transmilenio, no a la Secretaría. Sin embargo, como iba a averiguar más adelante, las adiciones por las que le estaban preguntando tenían que ver con la *verificación documental* del inmenso volumen de documentos presentados por las empresas licitantes al SITP, no directamente con el proceso licitatorio del sistema. ¿De qué modo entonces estaban pretendiendo conectar esas adiciones marginales, con la adjudicación del SITP?

John, por su parte, recuerda que así como en un primer momento salió contento de la diligencia a pesar de las tensiones con Álvarez, a medida que pasaron los días fue creciéndole cierta intranquilidad por el desconocimiento de la Fiscalía de la relación de independencia administrativa entre la Secretaría y Transmilenio, y cierta preocupación por lo que podía pasarle a cualquiera bajo la presión de fiscales así de agresivos. Para John era evidente que la Fiscalía había llegado a la minucia de esas adiciones a través de otros interrogatorios. En esos otros interrogatorios, ¿la Fiscalía estaba buscando que algún otro funcionario dijera algo sobre Álvarez u otras personas? ¿Este contrato interadministrativo y sus adiciones eran un primer camino para algo más? Pero ¿qué?

Camino a la audiencia de imputación

Álvarez tardó varias semanas en buscar a la exsubsecretaria de Política Sectorial para averiguar la información con la que se había comprometido respecto al contrato interadministrativo 1229 de 2009. (Ella también acabó siendo imputada.)

En marzo de 2014, cuando continuó la diligencia de interrogatorio practicada por la fiscal de apoyo Buitrago, ésta insistió en preguntar, en materia de ordenación del gasto, si Transmilenio dependía de la Secretaría Distrital de Movilidad y por qué, frente a la estructuración del SITP, unos contratos eran celebrados desde una entidad y otros desde otra.

Luego de repetirle la relación administrativa de independencia y autonomía entre las dos entidades, Álvarez y Villamil le entregaron detalles de lo que se habían comprometido a averiguar y acordaron enviar nuevas explicaciones ante nuevas preguntas: las personas involucradas en el proceso contractual y las adiciones al contrato interadministrativo 1229 de 2009; el rastreo documental de ese proceso; el visto bueno de la oficina jurídica en cabeza de uno de los abogados de la SDM, Ernesto Cadena; el carácter aledaño, marginal, de dichas adiciones frente al proceso licitatorio del SITP, gestionado, le insistieron a la fiscal, por comités técnicos y funcionarios independientes de Transmilenio.

En esta temporada de interrogatorios y escrutinio, la Fiscalía llamó a entrevista al abogado Ernesto Cadena y a otra serie de personas involucradas en el proceso de las adiciones y sus ejecuciones, pero no a *diligencia de interrogatorio*, con preguntas estructuradas y en carácter de indiciados. Al sociólogo Óscar Molina, primer secretario de Planeación de la administración

Moreno, nunca lo buscaron para corroborar o desmentir la veracidad de lo declarado por Álvarez.

A medida que fueron entendiendo el proceso, fueron comprendiendo también la nula voluntad de los fiscales a cargo de evaluar con ecuanimidad la información que recogían sobre las sonadas adiciones. Nunca quisieron considerar la posibilidad de que Álvarez y la otra persona imputada no fueran responsables en materia penal.

Entre tanto, en el primer semestre de 2016 Álvarez fue solicitado como testigo en el juicio contra Álvaro Dávila, abogado y amigo íntimo del exalcalde condenado Samuel Moreno. En ese escenario Álvarez y Villamil conocieron a Jaime Alonso Zetien Castillo, otro de los fiscales a cargo de procesos relacionados con el carrusel de la contratación. (Zetien dice no recordar cuál fue la primera vez que conoció a Álvarez en persona.) Villamil descubrió en esa audiencia a un fiscal preparado, audaz y hábil para el contrainterrogatorio. Terminada la declaración de Álvarez, en el pasillo afuera de la sala en Paloquemao, Zetien se acercó a saludarlos. Les habló con respeto, incluso con gentileza. Tal vez buscaba dejarles saber que estaba enterado de las diligencias de interrogatorio porque reconoció como cierto el perfil técnico y académico de Álvarez, un hecho que la defensa había sostenido con énfasis.

Después de ese diálogo informal de pasillo, ante un talante (en apariencia) distinto al de Valbuena, Villamil se abrió a la esperanza de estar tratando con un fiscal sensato y propició una nueva ventana de acercamiento en la misma dirección intentada antes: ayudarle a la Fiscalía en la comprensión de las complejidades administrativas detrás de la gestión de Álvarez en la Secretaría y buscar explicarles el desarrollo del contrato interadministrativo y sus adiciones. Si resultaba cierto, como la Fiscalía se ensañaba en sostenerlo, que había existido algún error detrás de dichas adiciones, ese error no podía leerse de ninguna manera como propio de la esfera penal. Las reuniones se dieron. Nada prosperó. Otro fiscal anticorrupción, Óscar Augusto Jiménez Gómez, apareció y volvió a llenar una diligencia de interrogatorio insistiendo en el escenario absurdo de que Álvarez aceptara la participación en un delito de contrato sin cumplimiento de los requisitos legales que, ya para entonces, ese grupo de trabajo llevaba cinco años investigando sin haber encontrado pruebas más allá de su interpretación del papeleo detrás de las adiciones.

Pasaron de nuevo meses. Terminó el periodo de encargo de Jorge Fernando Perdomo Torres como fiscal general y llegó al cargo el abogado comercial Néstor Humberto Martínez Neira, elegido en julio de 2016 por una Sala Plena de la Corte Suprema de Justicia presidida por Margarita Cabello y donde entonces ejercía voto el magistrado Gustavo Malo, así como influencia los exmagistrados Francisco Ricaurte y Leonidas Bustos, involucrados estos tres, al año siguiente, en el escándalo de corrupción judicial conocido como «cartel de la toga», que comenzó con la captura el 27 de junio de 2017, vía circular roja de Interpol, del director nacional anticorrupción de la Fiscalía General de la Nación, Luis Gustavo Moreno Rivera, nombrado en dicho cargo por NHMN siete meses atrás. (Fue Moreno Rivera, desde su entrevista con la periodista María Jimena Duzán en su canal de YouTube el 13 de enero de 2021, quien describió la administración de NHMN como un lugar donde se pedía *sicariato judicial* y *fiscales que hicieran caso*.)

Así las cosas, en septiembre de 2016 fuimos sorprendidos con la llegada a casa de mi padre de una primera boleta de citación a *audiencia de imputación de cargos* por el delito de «contrato sin cumplimiento de los requisitos legales y otros». En el telegrama la Fiscalía anunciaba también «solicitud de imposición de medida de aseguramiento». Mi padre se asustó. Llamó a su abogado y luego a mi hermano Juan Diego. Villamil buscó al fiscal Zetien, entonces ya a cargo del caso, y le manifestó, primero, su sorpresa frente al «otros», y segundo, su preocupación frente a la solicitud de medida de aseguramiento. ¿Cuáles *otros delitos* acaso pensaban imputar? ¿Qué medida de aseguramiento acaso iban a solicitar?

Las preguntas de los interrogatorios y las líneas de conversación que habían sostenido apuntaban siempre al problema del cumplimiento de los requisitos legales en tres de las cinco adiciones al contrato interadministrativo 1229 de 2009, no a otra cosa. Zetien le contestó que también imputarían peculado por apropiación en favor de terceros y que solicitarían detención preventiva intramural. Villamil se escandalizó, pero decidió ir por partes. ¿Cuál era el tercero favorecido para imputar ese segundo delito del que nunca habían hablado? ¿La Unad? ¿Las empresas que la Unad empleó para cumplir con las obligaciones contractuales que adquirió con la Secretaría? Si alguno de éstos era el caso, ¿por qué ese tercero no había sido llamado también a diligencias de interrogatorio? ¿O había sido llamado y ellos en la defensa no estaban enterados? Todas las respuestas de Zetien fueron esquivas.

Ante la repentina poca claridad del fiscal, los esfuerzos de Villamil pasaron a concentrarse en que la imputación ocurriera sin medida de aseguramiento y menos que esta fuera una detención preventiva intramural. Su cliente tenía arraigo en el país y podía probarlo porque toda su familia vivía en Colombia y todos sus contratos de consultoría estaban en el país también. De hecho, ellos estaban prestos a surtir *diligencia de arraigo* entregando los documentos que fueran necesarios. Pero además, Álvarez mismo era quien había pedido las diligencias de interrogatorio y había comparecido a ellas, para no hablar de que se trataba de un caso cuyos hechos en cuestión habían ocurrido seis años atrás, la documentación relacionada ya había sido recogida por la policía judicial, de hecho, gracias a la propia información entregada por los investigados. En síntesis, le argumentó Villamil al fiscal Zetien, era evidente que Álvarez no tenía ninguna intención de volarse y que no había manera de obstruir el proceso. Pedir su detención preventiva en establecimiento de reclusión era un exceso craso frente a los principios constitucionales de razonabilidad y proporcionalidad.

Zetien le reconoció la validez del planteamiento y le dijo que iba a ver qué podía hacer porque tenía que consultarlo. A la semana siguiente apareció su respuesta: debía solicitar medida de aseguramiento privativa de la libertad. Villamil intentó seguir negociando: si no había de otra, que al menos la medida de aseguramiento fuera una detención domiciliaria. Zetien se tardó horas en contestar de nuevo y cuando apareció dijo que el tipo de delitos de los que estaban hablando debían ir con detención preventiva en establecimiento de reclusión, no domiciliaria. Era la orden de arriba.

¿La orden de arriba?

«No se pueden identificar los casos que fueron objeto de priorización»

En mayo de 2022, junto a la organización El Veinte, que adelanta acciones de litigio estratégico e individual con el fin de promover mejores condiciones para la libertad de expresión en Colombia, presentamos un extenso derecho de petición dirigido a la Fiscalía para preguntar por los pormenores de Bolsillos de Cristal: cifras, indicadores, metodologías, actas de comités técnico-jurídicos, tablas de control interno, delitos comprendidos, etcétera.

Las primeras cuatro preguntas apuntaron a pedir claridad y precisión sobre la naturaleza y alcance del plan o estrategia. Las respuestas de la entidad fueron opacas porque, por un lado, contestaron que «plan» y «estrategia» son «dos conceptos cercanos» y que «[…] no debe entenderse que fue una estrategia de comunicación, sino de impulso a la investigación y judicialización de la corrupción»; pero por otro lado, ante un bloque de preguntas distintas que pedían detalles sobre *la procedencia de los datos reportados* en el boletín de prensa 26891 del 14 de mayo de 2019 —momento procesal de los «3.000 imputados por hechos de corrupción»; metodología para calcular la cifra de «4.7 billones de pesos» que dijeron estaban comprometidos en las imputaciones hechas, por citar dos ejemplos importantes—, o cuáles habían sido *los casos priorizados por la estrategia judicial* y los criterios para dichas priorizaciones, las respuestas en su mayoría obedecieron a una misma lógica: los «sistemas de información» de la Fiscalía no contaban con las variables por las que preguntábamos.

(El problema era, sigue siendo, que las variables por las que preguntamos están, en su mayoría, reportadas de una forma u otra en ese boletín de prensa que apareció al día siguiente de la renuncia de NHMN a la Fiscalía y que fue ofrecido a los medios, y por los medios, como *balance* de su gestión. Hay también un informe de gestión de su periodo de 213 páginas organizadas por numerales. Los numerales 91 a 139 corresponden al plan Bolsillos de Cristal. La fuente de la tabla 9 (página 51), donde listan los «principales servidores públicos imputados en el marco del plan Bolsillos de Cristal», es la «Dirección de Comunicaciones». En otras tablas con datos, la fuente es la Dirección Especializada Contra la Corrupción, a lo que suman «Tablero de control de Bolsillos de Cristal», tableros que tampoco nunca nos entregaron ni nos explicaron cómo y quiénes fueron responsables de llevarlos.)

Acá dos citas de esas respuestas desconcertantes y después otras dos respuestas resumidas, todas provenientes de la Dirección Especializada Contra la Corrupción.

Sobre *priorización* de casos:

Tal como se expuso en la respuesta al derecho de petición con radicado Orfeo 20227160025361… no es posible suministrar las cifras y requerimientos en formato Excel solicitado, comoquiera que, a partir de las variables dispuestas en los sistemas de información, no se pueden identificar los casos que fueron objeto de priorización o se destacaron para hacer parte de la estrategia Bolsillos de Cristal. Así las cosas, lo publicado en el boletín de mayo de 2019 corresponde a las cifras oficiales y resultados, al corte de la saliente administración, los cuales reflejan el cumplimiento de metas y objetivos en la continuidad de esta estrategia para la época de ejecución y convirtiéndose en el único insumo, donde se destacan las cifras oficiales y finales de esta estrategia.

Sobre *medidas de aseguramiento* solicitadas:

De acuerdo con la respuesta suministrada mediante radicado Orfeo 20227160025361… se concedieron 81 medidas de aseguramiento [...]. Ahora bien, no es factible suministrar el número de casos en los que la Fiscalía General de la Nación solicitó al Juez de Control de Garantías medidas de aseguramiento de detención preventiva en establecimiento carcelario, por cuanto como ya se ha manifestado el sistema SPOA no cuenta con una parametrización y estandarización que permita suministrar este dato.

Cuando insistimos en saber la situación procesal de las tres mil personas imputadas, la respuesta fue de nuevo que el Spoa (Sistema de Información de la Fiscalía para el Sistema Penal Oral Acusatorio) no contaba con una «parametrización y estandarización» que les permitiera suministrar datos exactos. Cuando insistimos en preguntar cómo habían calculado la cifra de 4.7 billones de pesos, la respuesta fue de nuevo que la entidad sólo contaba con la información descrita en el boletín de prensa N.º 26891 del 14 de mayo de 2019.

Una estrategia de priorización de la investigación y judicialización de la corrupción, *médula* de la administración de NHMN (2016-2019), ¿no conserva la trazabilidad de sus resultados para consulta de la ciudadanía o del periodismo interesado?

Si el corazón de la estrategia fue la priorización de casos, ¿cómo no va a ser posible identificar esos casos priorizados? Peor aún: ¿cómo es posible la tautología según la cual un boletín de prensa es la fuente oficial y el único insumo de... EL MISMO BOLETÍN DE PRENSA?

Lo más grave, sin embargo, quizás sea lo concerniente a las medidas de aseguramiento. Si la Fiscalía no lleva registro de las veces en que sus solicitudes de medida de aseguramiento son del tipo más grave para la libertad de los ciudadanos, aquellas de detención preventiva en establecimiento de reclusión, ¿cómo pueden controlar el abuso de esta medida? ¿Es aquí donde vive lo que la Corte Constitucional llama *políticas efectistas propias del populismo punitivo*?

Cobra sentido que, ante la pregunta por la existencia de documentos en las Direcciones de Control Interno, Control

Disciplinario o alguna otra dirección, relacionados con seguimientos, evaluaciones, sugerencias, críticas o reparos respecto a la estrategia Bolsillos de Cristal, la respuesta haya sido que no encontraron ninguna documentación.

¿Ninguna?, ¿en serio?

Pero hay más: en un bloque de trece preguntas dirigidas a entender las llamadas «Jornadas Nacionales en contra de la Corrupción» (también aparecen como «Audiencias Públicas Anticorrupción»), seis fueron contestadas de manera completa (digamos), cuatro de manera incompleta y tres no recibieron ninguna respuesta. De las seis respuestas completas, una sola fue contestada con prolijidad sobresaliente: aquella que preguntaba por los «canales de comunicación» a través de los cuales la ciudadanía era invitada a participar de las *jornadas* o *audiencias anticorrupción*. Esta parte, contestada por la Dirección de Comunicaciones y titulada «Estrategia de comunicación para las jornadas de Bolsillos de Cristal», lista las acciones desarrolladas —campañas publicitarias, entrevistas, piezas gráficas, ruedas de prensa, divulgación mediante impresos, medios oficiales y grupos de WhatsApp administrados por líderes poblacionales—, pega los enlaces de decenas de boletines e invitaciones y suma, al final, los pantallazos de nueve piezas gráficas de divulgación.

Las piezas tienen *hashtag* (#YoDenuncioLaCorrupción), el nombre del programa y la leyenda «política del Fiscal General de la Nación para garantizar la transparencia de los funcionarios públicos». En algunos casos se trata de piezas que son explicativos básicos de «cómo denunciar». Allí se lee lo que el denunciante debe recordar —portar documento de identidad e indicar tiempo, lugar y descripción de los hechos— y, a renglón seguido, dos casos destacados: «Para casos de inasistencia alimentaria…». «Para daño en bien ajeno…».

¿Inasistencia alimentaria y daño en bien ajeno? Detengámonos un momento

Son piezas de comunicación rotuladas como «Plan Bolsillos de Cristal», ¿por qué entonces están allí delitos de una

Plan "Bolsillos de Cristal"

¿Cómo denunciar?

- De manera verbal o escrita.
- Personalmente o a través de un abogado.

Recuerde:

- Portar su documento de identidad.
- Indicar tiempo, lugar, descripción de los hechos y demás información que usted considere importante.

Para casos de inasistencia alimentaria:

- Presentar la copia del Registro Civil de Nacimiento del menor.

Para daño en bien ajeno:

- Entregar copia del certificado de libertad y tradición del inmueble.

> Cuando los hechos no constituyen una conducta penal, la Fiscalía General de la Nación orienta al usuario y lo remite a la autoridad competente.

naturaleza distinta a los delitos contra la administración pública? ¿Acaso con los números de éstos inflaron las cifras de aquellas jornadas anticorrupción?

Ante la falta de respuestas claras por parte de las oficinas de la Fiscalía, le pregunté a NHMN al respecto, y aunque le detallé los documentos de la oficina de comunicaciones que acabo de reseñar, me contestó diciendo que desconocía tales documentos. Cuando le insistí por los controles o las evaluaciones que pudieran existir para un programa agresivo de priorización que podía derivar en abusos, su respuesta fue esquemática y apoyada en la operatividad de los fiscales: «Las actuaciones que se derivan [de la acción penal] corren por cuenta de cada uno de los fiscales competentes, que actúan con autonomía e independencia [...] las evaluaciones de sus actuaciones correspondían a los directores de unidad y a los directores seccionales». Con todo, en medio de estas respuestas escuetas, una cosa clave NHMN terminó por reconocerme: el papel importante que jugó la Dirección de Comunicaciones en la consolidación de la información de Bolsillos de Cristal. «Como el programa se llevaba a cabo gracias al empeño de las unidades nacionales y las direcciones seccionales, las cifras nacionales de los resultados las llevaba la Dirección de Comunicaciones para contar con una fuente de información», me escribió. Sí estamos entonces ante algo que tiene visos de estrategia de comunicación.

*

El discurso de posesión de NHMN pulsó en otro elemento que jugó un papel importante en su presentación como *fiscal de hierro* comprometido en combatir la corrupción: una respuesta efectiva de la Fiscalía era conseguir «que los responsables de este oprobioso delito sean objeto de pena privativa de la libertad en establecimiento carcelario [...]. Cuando ello ocurra, sin privilegios ni contemplaciones, volveremos a ver que los bolsillos de los servidores públicos son de cristal». Pero una cosa son las «penas» y otra «las medidas de aseguramiento», así como una cosa es una pena pagada en «establecimiento carcelario» y otra una «medida de aseguramiento privativa de la libertad en establecimiento carcelario», otra *instancia de confusión* de la que suele aprovecharse la Fiscalía en su reporte de cifras e indicadores.

En el derecho de petición preguntamos también si la estrategia judicial Bolsillos de Cristal incluyó alguna indicación a los fiscales en el sentido de solicitar un tipo u otro de medidas de aseguramiento en las audiencias de imputación de cargos cuando se trataba de delitos de corrupción.

Nos contestaron, primero, con la jurisprudencia acerca de la función jurisdiccional de autonomía e independencia de los *fiscales delegados* —«esto significa que el fiscal general no puede inmiscuirse de ningún modo en las decisiones que adopten los fiscales delegados»—, y segundo, que en los «sistemas misionales […] bajo los parámetros indicados en la solicitud […] no figuran investigaciones en contra de jueces por no conceder medidas solicitadas».

¿Los parámetros solicitados de nuevo no existen, o éstos sí existen, pero marcan cero?

Así se ve el agua turbia del control no control: un tablero con datos sin otro sustento que el tablero mismo o la llana ausencia del tablero con datos.

El que hace el conteo tiene el poder.

*

Nada de todo lo anterior lo averiguamos fácil.

A mí me costó varios episodios de falta de aire entender cómo formular los tres bloques y las treinta y ocho preguntas precisas y diferenciadas que componen el derecho de petición. Sin la ayuda de El Veinte me habría dado el doble de miedo exponerme y quizás no habría podido hacerlo. (Gracias infinitas.)

Al derecho de petición tuvimos que sumarle una tutela y un recurso de reposición e insistencia porque en un primer momento las respuestas de la Fiscalía fueron en su mayoría incompletas o nulas. Antes de que la tutela fallara, la Fiscalía presentó un «alcance», con el que procuró subsanar su primera etapa de respuestas insustanciales. Con este alcance, en el que enviaron un archivo de Excel incomprensible e inmanejable, consiguieron que la tutela fallara a su favor, lo que, me explicaron, es una táctica habitual de evasión. También presentamos recurso de reposición e insistencia respecto al punto diez del primer bloque de preguntas, en el que solicitamos copia de las actas de los comités técnico-jurídicos en donde se hubieran tomado *decisiones de priorización de casos* en el marco de la estrategia judicial Bolsillos de Cristal. Ambas cosas, la impugnación al fallo de tutela y el recurso de insistencia, fueron resueltas por magistrados del Tribunal Administrativo de Cundinamarca en contra nuestra con los argumentos genéricos de quien no se ha tomado el tiempo de leer nada.

Junto a la organización El Veinte intentaremos seguir adelante en nuestro esfuerzo por entender con exactitud de dónde vienen las cifras reportadas de Bolsillos de Cristal más allá del boletín de prensa aparecido y replicado después de que el fiscal NHMN renunciara a su cargo en mayo de 2019.

La envergadura de lo comprendido

Acá seguían tres tajos que en algún momento llamé primeras, segundas y terceras comprensiones. En esos textos decía que todo esto que he venido contando fue adquiriendo otras capas de sentido y nuestro entender se agudizó a medida que se fue concretando el carcelazo del viejo.

También, a raíz de los hallazgos y las denuncias del auditor valiente Jorge Enrique Pizano Callejas —lo que le costó la salud porque condujo a que la Fiscalía le reactivara mugres antiguas para desacreditarlo y presionarlo a guardar silencio—, el país, y detrás del país mi familia, empezó a presentir la envergadura de lo ocurrido en la administración de NHMN.

Ya a estas alturas, luego de horas de lectura y decenas de conversaciones con penalistas, procesalistas y periodistas judiciales, me cuesta distinguir qué entendí cuándo y en qué momento de los hechos. Lo cierto es que aquellas redacciones articuladas han desaparecido, no así la decantación de ciertos meandros comprendidos.

*

Lo que Villamil llamó «guerra mediática», y que inició para Álvarez con la circulación de rumores en boca de uno de los Nule, es en rigor un *modus operandi* de oficinas de la Fiscalía para tratar con personajes públicos cuando consideran (suponen) que están ante delitos de cuello blanco y aún no tienen pruebas: un fiscal le filtra el nombre y el tipo de investigación a determinado periodista, éste calienta el nombre al publicar la noticia, la unidad aprovecha y graba al personaje público para capitalizar sus reacciones preocupadas y, luego, dependiendo de si encuentran pruebas o no, esos *rumores* echados a andar por ellos, provenientes de conversaciones informales con testigos a veces necesitados de beneficios, los formalizan en una declaración del testigo en la medida en que ésta les sirva para sus propósitos de acusación. Esta *mediatización* de los procesos de connotación nacional —tu nombre en ciertos medios para que te enteres, a través de ellos, y no a través de citaciones formales, de que planean llamarte a diligencia de interrogatorio; la hipótesis de investigación de la Fiscalía ventilada para asociarla con una matriz ya posicionada en la opinión pública como *escándalo de corrupción*— acaba operando como mecanismo de presión para conducir a decisiones.

En el caso de Álvarez, la decisión de presumir la buena fe de la unidad de fiscales que lo investigaba y acercarse a ellos para adelantar la diligencia de interrogatorio con la que lo amenazaban en los medios. Dichas diligencias fueron las principales fuentes de información con las que la Fiscalía construyó un caso en principio dirigido a indagar el rumor de coimas en la adjudicación del SITP, pero el SITP lo adjudicó Transmilenio, no la Secretaría Distrital de Movilidad, con lo cual agarraron el contrato más cercano que encontraron e intentaron usarlo, no para concretar o profundizar su obligación de investigación, sino para conducir a Álvarez y a la coimputada a *escenarios de presión* donde se vieran forzados a decir aquello que, también era parte de las hipótesis no corroboradas de la Fiscalía —es mi interpretación informada de los hechos—, *ellos debían saber*.

*

Me detengo: desde luego, la Fiscalía General de la Nación, como ente investigador y acusador, tiene la potestad complejísima y delicada de averiguar hechos, recoger pruebas e imputar responsabilidades penales individuales en los casos en los que considera que han existido acciones delictivas, más cuando se trata de dineros públicos; y en este orden de ideas, tales estrategias de presión hacen parte de un *acervo operativo* consciente y autorizado en el que, de hecho, sus fiscales son entrenados. Pero así como existe el abuso policial, un problema global que mina la confianza de las ciudadanías en las instituciones democráticas, ¿existe también el abuso del aparato acusatorio del Estado? Y en tal caso, ¿qué discusión pública se da, qué conocimiento público tenemos, de los límites operativos de la policía judicial y de los fiscales?

*

La Fiscalía General de la Nación nació en 1991 con la Constitución Política y significó, en el pacto democrático colombiano, la asignación de dos verbos fundamentales en materia penal: *investigar* y *acusar*. Esto ocurrió en un contexto de enfrentamiento frontal y cruento con el narcotráfico, lo que condujo a la asignación también de una serie de funciones —registros, allanamientos, indagatorias, incautaciones, interceptaciones de comunicaciones, capturas, sólo para hablar de la fase inicial en el proceso penal— que fueron rodeadas de prácticas de intimidación y estrategias de presión hasta constituir lo que he llamado acervo operativo, consciente, legal y agresivo, incluso si quieren *comprensible* de cara a las responsabilidades comprometidas en las acciones de investigación y acusación. En el adelantamiento de la acción penal, lo que este acervo operativo del aparato acusatorio del Estado produce son volúmenes gigantescos de información sobre los individuos investigados e incluso sobre sus familiares.

A cada detenido por el carrusel de la contratación le preguntaron por Álvarez, y aunque ninguno nunca presentó una prueba de corrupción en su contra —de otro modo la Fiscalía habría detenido a Álvarez de inmediato—, toda la mugre que pudieron declarar quién sabe en qué sentidos fue quedando allí acumulada con su *potencial de uso*. Cuando la defensa entendió, durante la etapa de investigación y ante el primer intento de imputación, la decisión de la Fiscalía de construir *continuidad de responsabilidad* entre Transmilenio y la SDM frente a la estructuración y adjudicación del SITP a través de las adiciones al contrato interadministrativo 1229 de 2009 como núcleo de su teoría del caso, Villamil envió un derecho de petición dirigido a la vicefiscal general María Paulina Riveros solicitándole un comité técnico-jurídico que conceptuara sobre la lectura que la oficina de Zetien estaba haciendo de los hechos (documentos) y sobre su petición drástica de medida de aseguramiento privativa de la libertad. Esta posibilidad de construir *información o discusión valiosa* para enriquecer la investigación, o para evitar la arbitrariedad de una medida de aseguramiento excesiva, fue negada por el funcionario administrativo de turno de manera genérica.

Ahora bien, con todo y la potestad exclusiva de ser ellos quienes producen la información válida para adelantar la investigación penal en contra de cualquier ciudadano, con todo y las presiones que desde el primer día Álvarez recibió al presentarse ante el fiscal Valbuena cansado del maltrato de su nombre en los medios y la obligación de silencio en esos mismos medios por la propia intimidación que produce el aparato acusatorio del Estado al vincularte mediáticamente con un caso de corrupción posicionado frente a la opinión pública, lo cierto es que el fiscal 64 Jaime Alonso Zetien Castillo, coordinador entonces del Grupo de Trabajo para la Corrupción en la Contratación de Bogotá, en sus cinco años y medio de construcción del caso, no se decidió a imputarlo. Lo amenazó, lo presionó, le interceptó los teléfonos, nos esculcó a fondo las finanzas de la familia, pidió delaciones a diestra y siniestra, recogió documentos en las entidades responsables y no se decidió a imputarlo. Esto hasta la llegada del programa Bolsillos de Cristal, «medula» de la administración de NHMN, posesionado en agosto de 2016.

*

¿Qué ocurrió con la llegada de NHMN a la dirección de la Fiscalía?

¿Qué otras órdenes (¿de arriba?) pudo haber recibido el fiscal Zetien durante el periodo de NHMN, sobre el caso de Álvarez o sobre los demás casos en los que estaba al frente?

¿Por qué la llegada de NHMN derivó, a los pocos meses, en la salida del fiscal Valbuena? ¿Qué sabía Valbuena de NHMN, o NHMN de Valbuena, para que no hubiera espacio suficiente para ambos en la Fiscalía?

¿Por qué nunca existió una explicación clara de parte de NHMN acerca de su decisión de nombrar a Luis Gustavo Moreno Rivera como director nacional anticorrupción en octubre de 2016? (Hasta la fecha, la declaración más clara que encontré de parte de NHMN sobre este nombramiento proviene de un breve comunicado de prensa de noviembre de 2017, retomado por *Caracol Radio* y motivado por petición de un entonces magistrado de la Corte Suprema de Justicia. En el comunicado, NHMN aclara que el magistrado en cuestión «jamás me mencionó al abogado Luis Gustavo Moreno Rivera para ocupar el cargo de vicefiscal general o cualquier otra posición directiva en la Fiscalía General de la Nación».)

*

Le pregunté a Valbuena por sus decisiones en el caso de Álvarez. Me contestó dos cosas importantes: primero, que él dejó de ser fiscal delegado ante la Corte Suprema de Justicia, y de estar al frente de los casos del carrusel de la contratación, tan temprano como septiembre de 2016, recién posesionado NHMN, quien le aceptó la renuncia protocolaria y lo separó de este frente muy al principio de su administración; segundo, hasta cuando él tuvo conocimiento (primer semestre de 2016), el caso de Álvarez estaba en construcción, iba sin afán y estaba relacionado con un aspecto distinto a las adiciones al contrato interadministrativo 1229 de 2009. También, en varias de sus respuestas, Valbuena fue transparentando su mirada desfavorable respecto a la administración de NHMN. Le pregunté entonces por Bolsillos de Cristal. Me dijo que él no había conocido detalles. Luego añadió: «Pero pues no conozco ningún caso ni grande ni emblemático que haya surgido a raíz de… o durante la administración de este señor Martínez».

*

Un día del presente pandémico le llegó a mi padre un documento de la Dirección Especializada de Extinción del Derecho de Dominio (DEEDD) que le informó la existencia de una demanda sobre las dos viviendas familiares de él y de su esposa, Rocío Sánchez, una en Bogotá y la otra en Cartagena, de donde ella es oriunda. (En la demanda van también detrás de la vivienda familiar de la coimputada.)

En las cuarenta páginas de la demanda se lee que existen dos tipos de persecuciones legítimas de bienes patrimoniales («declaración de titularidad a favor del Estado»): 1) cuando estos son adquiridos a través de «actividades ilícitas», y 2) cuando son considerados «bienes por equivalencia», es decir, «[…] la posibilidad de postular bienes que no se encuentran contaminados con el estigma de la ilicitud, bienes lícitos, cuando luego de la búsqueda del producto directo o indirecto de la ilicitud no se logre la ubicación de bienes adquiridos en el periodo de la comisión de las actividades ilícitas» (página 16 de 40).

En el caso de Álvarez la demanda de extinción de dominio es *por equivalencia* y resultado del «Direccionamiento Estratégico» firmado por NHMN a través de la Resolución N.º 0738 del 24 de febrero de 2017, de cuyo «objetivo estratégico #2» se desprende el «objetivo específico #47», que dicta: «[…] se activarán investigaciones espejo en extinción de dominio que avancen de la mano de las investigaciones penales de los casos y situaciones priorizadas».

Investigación espejo: antes de que falle tu proceso penal, puede fallar tu proceso de extinción de dominio. (Preguntamos en el derecho de petición si este escenario contraintuitivo podía ser posible. La DEEDD contestó: «[…] el principio rector del procedimiento de extinción de dominio [es] la autonomía e independencia de la acción extintiva, previendo que es distinta y autónoma de la penal».) En cristiano, podrás perder tu vivienda familiar antes de ser hallado responsable penal. Así lo definió la administración de NHMN en uno de los objetivos de su direccionamiento estratégico.

Luego de seis años de investigaciones, la propia demanda interpuesta por otra oficina de la Fiscalía reconoce que no existió (no pueden probar) *enriquecimiento ilícito*. Por eso demandan «bienes por equivalencia». En otras palabras, la Fiscalía reconoce que la hipótesis de corrupción detrás de la estructuración y adjudicación del SITP, a partir de la cual acosaron y asediaron a Álvarez, resultó falsa o al menos falsa respecto a él. Y esto (es mi punto en este punto) era lo que fiscales como Valbuena y Zetien sabían, porque eran ellos quienes lo habían investigado y era la conclusión a la que parecían haber llegado al no encontrar ningún tipo de prueba. Por eso no se decidían a imputarlo: no tenían pruebas de la corrupción que les interesaba.

¿Por qué entonces el fiscal Zetien acabó tomando la decisión de imputar a Álvarez? *¿La orden de arriba?* ¿La necesidad de titulares?

Pero ¿por qué, ante la orden de arriba, sabiendo que su unidad de investigación no tenía pruebas de corrupción, Zetien aceptó esa orden de arriba?

*

El abogado Alex Vernot, investigado por el soborno a un testigo en el caso de Carlos Mattos (caso Hyundai), absuelto en primera instancia y luego condenado por el Tribunal Superior de Bogotá en septiembre de 2022 (el pleito continúa), publicó una serie de libros sobre el escándalo de corrupción de Odebrecht/Aval en conexión con la administración de NHMN. Los tituló *Sepulcros blanqueados* (2019, 2020 y 2022).

Para el caso Odebrecht/Aval y sus aledaños, el primer volumen de la serie de Vernot va identificando las distintas actuaciones de NHMN y sus fiscales serviles —«fiscales que hagan caso», según Luis Gustavo Moreno Rivera— en clave de *modus operandi*. A José Elías Melo (presidente de Corficolombiana al momento de los hechos) lo convirtieron en «chivo expiatorio» de la cúpula del Grupo Aval, de tal modo que cargó solo con la atención mediática y las responsabilidades (páginas 41-43). A Paola Solarte (gerente y copropietaria de la Constructora Solarte, empresa colombiana socia de Odebrecht y Episol en consorcios y proyectos) la presionaron con la detención preventiva intramural, a pesar de ser cabeza de familia y madre de dos bebés, hasta que consiguieron que aceptara cargos (páginas 43-44). A Luis Fernando Andrade (presidente de la Agencia Nacional de Infraestructura al momento de los hechos) llegaron a imputarle once delitos para amedrentarlo y disminuirlo (páginas 50-51). A Roberto Prieto (gerente de la campaña presidencial de Juan Manuel Santos en 2010 y 2014) le imputaron delitos menos graves y omitieron aquellos que implicarían mayores investigaciones (páginas 57-59). A Pizano (auditor del Grupo Aval entre agosto de 2010 y noviembre de 2017), ya lo dijimos, le reactivaron un caso que dormía para desacreditarlo y controlar las denuncias que venía haciendo (páginas 62-63).

En resumen, sostiene Vernot, «Martínez Neira asumió el cargo sabiendo que tendría que investigar la corrupción de Odebrecht/Aval y condujo esa tarea selectivamente, fragmentando el caso y evitando ir al fondo del asunto. Mientras se adjudicaba ante la opinión pública una implacable persecución a los corruptos, mostrando resultados efectivos y de apariencia contundente, en realidad, detrás del telón, estuvo procurando todo el tiempo el encubrimiento que le encomendaron» (página 115).

Ahora, ¿cuántas veces aparece Bolsillos de Cristal en los libros de Vernot?

Ni una sola vez.

¿Por qué Vernot nunca cita o considera *la cara pública* de la administración de NHMN en materia anticorrupción?

Simple: nunca reparó en ella, como me lo confirmó en un intercambio de correos electrónicos que tuvimos entre mayo y junio de 2022.

Pero ¿por qué nunca reparó en ella?

Los casos que Vernot trata, incluido el suyo, fueron de alto impacto mediático y político, casos que no iban a ser recogidos en un paraguas general porque las personas involucradas tenían la capacidad de influir para que sus casos fueran tratados en los medios de comunicación de manera distinguida e individual. Bolsillos de Cristal no entró en su radar de comprensión porque no estaba diseñado para dar cuenta de casos como el suyo, así su caso haga parte de los números del programa.

*

Síntesis urgente para respirar porque lo que voy comprendiendo me angustia: la Fiscalía General de la Nación, el aparato acusatorio del Estado y su apabullante acervo operativo, construyen volúmenes gigantescos de información en contra de ciudadanos y de miles de servidores y exservidores públicos. La gran mayoría de esos volúmenes de información acaban no siendo usados. Pero quedan allí, *depositados*, vivos, porque los delitos contra la administración pública —o las investigaciones y procesos que dicen estar detrás de delitos contra la administración pública— tienen una prescriptibilidad alta. Ese depósito es un *acervo de amenazas*. Este arsenal de intimidación, connatural a una entidad como la Fiscalía —es mi hipótesis informada—, fue lo que NHMN llegó a utilizar bajo la fachada llamada Bolsillos de Cristal.

Así como existieron tácticas específicas para tratar casos emblemáticos como los reseñados por Vernot, así también la administración de NHMN adelantó este programa con importantes *factores de comunicación* para generar en la opinión pública el efecto de *fiscal de hierro implacable* y llegar a las cifras no interrogadas que necesitaba de tal modo que pudiera instalar, precisamente, la narrativa *fiscal de hierro implacable*. Dicho de otro modo, los casos del encubrimiento mayor no eran suficientes. NHMN necesitaba —necesitó, es mi hipótesis informada y sufrida— de cientos de peces pequeños, *mandos medios*, números fáciles, y la captura indistinta y mediatizada de estos *peces medios o pequeños* fue el operativo gestionado y luego comunicado desde el paraguas Bolsillos de Cristal. (Al preguntarle a NHMN sobre esta hipótesis informada y los razonamientos que me llevaron a ella, se limitó a concentrarse en el libro de Vernot y al mismo tiempo a ignorarlo: «Desconozco a qué libro se refiere», fue todo lo que resolvió contestarme a pesar de mi formulación detallada.)

*

Mi padre: un barbo común en los ecosistemas lénticos (cuerpos de agua cerrados que permanecen sin casi fluir). La historia de un pez medio entre las decenas más que enfangaron.

*

Ante la acusación de haber ocultado información en el sentido de conocer, desde 2015, por boca del propio Pizano, las irregularidades reportadas por éste en la contratación del Grupo Aval en el Consorcio Ruta del Sol II, NHMN se defendió en el debate de control político que tuvo lugar en el Senado el 27 de noviembre de 2018, debate en el que expusieron, de manera demoledora, los entonces senadores Jorge Robledo, Gustavo Petro y Angélica Lozano. (El primero habló de la cadena de mentiras probadas en las que venía incurriendo NHMN; el segundo reconstruyó el entramado detallado de cómo operaron los cinco grandes sobornos de Odebrecht en Colombia y a qué conjunto de funcionarios tocaron; la tercera refirió los conflictos de interés económico, político y ético que suponían haber asesorado al Grupo Aval durante años e incluso en 2012 a Odebrecht para que consiguieran exenciones de impuestos en el país.)

Allí NHMN proclamó la «honorabilidad de su nombre» y se camufló en una trinchera concreta: el testimonio de Pizano en enero de 2018 en un tribunal de arbitramento en la Cámara de Comercio de Bogotá. En esa declaración compleja, en la que Pizano habla desesperado luego de haber planteado sus denuncias en varios momentos e instancias y de no haber sido atendido (hay video), ante la pregunta insistente acerca de si él sabía, en 2016 y 2017, que sus hallazgos de *anomalías* eran *delitos*, Pizano responde que no. A él no le correspondía decir si sus hallazgos eran delitos. A él le correspondía hacer los hallazgos. Y los hizo y los reportó en su gravedad de todos los modos posibles. Luego, ante la presión de esas preguntas en enero de 2018, fue preciso. Esa precisión, decir que no sabía si eran delitos, fue lo que NHMN usó con dramatismo —dijo que las palabras de su «amigo» Pizano le venían del «cielo»— para sostener que si Pizano mismo no sabía que eran delitos, él, que no era penalista, un simple «mensajero» de esa información que Pizano llevaba años tratando de que las directivas del Grupo Aval le escucharan —la habían escuchado, la conocían; le habían mandado a decir, con NHMN, que se estuviera «quieto»—, no podía saber tampoco que eran delitos. Así las cosas (fue su defensa), él no había llegado a dirigir la Fiscalía enterado de nada relevante que lo obligara a declarar algún conflicto de interés.

También, en su defensa, unos días después del debate en el Senado, NHMN presentó un comunicado a la opinión pública. Este comunicado fue analizado por *Cuestión Pública* en un ejercicio magistral de precisión e ironía. La nota se titula «La correctora de datos al fiscal Martínez» (12/2018).

*

Pizano fue funcionario justo antes de pasar al sector privado como auditor del Grupo Aval. Su último servicio público fue como gerente general de la Empresa de Acueducto y Alcantarillado de Bogotá (EAAB) entre 2008 y 2010, es decir, en la alcaldía de Samuel Moreno. Fue esa vulnerabilidad, haber sido funcionario, la que hizo que pudieran asociarlo al caso de corrupción del interceptor Tunjuelo-Canoas para la descontaminación del río Bogotá (y de paso al carrusel de la contratación). La presión de esta asociación se la concretaron con el anuncio mediatizado de una audiencia de imputación de cargos citada para diciembre de 2017, lo que afectó su salud ya maltrecha por un cáncer linfático. Esta es la comprensión de los hechos que hizo pública su hija María Carolina Pizano Ponce de León a finales de 2022: «A mi papá lo acorralaron y lo llevaron a la muerte».

Diligencia de arraigo (¿trampa?)

A principios de 2017, los abogados de Andrés Jaramillo, expresidente de la empresa Conalvías, imputado en enero y detenido de manera preventiva en otra puntada del carrusel de la contratación, solicitaron el traslado de su defendido al Centro de Estudios de la Policía Nacional aduciendo razones de seguridad. El fiscal a cargo del caso, Juan Vicente Valbuena Niño, en vista de que Jaramillo había empezado a colaborar con su oficina, no se opuso a la petición de traslado y ésta tuvo lugar. Jaramillo había sido acusado de los delitos de peculado por apropiación agravado, cohecho por dar u ofrecer y contrato sin cumplimiento de requisitos legales.

Semanas después, entre el 16 y el 18 de abril de 2017, nos enteramos a través de los medios de comunicación de que el despacho del fiscal general (NHMN) ordenó revertir el traslado de Jaramillo y removió al fiscal Valbuena de todos los procesos que llevaba contra varios investigados por el carrusel de la contratación en Bogotá. Frente a la prensa, NHMN dijo: «[Es un] pésimo mensaje que clubes oficiales sirvan de centro de reclusión para sindicados y condenados por corrupción».

Una semana después Valbuena renunció a la Fiscalía y salió en un par de medios reseñando su carrera de veintitrés años en la entidad. En *Noticias Caracol*, en entrevista con el periodista Juan David Laverde, Valbuena capitalizó su popularidad por ser el fiscal que consiguió la primera condena en contra de Samuel Moreno, explicó su respaldo al traslado de Jaramillo y lo hizo en clave de defensa general del sistema de delaciones y negociaciones: «[…] generalmente los sobornos no tienen soportes contables, cheques, no hay grabaciones… si queremos avanzar como en este caso del carrusel ha ocurrido, la herramienta que nos trae el sistema penal acusatorio es la negociación».

Valbuena nunca cuajó en la administración de NHMN. Su renuncia protocolaria como fiscal delegado ante la Corte Suprema de Justicia se la aceptaron temprano al inicio de la administración de NHMN. Los desafectos fueron mutuos y quizás tuvieron que ver menos con el traslado de Andrés Jaramillo y más con la información que Valbuena debía de tener como fiscal especializado en lavado de activos e investigador principal del caso Tunjuelo-Canoas. Cuando le pregunté a Valbuena al respecto, su respuesta fue que su renuncia se debió a que lo separaron de los casos del carrusel y él, que pudo haber seguido como fiscal de carrera, no quiso someterse a lo que juzgó como un retroceso. Respecto a si las motivaciones de NHMN fueron otras y estuvieron relacionadas con el caso Tunjuelo-Canoas, me dijo que eso sólo lo sabía NHMN y que no se lo iba a contar a nadie.

En medio de estos hechos, la segunda semana de febrero de 2017, Álvarez recibió una llamada de una mujer que se identificó como alguien que trabajaba en la oficina del fiscal Valbuena. En la llamada, la mujer le explicó a Álvarez que el despacho del fiscal ya no estaba en el búnker, ahora éste tenía una nueva oficina en el antiguo edificio del DAS en Paloquemao y, en el trasteo, se habían perdido varios documentos, uno de ellos el formato de diligencia de arraigo que Álvarez ya había llenado. La mujer, de manera cordial, le pidió que pasara al día siguiente por la nueva oficina para volver a llenar el formato de arraigo y adjuntar copia de los documentos correspondientes.

Álvarez le contestó a la mujer que iba a hablar con su abogado y que la buscaba más tarde. De inmediato llamó a Villamil, que estaba en Santa Marta. Éste le dijo que iba a confirmar con la oficina de Valbuena. Lo hizo. Llamó y habló con un sujeto que se identificó como parte del Cuerpo Técnico de Investigaciones. Este le confirmó la necesidad de repetir el formulario de arraigo. Villamil volvió con Álvarez y le dijo que sí, que fuera a donde le decían para llenar de nuevo el formulario y adjuntar copia de lo que ya habían entregado, no pasaba nada que fuera solo. Álvarez volvió a comunicarse con el número desde el que le habían marcado y acordó con la mujer una cita para el día siguiente a las 3 p. m. Hacia las 11 a. m. del día siguiente la mujer volvió a llamar a Álvarez y le pidió que pasaran la cita para las 5 p. m. porque ella a las 3 p. m. no alcanzaba.

Álvarez llegó al edificio indicado a las cinco en punto de la tarde, lo hicieron pasar, subió las escaleras y apenas entró al piso donde, al fondo, la mujer lo esperaba, se dio cuenta de que los diferentes cubículos antes de encontrarse con la mujer estaban desocupados. La mujer vestía con un escote pronunciado, era voluptuosa y de entrada su exceso de amabilidad despertó en Álvarez incomodidad y sospechas. Pasaron a una mesa, Álvarez le recibió el formato de diligencia de arraigo mientras hacía lo posible por leer lo que estaba pasando allí en el espacio. La mujer empezó a decirle que era terrible que un tipo decente como él tuviera que estar pasando por un problema tan serio como ese. Álvarez le contestó cualquier cosa, se concentró en el formato y trató de llenarlo rápido. La mujer se dio cuenta de que Álvarez estaba apurado, se le acercó todavía más, le tocó el brazo, llamó su atención y le dijo que el fiscal Valbuena estaba arriba, en el siguiente piso, si quería podía subir a verlo para encontrar la manera de solucionar una cosa que a un tipo decente como él no tenía por qué estarle pasando.

Álvarez sintió un pinchazo en la nuca. Las manos le empezaron a sudar. Le preguntó a la mujer qué era lo que le estaba sugiriendo, la mujer se echó para atrás, le dijo que nada, que solo quería ayudarlo, Álvarez volvió sobre las últimas casillas del formato que le hacían falta, las terminó, firmó, juntó el formato a las copias de los papeles que llevaba, se puso de pie y salió del espacio sin despedirse de la mujer, con las piernas temblando en una mezcla que en ese momento no pudo saber si era más miedo que rabia o más rabia que miedo.

Minutos después, cuando estuvo sentado en su carro, agarró el timón y se dio cuenta de que las manos también le temblaban.

Empezó a faltarle el aire. Se desabrochó la corbata, bajó la ventana y trató de concentrarse en su respiración. Estaba en pánico.

Apenas consiguió respirar y serenarse, Álvarez recuerda que pensó algo parecido a lo siguiente: sobreviví a la jauría de hijueputas que resultaron ser los hermanos Moreno, ¿ahora voy a tener que someterme a esto? ¿Esto qué? ¿Qué era lo que acababa de pasar? Sacó su teléfono, le marcó a Villamil y le contó lo ocurrido. Villamil le preguntó dónde estaba y luego le dijo que saliera de ahí de inmediato. «Creo que iban a pedirme plata, John, fue lo que sentí», le dijo mi padre a su abogado e incluso le recriminó que lo hubiera dejado ir allí solo. Villamil no lo podía creer.

Hoy, en la distancia del tiempo, cuando uno y otro me repiten sus versiones luego de que a lo largo de los años se las he escuchado varias veces, Álvarez vuelve sobre una idea puntual: la velocidad con la que sintió el pinchazo y la velocidad con la que salió de aquella oficina fueron resultado del hecho de que él ya tenía una prevención hacia Valbuena por la manera como los había maltratado en la primera diligencia de interrogatorio cuando se conocieron. De no haber sido por esas *defensas* construidas desde enero de 2014, Álvarez piensa que habría vacilado, no habría terminado de alarmarse y en esa vacilación quién sabe qué podía haber ocurrido.

Al preguntarle a Valbuena por su cambio de oficina una vez dejó de ser fiscal delegado ante la Corte Suprema de Justicia y por la posibilidad de que en dicha mudanza su oficina hubiera extraviado documentos de arraigo, su respuesta fue que efectivamente cambió de oficina, que nunca tuvo noticia de documentos extraviados y mucho menos de que llamaran a Álvarez a repetir su diligencia de arraigo. «Ni idea, como le he repetido, yo ya no tenía casos bajo mi responsabilidad». Luego le conté en detalle lo que Álvarez decía que le había sucedido en aquella (nueva) diligencia de arraigo y le pregunté qué controles tenía (tuvo) su oficina para evitar que terceros pudieran llevar a los investigados a situaciones como la que Álvarez vivió. Me contestó en cuatro sentidos: 1) en buena fe, aquella mujer o funcionaria tal vez sólo le expuso a Álvarez la política de puertas abiertas que Valbuena dice que siempre tuvo hacia los investigados dispuestos a aceptar responsabilidades y llegar a acuerdos o hacer negociaciones; 2) si llegó a tratarse de una insinuación para intentar un acto de corrupción, él no tuvo conocimiento ni manera de haberse enterado, «salvo que el señor Fernando Álvarez hubiera presentado su respectiva denuncia»; 3) el grupo a cargo de investigar el carrusel de la contratación fue escogido por él con cuidado y «nunca existió ningún tipo de denuncia, queja o reclamo sobre el tema»; 4) en cuanto a los controles, me contestó que él siempre estuvo en contacto con los procesados y sus abogados, «darles la confianza para que si algo sucedía, pudieran hablar directamente conmigo [y] supiéramos qué estaba sucediendo».

La llamada (de quiebre) de mi hermano

A mediados de junio de 2017, cinco o seis semanas antes de la audiencia de imputación de cargos citada para el viernes 21 de julio, yo estaba trabajando en Cartagena cuando me entró una llamada de mi hermano. Contesté y lo escuché llorando. Apenas podía entender lo que me decía; sentía cómo trataba de calmarse para hablarme, pero no paraba de llorar. Cuando le entró aire lo escuché claro: «No puedo más, no puedo más, no puedo más...». Se refería a la presión que estaba sintiendo de parte de mi padre, quien, a su vez, ya cerca de asistir a la audiencia de imputación de cargos, debía de estar desesperado.

(Era el tercer intento de la Fiscalía de imputarlo: el primero había ocurrido a finales de 2016, había sido intempestivo y Álvarez no atendió porque su abogado no estaba en el país; el segundo intentó ocurrió en abril de 2017, pero Álvarez tuvo problemas de salud.)

En toda esta historia, al menos en este movimiento que llamo *precarcelazo*, por distintas razones que son a la vez fáciles y difíciles de entender, mi padre estuvo más cerca de mi hermano que de mí, lo que explica por qué Juan Diego se sentía tan presionado en ese momento y también el hecho de que, en comparación conmigo, ellos tenían una perspectiva más clara y alarmada del riesgo de ser detenido al que Álvarez se acercaba.

(Yo en ese entonces apenas si entendía algo. La frase *adiciones N.º 02, N.º 04 y N.º 05 al contrato interadministrativo 1229 de 2009* me era llana como un desierto sin dunas. A veces me detenía a pensar en eso que estaba creciendo y me preguntaba si era posible que mi viejo se hubiera equivocado al haber estado cerca de las corruptelas de los hermanos Moreno.

Perdóname, viejo, si alguna vez pasé la noche dudando de tu lugar en esta desgracia a la que te sometieron.)

Juan Diego había regresado al país dos años atrás, en junio de 2015. Había terminado las materias y exámenes de sus estudios de doctorado en Derecho Medioambiental en la Universidad de Tulane y volvía para reintegrarse a la Universidad de los Andes, que había financiado una parte de sus estudios de posgrado. (La otra parte la pagó una beca de Colciencias.) Dicho más simple, Juan Diego era (es) abogado; ni penalista o litigante, pero abogado al fin y al cabo, lo que hizo que fuera, en este punto temprano de la historia, un interlocutor más directo de mi padre.

Además, Juan Diego había regresado a escribir su tesis, no había ocurrido porque había empezado a trabajar en el sector público en temas delicados de salud como la presencia de mercurio en los ríos, los impactos sociales y medioambientales de la fumigación con glifosato y la regulación del cannabis medicinal. En otras palabras, estaba trabajando con ministros y viceministros, en círculos de poder, lo que, en el desespero del viejo, en su imposibilidad por conseguir averiguar y comprender por qué la Fiscalía revivía y aceleraba un caso insulso y dormido, hizo que se volcara sobre la esperanza de que la reciente cercanía de mi hermano con esos *círculos* podría ayudarle a averiguar lo que él mismo llevaba meses indagando entre sus amistades y sus antiguos colegas en el sector público: ¿quién, por qué razón que se le escapaba, estaba interesado en empujar un caso residual y traído de los cabellos y lanzarse a destruirle la vida?

No recuerdo las palabras exactas que mi hermano y yo usamos en la llamada desesperada, la única de este tipo que me hizo antes o después de la vida en este fango. Lo que sí recuerdo es lo que yo hice (dejé de hacer) una vez entendí lo que pasaba, ambos tomamos aire, nos calmamos y conversamos un rato: nos íbamos a despedir, y entonces le pregunté si quería que yo llamara a Álvarez y le pidiera calma en esa presión que le estaba poniendo. Juan Diego me dijo que no hacía falta. Algún otro detalle debió darme de las propias angustias que él sabía que el viejo andaba sorteando y así nos despedimos.

Desde muy niño —Juan Diego tenía tres años; nos llevamos cinco años y nueve meses— mi hermano desarrolló una alergia asmática que hizo de muchos momentos de su infancia una pesadilla. Lo hospitalizaban al menos una vez al mes. Las crisis asmáticas podían ocurrirle en cualquier momento y eran frecuentes. Llegaba a pasar una semana entre inyecciones, medicamentos para desinflamar los pulmones y nebulizaciones. A los ocho, a los doce años, las cosas eran más o menos iguales. Así creció mi hermano. El medicamento que más consumió (todavía hoy lo consume), Ventilán en inhalador, era tan fuerte para su edad que teníamos que adaptar una botella grande de gaseosa para que hiciera de cámara intermediaria entre su boca y la expulsión de la dosis. En el culo plano de la botella, con un cuchillo caliente, mi madre abría un hueco del tamaño exacto de la boquilla rectangular del inhalador para ajustarlo allí, encajar la boca de la botella en la boca de mi hermano y entonces sí apretar y expulsar la dosis de tal modo que esta llenara la botella y mi hermano, lentamente, la fuera aspirando. Hubo un momento en el que yo mismo aprendí a darle las dosis de Ventilán. No sé cuántos años podía tener yo, tal vez once o doce. Recuerdo que le guiaba la respiración con mi voz, despacio, serenándolo en la velocidad con la que él debía ir dejando entrar la medicina, serenándome a mí mismo. Allí, ayudándole a mi madre en la gestión del asma de mi hermano —mi hermanito alegre, de cinco años, que a veces empalidecía, le salían ojeras, se inflamaba por dentro y se le estrechaban las vías respiratorias que debían llevar oxígeno a sus pulmones—, hoy lo comprendo, acabé traumatizándome.

Creo que es simple: así como le vi entrar Ventilán despacio cientos de veces, así también hubo ocasiones en las que mi hermano Juan Diego tuvo crisis asmáticas estando los dos solos en casa, y la angustia y la impotencia de no poder hacer nada —sí hacía; en casa llegó a haber todo un protocolo para responder a la más mínima respiración sibilante de mi hermanito, lo que debí actuar una decena de veces— me pesan aún hoy como angustias e impotencias que siguen en mi cuerpo y en mi cerebro. Cuando algo ocurre con la salud de mi hermano, más aún si tiene que ver con su respiración (gracias, pandemia covítica, no sabes todo lo que me has ayudado a avanzar con mi trauma fraterno), mis propias pesadillas me regresan mal y me descomponen. Ese día de la llamada en junio de 2017, después de oírlo angustiado y ahogado sin poder hablarme, después de que ambos nos calmamos y pudimos conversar, después de que le pregunté si quería que interviniera y él me dijo que no, ese día, colgué, puse el teléfono en la mesa y me eché a llorar.

No sabía, no podía saberlo, que era el primer llanto de cientos por venir.

No recuerda

Le pregunto a Juan Diego por la llamada. Lo hago contándole detalles de lo que yo recuerdo. Me mira asombrado. No tiene idea de lo que le estoy hablando. No recuerda en absoluto haberme llamado llorando semanas antes de la audiencia de imputación de cargos en contra del viejo. Le digo que no puedo creerlo. Hace muecas en un esfuerzo por recordar. Le repaso los detalles que acabo de contarle.

Nada. No recuerda la llamada.

Me da tristeza leer allí, en su rostro sorprendido, en ese hueco de su memoria, la impronta del trauma, un nuevo y nuestro trauma común.

Luego iríamos a visitar al viejo en la cárcel, e íbamos a llorar tantas veces juntos y en soledad, que me da rabia anotar acá su *no recuerdo*, su anulación de nuestro primer llanto en esto.

Pienso en las interceptaciones de la Fiscalía y la rabia me crece: tal vez son sus aparatos y sus salas y sus agentes de policía judicial quienes tienen el mejor registro de nuestra llamada alarma y borrada en el cerebro de mi hermano. Quisiera pedírselas, encabezar mi derecho de petición así: «A la vigilancia, también sentimental».

Pienso en mis conversaciones con Adriana Díaz Lezama.

Trato de imaginar de nuevo el dolor que la sigue acechando por las conversaciones que se quedó sin tener con su hermana. La pena de la ausencia de la voz cotidiana. La lápida de la muerte. Una escala del desconsuelo que me da pánico imaginar un día yo podría experimentar con mi hermano o con mi hermana.

La locura descarnada.

Eso que la familia Díaz Lezama no quiere revivir, yo no podría soportarlo.
Me derrumbo en mi teclado.

Puñaladas (febrero de 2017)

No tengo manera de saber con exactitud hasta qué punto el asma de mi hermano determinó o no aspectos de su personalidad. Tampoco creo que sea un camino de reflexión que me interese. Lo que sí creo que interesa, para el propósito de contar esta historia o estas esquirlas de historias, es el hecho de que, contrario a cualquier suposición simple, mi hermano derivó en todo menos en una persona enfermiza. Sospecho que él a veces oculta sus dolencias porque el recuerdo de una infancia de demasiada gente pendiente de su salud debe fastidiarlo. Sin embargo, cualquiera que lo conozca sabe muy bien que se trata de una fuerza vital e intensa que puede rayar en la temeridad. Juan Diego no practica ni ha practicado deportes extremos —hasta donde yo sé; escribiendo este libro me he sorprendido más de una vez descubriendo cosas sobre él que habría preferido seguir ignorando—, les tiene un miedo espantoso a los aviones (ya no tanto) y se trata su caso leve de ansiedad con cannabis medicinal. Más allá de estas moderaciones, y como lo he dicho desde hace años en nuestros círculos privados de amistad, yo nunca he necesitado suscripción a HBO porque el HBO de mi vida es mi hermano. Son muchas las cosas que lo prueban, varias de ellas íntimas y que espero no acabar revelando en este libro.

Por ahora pongo de presente una sola de esas cosas que en nuestras vidas siguió sumando a mi trauma: su propensión asombrosa a accidentarse. Juan Diego está lleno de cicatrices: en la cara, en el pecho, en los brazos, en las canillas, en el pie izquierdo, que se abrió en dos cuando tenía tres años. Le estaban lavando el culo en un lavadero, lo dejaron solo un momento, tumbó una botella de vidrio por ahí cerca, se bajó del lavadero y piso un pedazo enorme que se le clavó y estuvo a milímetros de dejarlo sin tendón.

Como no podía ser de otra forma, el año abismo en que pusieron preso a nuestro padre e intentaron destruirnos la vida empezó con una desgracia física que acabó grabada como cicatriz en el cuerpo de mi hermano.

El sábado 11 de febrero de 2017, hacia la una de la mañana, mi hermano y Natalia, su novia en ese entonces (hoy su esposa), salieron de una comida en la casa de unos amigos ubicada en la carrera 3A con calle 59 en el barrio Chapinero en Bogotá. Caminaron media cuadra por la carrera 3A hacia el norte y bajaron por el andén sur de la calle 60A. Les faltaban cuarenta metros para llegar a la esquina de la carrera 4, donde mi hermano vivía en el edificio Vinotinto, cuando un carro verde hechizo, que subía por la calle empinada de la carrera 4, giro en contravía por la calle 60A, desaceleró, les pasó despacio por el lado y abrió apenas un poco la puerta del copiloto. Juan Diego y Natalia siguieron bajando. La calle 60A es curva. A la altura de donde iban el andén es estrecho. La pared de la casa allí es alta, de piedra amarilla. El cerebro de Juan Diego procesó la puerta ligeramente abierta del carro que acababa de pasar, giró para verlo y se encontró con un tipo alto y flaco bajándose del carro con un puñal en la mano derecha, agarrado de tal modo que la hoja del puñal iba detrás del antebrazo. Juan Diego giró por completo y se echó para atrás con velocidad porque vio al tipo lanzársele encima, sin mediar palabra, ahora con el puñal arriba descendiendo hacia su pecho. En esos pasos rápidos que dio hacia atrás, se tropezó con Natalia y ambos cayeron al piso. Juan Diego no recuerda si gritó o no. Natalia en cambio sí recuerda muy bien que se desgañitó tirada en el piso, como una salvaje, con todas sus fuerzas. El tipo con el puñal se aturdió, trató de rodearlos, de acercárseles, de agarrar a Natalia de un brazo, de picar a Juan Diego en las piernas que, al mismo tiempo, desde el piso, Juan Diego le lanzaba a modo de patadas para mantenerlo alejado. Se prendieron las luces en la calle. Alguien gritó desde alguna parte. Un chorro de sangre saltó del sólo de la pierna izquierda de Juan Diego. El tipo se dio cuenta de que tenía que huir, afinó el ojo en medio de la luz, como apuntando, buscó ser preciso y lanzó una última picada que pinchó a Juan Diego en la carne escasa entre la canilla y la pantorrilla, de donde saltó un nuevo chorro de sangre.

Una vez el tipo volvió al puesto del copiloto y huyó en aquel carro verde hechizo, Juan Diego se arrastró con ayuda de Natalia, cruzó la calle sentado apoyándose en las manos, terminó de bajar hasta la portería del edificio, donde, por fortuna, vivía también nuestro primo Esteban Moreno Gámez, que había escuchado los gritos de terror en la calle y estaba bajando porque, le había dicho a su esposa, había reconocido la voz de Natalia. Esteban sacó su carro, montó a Juan Diego y los tres salieron volando a la Clínica Marly en la calle 50.

Yo me enteré al despertar, salí corriendo para la clínica y los encontré, a mi hermano en silla de ruedas y a mi padre sonriente, saliendo de urgencias, medio mamando gallo y medio preocupados. Vinieron entrevistas con policías que para ellos eran rutinas vacías y que acabaron derivando en teorías delirantes y en nada, porque la policía nunca pudo averiguar ni quiénes eran los tipos ni qué era lo que estaban buscando. En la familia todos nos pusimos nerviosos porque, con la incapacidad de la policía de investigar, no era claro si la puñalada había sido un evento fortuito o un hecho premeditado. Recuerdo incluso que mi hermana Carmen llegó a molestarse conmigo. Me puse a buscar videos en las cuadras alrededor y pedí que sospecháramos de todos, incluido su novio en ese momento —en tránsito a exnovio, como ella misma lo tenía decidido y nos lo había contado—, que pocos días atrás había hecho un escándalo en un bar en el que Juan Diego había tenido que intervenir.

Una semana después de la puñalada, en muletas, con una historia bien pulida sobre un accidente casero —no quieres conocer gente con la que vas a empezar negocios y que lo primero que tengas que contarles es que acaban de apuñalarte en la calle y no tienes idea de qué fue lo que pasó—, mi hermano

Juan Diego entró en la sala de reuniones de la naciente empresa de cannabis medicinal Khiron Life Sciences, de la que se convertiría en vicepresidente de Asuntos Regulatorios pocos días después.

Cuento este último elemento porque fue definitivo en el futuro pantanoso que estaba comenzando para nosotros como familia por esos mismos días de febrero de 2017, meses antes de la audiencia de imputación de cargos y medida de aseguramiento que mi padre iba a enfrentar desde la metáfora que había elegido: *acercarse al fuego para intentar apagarlo.* Y fue definitivo porque significó una cantidad decente de dinero; una manta suficiente, digamos, para evitar que el fuego nos incinerara al acercárnosle, un dinero con el que mi hermano pudo ayudarnos a solventar gastos de abogados, porque defenderse de una acusación penal cuesta dinero, y es en parte ese costo económico lo que hace la diferencia entre que puedas controvertir el guantazo de la Fiscalía o tengas que doblegarte (en este caso) a su construcción de realidad.

Movimiento tres:
audiencia de imputación de cargos

«Régimen de comunicación»

La continuación de esta historia podría ser una sucesión angustiante y aburrida de audiencias. Sus sesiones rígidas e insufribles, sus sujetos severos y adormecidos, sus códigos verbales y sus técnicas de actuación dependiendo de la *instancia procesal* de acuerdo con el sistema penal acusatorio colombiano.

Pero esta historia no puede ser nada de eso; o tiene que ser, al menos, una batalla narrativa contra eso. Y tiene que serlo porque este relato (otra de las esquirlas de este libro) no es sobre la inocencia o culpabilidad de mi padre a los ojos del aparato judicial colombiano, sino sobre la urgencia de contestarle, así sea tarde (así este tejido de palabras llegue tarde), a la máquina demoledora del Estado cuando partes de ese Estado son abusadas por intereses privados y arrojadas contra ti o contra un grupo indiscriminado de ciudadanos.

Aunque esta historia sobre los abusos del aparato acusatorio no quiera convertirse en el relato de una sucesión de audiencias, sí existió una crucial de la que, en cierto sentido, seguimos sin salir, y cuyos detalles peligrosos y desleales mi familia y yo aún continuamos comprendiendo. Hablo de la denominada «audiencia de formulación de imputación de cargos» (audiencia de imputación). Se trata de la primera de las pocas que necesitan para cocinarte. Implica la finalización de la etapa de indagación y la comunicación formal, al ciudadano, de que ha sido vinculado con uno o varios delitos, lo que a su vez activa su derecho a la defensa.

Contrario, sin embargo, a lo que cualquiera podría imaginar al escuchar *derecho a la defensa*, en esta audiencia el ciudadano imputado (su defensa) no tiene ocasión de hablar. También, junto al *acto de comunicación*, la Fiscalía tiene la potestad de decidir si solicita al juez de control de garantías, ante quien tiene lugar la audiencia, algún tipo de *medida de aseguramiento* en contra del imputado mientras inicia el juicio, esto con base en tres «fines constitucionales» que deben resguardarse: 1) la comparecencia al proceso penal, 2) la conservación de la prueba y 3) la protección de la comunidad y de las eventuales víctimas.

Podría entonces contarles lo que sucedió aquel viernes 21 de julio de 2017, cuando mi padre, Francisco Fernando Álvarez Morales, fue imputado en una sala de los juzgados de Paloquemao por los delitos de contrato sin el lleno de requisitos legales y peculado por apropiación en favor de terceros, un acto de comunicación en el que la Fiscalía solicitó también la medida de aseguramiento más severa que existe, *detención preventiva en establecimiento de reclusión*, lo que, ya dije, el fiscal del caso nos advirtió que ocurriría a través de su comunicación directa con nuestro abogado.

Podría contarles, por ejemplo, sobre la presencia de los principales noticieros del país, camarógrafos y reporteros que estuvieron allí el día entero del viernes, pero que, para el martes, cuando la audiencia continuó con nuestra respuesta y nuestra apelación a la medida de aseguramiento, ya no estaban. (Nunca más volvieron a estar.)

Podría contarles también que las bancas detrás del lado de la Fiscalía apenas alcanzaban para la cantidad de asistentes, auxiliares y periodistas que acompañaron en la sala al fiscal Jaime Alonso Zetien Castillo, quien presentó la imputación y las pruebas para solicitar la medida de aseguramiento, bancas del juzgado a las que nunca volvió nadie, igual que no volvió el fiscal Zetien, porque luego de esta audiencia de imputación él se desentendió del caso.

Contarles incluso que, en mi cabeza, cuando regreso al espacio físico de aquella sala 318 E en los juzgados de Paloquemao, y me veo allí, sentado, aturdido durante los varios días que duró el «acto de comunicación» que decidieron arrojarnos encima, lo que cobra volumen en mi recuerdo es la pequeña maleta gris en el baúl del carro de mi padre: una muda de ropa, la bolsa con elementos de aseo personal, dos libros y la máquina CPAP que Álvarez usa desde 2014 para dormir y controlar la apnea del sueño que sufre.

(A ti, Catalina miamor, cuando te enteré por primera vez de los rastros del lodazal, ¿qué minucias de todo esto te conté?)

Antes, sin embargo, de detallarles las sinuosidades retóricas y las deslealtades procesales que la oficina del fiscal Zetien operó en aquella primera audiencia, una cosa necesito dejar establecida. La llamaré *alarma cognitiva* y puedo intentar explicarla así: una vez comprendes que tu vida o la vida a tu alrededor está intentando ser destruida, y comprendes también que dicho intento es ejecutado desde un lenguaje especializado (el de las leyes, el de la medicina, el de las redes sociales), la agitación que se dispara en tu cerebro acechado puede lanzarte al consumo, procesamiento y asimilación de toda la información a tu alcance relacionada con ese lenguaje especializado que se ensaña contra ti; tu cerebro como que se expande, y en esa *alarma expansiva* acabas comprendiendo (o creyendo que comprendes) cosas que de otra manera nunca comprenderías o al menos no con la velocidad con que acabas haciéndolo.

En mi caso, a través de esta alarma cognitiva y decenas de conversaciones con abogados acabé comprendiendo la naturaleza de cierto *limbo instrumentalizable* que existe en el proceso penal en Colombia. Me detengo para tratar de explicarlo:

El sistema penal colombiano se reformó entre los años 2002 y 2004 a partir de la expedición de la Ley 906. Antes de la Ley 906 no existía la separación fundamental entre el juez que considera la acusación y el fiscal que la hace porque la investiga; una misma persona, o equipo de personas, te investigaba y te juzgaba. Esta reforma significó la llegada de principios de política criminal propios de un *sistema acusatorio* (opuesto al sistema inquisitivo en el que vivíamos), es decir, principios ellos sí acordes con el modelo de estado social y democrático de derecho al que ha venido aspirando el país desde la Constitución de 1991: igualdad de armas y partes, respeto a la contradicción, espacio de defensa y libertad personal, entre otros. En el acto procesal concreto de la *audiencia de imputación de cargos*, estos principios condujeron, por ejemplo, a la creación del juez de control de garantías.

No obstante, luego de los fragores de la práctica y de la jurisprudencia, donde se discutió en extenso el alcance del verbo regulador («comunicar») y el hecho peligroso de que, sobre esta primera audiencia, ni la defensa ni el juez de control de garantías hacen, en rigor, un «control material» de la imputación —no pueden atacarla, defenderse o pedir aclaraciones sustanciales sobre *lo comunicado* en la imputación—, la susodicha audiencia quedó confirmada como un limbo sinuoso y resbaladizo. En ella, es cierto, la Fiscalía sólo se concentra en presentar la búsqueda y el hallazgo de material probatorio; pero sobre esa *presentación* el juez de control de garantías sólo hace un «control formal», entre otras razones porque la Fiscalía no está obligada al descubrimiento total y definitivo de sus pruebas.

Si a este limbo delicado le sumamos el hecho de que, inmediatamente después de imputar al ciudadano, la Fiscalía tiene la potestad también, allí en esa misma audiencia, de pedir una medida de aseguramiento que puede incluir privar de la libertad al ciudadano imputado, entonces el llamado «acto de comunicación» puede convertirse en una maraña de raíces donde, mientras crees estar sentado escuchando de qué se te acusa para iniciar tu derecho democrático a la defensa, en realidad estás siendo inmovilizado por una espesura controlada sólo por el fiscal que te imputa. Allí fuimos a dar nosotros: un marañal denso que aún hoy no desenredamos así ahora tengamos la cabeza en la parte donde pega el sol.

Entre el inicio del acto de comunicación de la Fiscalía y la materialización de la detención preventiva de mi padre pasaron cinco días, poco más de cien horas.

El entonces Grupo de Trabajo para la Corrupción en la Contratación de Bogotá, de la Fiscalía General de la Nación, duró cinco años y medio investigándonos hasta la saciedad. Interceptándonos, exigiéndonos hasta la última colilla de cheque para explicar hasta el último de nuestros gastos. Acosándonos, amenazándonos. Nunca encontraron que mi padre se hubiera robado un peso. Lo acusaron entonces de haber favorecido a un tercero para que ese tercero se quedara con una plata y, sin embargo, a ese tercero, al sol de hoy, nunca lo vincularon al proceso. ¿Por qué? ¿Cuál fue en realidad la voluntad de la oficina de Zetien aquel viernes 21 de julio de 2017?

Seis años y medio.

Cien horas.

La historia detrás de esta desproporción de armas, de este limbo donde nos arrojaron, y las razones y consecuencias de estas acciones abusivas de parte de funcionarios del ente acusador, son el tejido de hechos que paso a detallar.

El lugar sin oxígeno del pantano

Aquí en este segundo tajo, el primero de los tres a través de los cuales reportaba y contestaba las sinuosidades retóricas y las deslealtades procesales del fiscal 64 anticorrupción al frente de la audiencia de imputación de cargos, Jaime Alonso Zetien Castillo, yo empezaba diciendo que cada palabra suya que iba a referir podía ser corroborada por cualquiera porque el audio se encontraba (se encuentra) depositado en el juzgado 82 penal municipal con función de garantías de Bogotá. También decía que mis glosas intentarían hacer lo que no está permitido en una audiencia de imputación frente al material presentado por la Fiscalía: interrogarlo, impugnar sus tejemanejes retóricos; procurar que el juez (el lector, en este caso) no pueda ser fácilmente inducido a error.

Pero las cosas cambiaron y aquellos tres tajos de densidad analítica ya no están aquí.

Y no están aquí porque así lo acordamos con mi editora, Carolina López, que acabó persuadiéndome a partir del despliegue de nuestra propia metáfora estructural: intentamos contar la experiencia de pantano que puede ser la ley en Colombia —en particular lo relacionado con abusos de poder desde una entidad tan crucial y peligrosa como la Fiscalía—, pero llevar al lector, en este punto meridiano, a recorrer nueve mil palabras de glosa retórica y jurídica —cuando además la sustancia de esas palabras son las «adiciones» a un «contrato interadministrativo»—, no sería ni acercarlo ni hacerlo vivir los hedores de un meandro del pantano: sería de plano meterlo de cabeza en el fango sin máscara de oxígeno y asfixiarlo.

Así las cosas, aquellos tres tajos que existen, y que cuentan de manera detallada el anuncio de los dos delitos, la inferencia razonable de autoría o participación, y la solicitud de medida de aseguramiento en la modalidad más severa que existe, reclusión en recinto carcelario, los hemos sacado y llevado a otra parte que, se los puedo asegurar, será la que más van a revisar el fiscal Zetien y tal vez algún esbirro del exfiscal general Néstor Humberto Martínez Neira, la parte que van a leer con saña para examinar sus almas antes de decidir si denunciarme o no, la parte que van a babear con una mueca de desprecio porque cómo me atrevo a pensar que sé de qué estoy hablando si no soy abogado, la parte que nunca se imaginaron que existiría: un esfuerzo analítico por desmenuzar los ladrillos a partir de los cuales, en la imputación en contra de Álvarez, resolvieron establecer realidad.

La impugnación disciplinada de un hijo artista en alarma cognitiva.

*

Antes de contarles a dónde han ido los tres tajos en los que sintetizo e impugno la audiencia de imputación de cargos y la medida de aseguramiento, es importante que rescate, de esas diez mil palabras migradas (las llamaré *documento orbital*), cuatro elementos cruciales que allí encontrarán desarrollados por completo y que son imprescindibles para seguir adelante en esta barca que recorre el fangal.

El primero de esos elementos es el más complejo de detallar porque es la narrativa que estructura toda la audiencia. Apareció desde un inicio en «la relación de los hechos jurídicamente relevantes», donde Zetien estaba obligado a precisar los hechos puntuales del caso. Allí él dijo que la Fiscalía había detectado «actos de corrupción» en la «estructuración» del Sistema Integrado de Transporte Público de Bogotá, en la «adjudicación» de las trece zonas de operación del SITP y en la «adjudicación» del Sistema Integrado de Recaudo, Control e Información al Usuario. Luego de semejante enunciación, Zetien indicó que la investigación había sido dividida en «tres fases». Lo que allí empezaba a tener lugar, con la imputación a Francisco Fernando Álvarez Morales, era la primera fase, «la fase inicial de la estructuración del SITP».

¿La fase inicial de la estructuración del SITP?

El juez de control de garantías (el lector, si quieren) no tenía manera de saber, en ese momento, que los documentos propiamente en disputa —las adiciones N.º 02, N.º 04 y N.º 05 al contrato interadministrativo 1229 de 2009, suscrito entre la Secretaría Distrital de Movilidad y la Universidad Nacional Abierta y a Distancia—, aquel grupo de papeles que la Fiscalía había recogido seis años atrás, no tienen relación directa ni con la *estructuración* del SITP ni con la *adjudicación* de sus trece zonas. (Mucho menos con la adjudicación del Sirci.) Sí tienen una relación tangencial, lo que es distinto. Las adiciones fueron para hacer la *verificación* documental y la *digitalización* del volumen descomunal de documentos que previeron le llegaría a Transmilenio para la licitación de las trece zonas del SITP. Una contingencia que Transmilenio no iba a poder sortear solo y por eso se anticipó y le pidió ayuda administrativa a la SDM.

En rigor, la SDM, de la que Álvarez fue cabeza durante tres años (2009-2011), estuvo al frente del proceso de estructuración, pero éste inició desde la alcaldía de Garzón (2005), antes de la administración de Moreno. A su vez, Transmilenio, como ente autónomo y gestor, licita y contrata, y fue lo que hizo respecto a las trece zonas del SITP. La primera operación retórica de la Fiscalía fue entonces engordar el hilo delgado de una relación tangencial para hacerle creer al juez de control de garantías que se trataba de una relación directa. Este engordamiento sinuoso (¿malintencionado?) fue insertado en la operación narrativa de las tres fases. Así le hicieron pensar al juez, a lo largo y ancho de la audiencia —Zetien repitió la narrativa de las tres fases once veces—, que allí estaban presentando el abrebocas de una investigación más grande y gravísima.

Pero resulta que las fases dos y tres, sobre las que Zetien le insistió al juez de control de garantías y sobre las que sustentó todo su razonamiento de gravedad de los hechos, así como la obligación de conocimiento y responsabilidad de Álvarez, sólo existieron en clave de narrativa de apremio este día y para esta audiencia. Nunca volvieron a aparecer.

La semana siguiente, con mi padre en detención preventiva intramural por *la gravedad* de las investigaciones de la Fiscalía dado que éstas involucraban *tres fases* y tenían como propósito desentrañar *actos de corrupción* en la estructuración y licitación del SITP y del Sirci, John Villamil presentó un derecho de petición preguntándole a la oficina de Zetien si Álvarez estaba siendo investigado por otros delitos en esas otras dos fases anunciadas. Contestaron sin contestar: «[...] se adelantan las noticias criminales radicadas bajo los números 110016000101201600113 y 110016000102201400233, las cuales se encuentran en etapa de indagación y teniendo en cuenta la fase primigenia en que se encuentran no se puede descartar o afirmar dentro de las diferentes líneas de investigación que tiene la Fiscalía, una posible injerencia indebida de su prohijado en las mismas».

*

Los siguientes dos elementos están relacionados. Hablo de las declaraciones que Zetien trajo a la audiencia de tres testigos mediatizados y de los informes de policía judicial que presentó.

Las tres declaraciones fueron recogidas unos días antes de la audiencia y son del abogado Manuel Sánchez y de los excontratistas Julio Gómez y Emilio Tapia, delincuentes confesos del carrusel de la contratación. Sus declaraciones sugieren una cantidad de generalidades que hallarán analizadas en los tres tajos que ustedes decidirán si descienden a las profundidades del pantano para leer o no (documento orbital); pero además, y sobre todo, la Fiscalía no necesitó acompañar estas declaraciones de pruebas porque las presentó en una audiencia de imputación, no en juicio. (En las audiencias preparatorias del juicio, la Fiscalía ni siquiera intentó decretarlos como testigos; es decir, sólo los usó para el propósito de la detención preventiva y el titular del carcelazo, esa forma *express* de juicio mediático.)

Lo importante, concentrémonos, es que Zetien usó pedazos de estas declaraciones para fortalecer (enlodar) su argumento de la obstrucción a la justicia en combinación con informes de policía judicial que registraban dos visitas recientes de Álvarez a la SDM los días 31 de mayo y 13 de julio de 2017, la primera con entrada a las 10:50 a. m. y salida a las 4:43 p. m., y la segunda con entrada a las 8:14 a. m. y salida a las 4:53 p. m. Entonces, dice el entramado de Zetien, Carolina Pombo, directora de asuntos legales de la SDM en 2017, fue citada por ellos el 13 de julio de 2017, y «[…] lo más grave, su señoría, es que la citamos para el 13 de julio, y el 13 de julio de 2017 la señora Carolina Pombo no asistió, pero ese día sí asistió allá el señor Francisco Fernando Álvarez Morales desde las 8:53 [*sic*] de la mañana y fue atendido».

El hecho terrible de que la Fiscalía citara a una funcionaria del equipo jurídico de la SDM, y ésta no asistiera el mismo día en que Álvarez visitaba las instalaciones principales y pasaba el día entero allí, en combinación con las declaraciones de los delincuentes confesos que intentaban enlodar la reputación de Álvarez en el sentido de un tipo que tenía poder y por ende podía obstruir la justicia —así de simple es una de las generalidades que Zetien los puso a declarar—, configuró una realidad con aura de actualidad en la que, era plausible imaginar, Álvarez estaba dedicado a obstruir la justicia.

Ahora, como conseguimos probarlo a pesar de sólo haber contado con dos días para preparar nuestra respuesta, los registros de tiempo presentados por la Fiscalía y su policía judicial estaban errados. No era cierto que Álvarez hubiera estado desde las ocho de la mañana hasta las cuatro y pico de la tarde en estos primeros días citados ni en ninguno otro de los días citados por la Fiscalía. Los investigadores a cargo del informe de policía judicial leyeron mal el software de la Compañía Andina de Seguridad Privada (Andiseg) porque no tuvieron la precaución (¿o tuvieron la mala voluntad ordenada por alguien?) de entender cómo funcionaba, con lo cual, la hora de salida que registraron fue la hora del cambio de turno de vigilancia, no la hora individual de salida de la persona visitante, por eso todas las salidas presentadas como prueba estaban alrededor de la misma hora, cerca de las 5 p. m., cuando los vigilantes las descargan del sistema digital luego de haberlo hecho antes de forma manual a través de *stickers*.

ANDISEG

Bogotá D.C., 24 de Julio de 2017

Sr.
Francisco Fernando Álvarez Morales
Ciudad.

Respetado señor;

Nos permitimos informar que una vez revisado el registro de ingreso y salida de los días solicitados informamos lo siguiente:

- Día 19 de Abril del presente año: Ingreso a las 9:11 am y salió a las 10:30 am (se anexa registro fotográfico de la secuencia de ingresos y salidas) Oficina de Señalización. Sede Paloquemao.

- Día 15 de Mayo del presente año: Ingreso a las 7:49 am y salió a las 08:07 am (se anexa registro fotográfico de la secuencia de ingresos y salidas) Oficina de Señalización. Sede Paloquemao.

- Día 31 de Mayo del presente año: No se encontraron registro en la Sede Paloquemao.

- Día 13 de Julio del presente año: No se encontraron registro en la Sede Paloquemao.

Igualmente le informo que la hora de salida se registra inicialmente en forma manual en los estiker y al final del día se descargan en el sistema por lo que todos nuestros visitantes quedan con la hora de salida al finalizar la tarde, esto se hace debido a la afluencia de visitantes que tenemos en la sede.

Cordialmente,

Edwin López
Supervisor Sede Paloquemao Secretaria Distrital de Movilidad.

Anexo: Lo anunciado 2 folios

Bogotá Calle 74 No. 20 C 04 Teléfono: 7562626 Ext 149-191
Correo Electrónico: comercial@andiseg.com; telemercadeo@andiseg.com

Pero las cosas empeoran.

Ese jueves 13 de julio de 2017, pudimos probarlo mediante los registros de entrada y salida de las cámaras de seguridad del Club El Nogal, Álvarez llegó allí a las 6:55 a. m., salió a las 12:43 p. m., volvió a entrar a las 3:40 p. m. y estuvo allí hasta las 6:19 p. m., es decir, fue FALSO que hubiera estado ese día en la SDM, o que hubiera pasado allí horas y horas (el día entero), lo que no ocurrió ni ese día ni ninguno otro de los días que la Fiscalía señaló a través de sus informes errados de policía judicial.

Repito: estas pruebas nuestras, recogidas en un fin de semana, las presentamos en nuestra respuesta a la audiencia. Sin embargo, ni el procurador delegado ni el juez de control de garantías, y menos aún Zetien y su equipo de fiscales, ofrecieron un solo gesto de consideración o atención al hecho gravísimo de haber escuchado o presentado pruebas erradas y otras conducentes a hacer creer, como ciertos, hechos falsos, esto para argumentar la privación de la libertad de un ciudadano y exservidor público. No dijeron una palabra. Nada. (El juez de segunda instancia sí lo hizo.)

Con el tiempo aprendí que existe un *principio de lealtad procesal*, sobre el cual conceptuó en 2018 el magistrado de la Corte Constitucional Alejandro Linares: «[...] manifestación de la buena fe en el proceso, por cuanto excluye las trampas judiciales, los recursos torcidos, la prueba deformada y las inmoralidades de todo orden».

En buena medida, a través de la ausencia de este principio, fueron triturando a mi padre.

También he venido entendiendo que el hecho puntual de apuntalar una medida de aseguramiento, a partir de informes de policía judicial conducentes a hacer creer como ciertos, hechos falsos, supera la línea de la lealtad procesal y se inscribe en un orden aún más grave y vulneratorio de derechos.

*

La solicitud de medida de aseguramiento terminó con la presentación de siete interceptaciones telefónicas. Para hacer su descubrimiento, el fiscal Zetien le pidió al juez de control de garantías que despejara la sala. Nosotros los familiares salimos. La prensa salió. Una cantidad de gente, que nunca supimos quiénes eran, salieron. Al día siguiente, en la emisión del sábado 22 de julio, *Noticias Uno*, el noticiero más influyente del país, presentó una de estas llamadas, elegida y filtrada, por supuesto, por la propia Fiscalía que el día anterior había hecho despejar la sala en simulacro de respeto por el derecho a la privacidad de un imputado. Con esta jugada, la oficina de Zetien nos ambientó el fin de semana en el que intentamos una respuesta.

Las siete interceptaciones presentadas pueden resumirse así: dos son conversaciones con la coimputada, a quien Álvarez se comprometió a buscar en su primer interrogatorio ante la fiscal delegada de apoyo Aura Janeth Buitrago Pedraza; otras dos son con personas no identificadas a las que Álvarez les manifiesta estar preocupado por el caso; una quinta la presentan y la usan para ahondar en la narrativa del «poder social y político» de Álvarez; la sexta interceptación es una llamada a mi hermano Juan Diego (el abogado), a quien Álvarez le cuenta angustiado la noticia de la llegada de la primera citación a imputación con medida de aseguramiento. (Encontrarán detalles de cada una de estas llamadas en el documento orbital.)

Está finalmente la llamada que alguien, según la forma en que se la presenten, podría interpretar como *delicada*: una mujer amiga le cuenta que su hijo juega fútbol con uno de los hijos de NHMN. Álvarez quiere saber cuál de los hijos, luego dice: «Qué buen dato, uno no sabe verdad [*sic*], qué se pueda ofrecer». No dice más. Si quieren, en una lectura inquisitiva, es un desliz. Años de interceptaciones telefónicas para una frase suelta que el fiscal Zetien no se ocupó de explicar cómo era que representaba una prueba de la voluntad de Álvarez de obstruir la justicia. Sólo añadió: «[...] lo que quiere la Fiscalía demostrar es la actitud, el dato, un buen dato y el pronóstico, aquí se trata de una inferencia potencialmente [*sic*] del alcance espontáneo que ahí desde ese teléfono en esa conversación expresa el hoy imputado». ¿Cuál alcance espontáneo y de qué? En vez de explicar o elaborar acerca de cómo una frase así demostraba una *actitud* obstructora de la justicia o el *pronóstico* de ir en camino a obstruir la justicia, Zetien la calificó de «potencial», la dejó estar en su aura escandalosa (el hijo de una conocida juega fútbol con uno de los hijos del fiscal NHMN) y la ató así a sus informes de policía judicial con pruebas erradas.

Lo reconstruyo y lo sumo cien veces en mi cabeza y parece un arrume de pequeñeces: una frase desliz; los testimonios torpes, recogidos semanas antes de la audiencia, de un puñado de delincuentes siempre dispuestos a recitar lo que les pidieran; dos informes de policía judicial que afirmaban falsedades. ¿Por qué, para el juez de control de garantías, bastó tan poquito?

Lo sumo y lo sumo y en algún momento creo que entiendo lo que más me cuesta entender: las migajas nunca son poco cuando son levantadas desde el aliento de las mañas procesales (*los recursos torcidos, la prueba deformada*) en combinación con la voluntad de abuso. Al viejo lo querían cocinar. Esa era la petición y la consigna. La olla de la injusticia ya venía hirviendo. La rabia más dañina radica en comprender que nunca, en esa audiencia, tuvimos oportunidad.

*

Han cruzado pues la parte sin oxígeno del pantano, el limbo instrumentalizable de la audiencia de imputación de cargos acompañada de la posibilidad de solicitar una medida de aseguramiento tan drástica e irracional, para este caso, como la reclusión en recinto carcelario. Si quieren entrar al fango y asfixiarse con los tajos de densidad analítica donde contesto con detalle las sinuosidades retóricas y las deslealtades procesales actuadas por el fiscal Zetien y sus fiscales de apoyo, bien puedan, acá encuentran ese *documento orbital* a través del siguiente código QR:

Vistan máscara de oxígeno.

Tengan presente que la maraña a la que entran, quienes quieran entrar, es el tipo de realidad que ciertas oficinas de la Fiscalía construyen para que viva en el universo judicial y haga daño en el universo íntimo. Ellos bien saben —es su apuesta; la primera cuota de la injusticia— que marañas así no trascienden con claridad al universo mediático.

Yo también necesito respirar

Me detengo. Necesito respirar tanto como el lector necesita digerir. Yo también necesito digerir. (Sobre todo, necesito subir a la montaña y caminarla junto a Catalina.)

Así como es posible un sinnúmero de sinuosidades retóricas en los escenarios judiciales, así también es cierto que el lenguaje jurídico, un lenguaje especializado y de vocación de poder dado que se ocupa de la regulación de buena parte de las conductas y relaciones humanas, se caracteriza por el uso de términos cercanos al lenguaje común.

Cuando leemos «detención preventiva», una idea suficiente nos resulta clara. Si alguien dice «riesgo de obstruir la justicia», sabemos de qué está hablando. Ante la expresión «hechos jurídicamente relevantes», basta un segundo de atención al contexto para acercarnos, al menos, a un grado mínimo de comprensión.

Por eso hay quienes prefieren hablar del *uso jurídico del lenguaje* y no de *lenguaje jurídico*.

La diferencia es definitiva.

La práctica del lenguaje jurídico como lodazal para asfixiar al ciudadano del común, o del lenguaje común con fines jurídicos para que el ciudadano tenga acceso a la administración de justicia, es una disputa lingüística y democrática crucial.

Esta diferencia legitima, por ejemplo, lo que intento en el documento orbital: una comprensión verbalizable y una impugnación narrativa de la audiencia de imputación de cargos a través de la cual desgraciaron la vida pública y laboral de mi padre y nos obligaron a años de asfixia en el barrizal imprevisible de un proceso penal injusto.

¿Cuántos ciudadanos del común, cuántos exservidores públicos de rangos bajos y medios, sin mayores recursos económicos para pagar defensas agresivas, acaban plantando su rodilla en el fango y aceptando cargos con tal de no perder su salud en años de litigios infames? ¿A cuánta gente le ocurrió algo parecido a raíz de la administración de NHMN y su programa Bolsillos de Cristal?

(En estas semanas de julio de 2022, mientras medito y corrijo las partes densas del documento orbital, escucho al tiempo las distintas entrevistas que ha empezado a dar Martha Lucía Zamora, exsecretaria ejecutiva de la Jurisdicción Especial para la Paz en septiembre de 2018, cuando un fiscal llevado a la entidad por NHMN, Majer Abushihab, decidió imputarla y acusarla por «asesoría ilegal» a excombatientes de las antiguas Farc. Zamora está dando entrevistas, ha recuperado la tranquilidad de su palabra, porque su proceso penal ha terminado. Tanto ella como dos contratistas enlodados, July Milena Henríquez y Luis Ernesto Caicedo, fueron absueltos por un juez de la república.)

Existen diez *medidas de aseguramiento* distintas a enviar a alguien a la cárcel. Al fiscal Zetien (¿a la orden de arriba?), frente a Álvarez, sólo le interesó la *detención preventiva en establecimiento de reclusión*. Meterlo a la cárcel; tirarlo al piso de una celda.

En su momento evaluamos denunciar a los testigos delincuentes y de última hora presentados por Zetien. Pero pensamos: ¿denunciarlos ante quién? ¿Ante la Fiscalía manejada entonces por Néstor Humberto Martínez Neira?

*

Pasé años sopesando los elementos de la primera amenaza: tirarte en el piso de una celda.

El verbo rector y transitivo (tirarte). El sustantivo opresor (celda). El complemento directo que es literal y también metáfora (en el piso): ya en la celda, podrían tirarte contra la pared, pero en la imagen que es la amenaza que es la metáfora, te tiran a la degradación, que ellos imaginan es el suelo.

Su carácter de imagen móvil.

La figuración de penuria.

Arrojarte la idea del espacio penitenciario como acabose.

Manipularte desde tu sentido de la vergüenza.

Hacerte dudar de la calidad moral de tus afectos.

Hay más: ya no los años, sino la escritura, hizo que reparara en la longitud completa de la amenaza, y en que de repente fuera menos una amenaza y más una mera descripción del rigor: *luego de varias noches tirado en el piso de una celda, había empezado a hablar.*

El fiscal detrás del rigor había escogido como ejemplo a otro exsecretario. ¿Eso había sido premeditado? ¿Qué elementos, en toda aquella escena, habían sido premeditados?

El complemento circunstancial de tiempo (luego de varias noches) desde lo oscuro.

La segunda frase como objetivo judicial: hablar, delatar, negociar con delaciones; nomás era cosa del frío del piso mugriento de una celda.

En *Felon* (2019), Reginald Dwayne Betts, un expresidiario procesado por un delito que cometió a los dieciséis años, versea y narra sobre la vida después de la prisión (también sobre la vida en la prisión).

Un día, su poemario entero me estalló en estos versos:

Desde el interior de una celda, el cielo nocturno no es la medida
por eso es la inmensidad de la prisión lo que tus ojos reflejan
después de la prisión

Las nociones de espacio de la celda son su interior y su techo. No el piso. Las nociones de tiempo de la celda están por fuera de la celda. Lo permanente no es la negociación-delación. Lo permanente queda en tus ojos y es enigma: la inmensidad de la prisión.

«Me atengo a lo allí expuesto»

Releo en voz alta la síntesis e impugnación de la audiencia de imputación de cargos. El documento orbital que ustedes habrán leído si quisieron entrar en las densidades sin oxígeno del pantano. Me escucha mi hermano. Al final él repara en un hecho que se me escapó porque trabajé desde la grabación y la transcripción y no desde el recuerdo emotivo: los hechos en disputa empezaron antes, desde que entramos a la sala y la oficina de Zetien ya tenía allí su *video beam* encendido proyectando, en una de las paredes de la sala, una foto de Samuel Moreno Rojas bajo el título «Carrusel de la contratación».

Juan Diego recuerda este detalle esfumado porque estamos tomando una decisión: luego de dos tandas de preguntas enviadas al fiscal Jaime Alonso Zetien Castillo a lo largo del segundo semestre de 2022, hoy, a finales del mismo año, no sabemos si buscarlo una tercera vez o dejar las cosas así, como él ha querido dejarlas con sus respuestas evasivas y cargadas de prosopopeya («el imperio de la ley»).

Lo busqué la primera vez a través de un mensaje de WhatsApp el 13 de septiembre de 2022. Le dije que era escritor, que estaba fungiendo como periodista independiente porque estaba escribiendo un libro sobre *lo que le habían hecho ocurrir a mi padre* y que, en aras del rigor y del contraste de fuentes, tenía preguntas que hacerle sobre varios hechos en los que él había participado. Me contestó que no estaba en Bogotá —fue trasladado en la administración de Barbosa a la ciudad de Cúcuta en marzo de 2022— y que únicamente me respondería por escrito. Le envíe las preguntas a su correo institucional. Fueron doce. Todas detalladas.

Le pregunté por qué nunca aceptaron un comité técnico-jurídico en un proceso complejo de administración pública, le pregunté por la priorización del caso en el marco de la estrategia Bolsillos de Cristal, por las razones para haber solicitado la más severa de las medidas de aseguramiento, por la narrativa de las tres fases, por su lectura y comprensión de la administración pública para haber considerado tres de las cinco adiciones a un contrato interadministrativo como base de una supuesta corrupción en la estructuración y adjudicación del SITP y del Sirci, por los informes de policía judicial que presentó, unos errados y otros conducentes a hacer creer como ciertos hechos falsos, informes que la defensa desmintió con pruebas, un hecho que su oficina omitió como incidente procesal grave que pudo conducir a error al juez de control de garantías… Al final le planteé nuestra propia teoría de los hechos: las sinuosidades retóricas y las deslealtades procesales con las que él actuó en la audiencia de imputación de cargos estaban dirigidas a guardar a Álvarez para *hacerlo hablar* o, eventualmente, para buscar una condena en su caso de tal modo que, a partir de dicha condena, pudieran *fabricar continuidad* entre la llamada fase uno y las fases dos y tres, que nunca prosperaron.

Zetien tramitó mis preguntas como derecho de petición y me contestó el 11 de octubre de 2022.

En los casos en los que le pregunto por *escenas puntuales* como el final de la audiencia, dice no recordar detalles. Sobre el *comité técnico-jurídico*, elude el espíritu de la pregunta citando resoluciones y normas para señalar que no es competencia de los fiscales de conocimiento «aceptar o convocar» dichos comités, porque ellos sólo pueden «solicitarlos» ante los directores seccionales (juego de verbos: pregunté *convocar*; él solo podría haberlo *solicitado*). Sobre la *priorización*, no responde con concreción respecto al caso de Álvarez y la coimputada, sino que habla en general del carrusel de la contratación y dice tener entendido que ese «género de casos» venían priorizados de administraciones anteriores. Sobre la *narrativa de las tres fases* contesta indicando que luego de las audiencias celebradas en el segundo semestre de 2017, «el suscrito no tuvo a cargo la continuidad directa de los casos…».

Evasivas.

Pero además, varias preguntas cruciales, dirigidas a cosas tan distintas como su decisión de imputar y solicitar la medida de aseguramiento más severa, o sus actuaciones en la audiencia de imputación de cargos en términos de sinuosidades retóricas —la relación tangencial, no directa, de las adiciones investigadas con la estructuración y adjudicación del SITP— y deslealtades procesales —informes de policía judicial errados y nunca reconocidos como tales; aunque esto puede ser más grave que una mera deslealtad procesal—, en fin, varias preguntas muy diferentes entre sí, Zetien acabó agrupándolas (preguntas 5, 6, 9, 10 y 12) en una única respuesta dirigida al único punto que quiso entender y que le interesó aclarar y para el cual volvió a desplegar una cascada atiborrada y repetitiva de jurisprudencia y normas: no hubo «orden de superiores jerárquicos de la entidad»; las decisiones que tomó fueron «en desarrollo de los principios de independencia y autonomía que rigen la función jurisdiccional […] por lo que me atengo a lo allí [la audiencia de imputación de cargos] expuesto».

En vista de esta agrupación de varias preguntas diferentes en una sola respuesta, tomé una a una las preguntas que a mi juicio no me contestó y redacté un replanteamiento en ánimo de insistirle. Cuando le mostré a mi hermano estas reformulaciones me dio su opinión: ¿para qué? Era claro, a su juicio, que Zetien no tenía ninguna intención de contestar al punto, con detalle y franqueza. Haría de nuevo una de sus *piruetas entre comillas* y volvería a hablar del «imperio de la ley». Pensé durante varios días en la lectura de mi hermano y acabé compartiendo sus razones.

Decidí entonces enviarle otro tipo de mensaje, uno que saltara la zanja de la comunicación jurídica y lo buscara en la llaneza de la pregunta moral:

Señor Zetien,

Gracias por sus respuestas. Disculpe que me haya tardado en avisarle que las recibí. Andaba de viaje y también estaba decantándolas: como ciudadano, familiar, escritor y periodista investigando varios casos de abuso de poder en la rama judicial, me causa perplejidad la capacidad con la que ciertos abogados como usted, funcionarios públicos en la justicia, hacen uso del lenguaje jurídico para no dar cuenta de la realidad, para evadirla. Tal y como usted condujo la audiencia de imputación y medida de aseguramiento, a la que dice atenerse, las sinuosidades retóricas aquí también son su oriente procedimental, y así lo reportaré en el libro. Y sin embargo, una última pregunta a propósito del muy citado por usted «imperio de la ley»: la medida de aseguramiento de detención preventiva en establecimiento de reclusión en contra de Fernando Álvarez fue revocada por el juez de segunda instancia por varias razones, la más importante el hecho de que su oficina presentó informes de policía judicial errados. Usted supo en la apelación de esas equivocaciones flagrantes de su oficina porque la defensa allí las señaló con pruebas. ¿Por qué le pareció moralmente apropiado guardar silencio ante dichas pruebas?

Con su siguiente respuesta, el 21 de noviembre de 2022, casi un mes después de mi segundo envío, Zetien me dejó ver su molestia porque insinuó que lo estaba irrespetando y regresó, quién iba a creerlo, a la precariedad de aquella primera estrategia del *video beam* encendido y una foto del exalcalde infame proyectada en la pantalla. Según eligió contestarme, el proceso al que yo hacía referencia por la presunta comisión de delitos contra la administración pública tenía que ver con «hechos ocurridos durante el gobierno del exalcalde mayor Samuel Moreno Rojas y seguía activo», luego serían los jueces de la república quienes definirían «si hubo o no alguna actuación probatoria irregular por parte de la Fiscalía General de la Nación […]».

Tres semanas después de recibir esta respuesta, el 12 de diciembre de 2022, mientras meditaba si insistirle o no acerca del valor de una conversación franca y no escudada en sus comillas y su prosopopeya, ocurrió una cosa tan imprevisible como aquella de noviembre de 2018, cuando Jorge Enrique Pizano cayó muerto en circunstancias que siguen sin aclararse y un par de días después su hijo también. Así como en agosto de 2018 Pizano padre entendió que necesitaba confiar el testamento de sus denuncias a la prensa y dejó una entrevista grabada con el periodista Iván Serrano de *Noticias Uno*, así la hija, María Carolina Pizano Ponce de León, decidió hablar después de cuatro años de silencio. En el pódcast *A fondo*, de la periodista María Jimena Duzán, se despachó en detalles acerca de las presiones a las que la Fiscalía sometió a su padre, según ella, hasta conducirlo a la muerte. ¿Quién fue el fiscal partícipe en dicho engranaje de presiones, según ella por orden de NHMN? Sí, Jaime Alonso Zetien Castillo.

Lo he dicho antes y lo repito ahora: para este libro y esta historia en particular sobre la erosión de la vida pública y laboral de mi padre, no será la abstracción *los jueces de la república* la que definirá su curso o su cierre, mi verdad íntima. No estoy aquí para presentar una defensa jurídica de mi padre, sino para intentar entender la complejidad de las fuerzas judiciales y la facilidad con la que entidades tan poderosas y peligrosas como la Fiscalía pueden ser utilizadas para el encubrimiento de intereses privados y, en tal propósito, acabar arrollando a funcionarios o exfuncionarios con el discurso, fácil de acomodar en los medios, de la *anticorrupción*. (Tampoco pretendo comparar los casos. La animadversión de NHMN contra Pizano fue a raíz de intereses directos. El caso de Álvarez fue resultado en cambio de direccionamientos impersonales. Hubo sí un operario judicial en común.)

Pienso en todo esto y me vienen a la cabeza destellos del libro *La ofensiva sensible* (2019) y su apartado «La corrupción como balance canalla», donde Diego Sztulwark —concentrado en el caso argentino en lo corrido del siglo XXI— redondea su lectura del *discurso anticorrupción* como tecnología para el empantanamiento del fragor público y la homogeneización de las disputas políticas: «[...] su efecto deseado es la neutralización moral de lo político».

Así las respuestas de Zetien: intentos por regresar las escenas y los discursos de los que participó (en el proceso en contra de Álvarez) al plano de la operatividad judicial para nunca aceptar la existencia de dimensiones morales o, peor aún, para cerrar los oídos y los ojos y las narices ante el enredo político y de intereses encubiertos en el que él también quedó envuelto al haber tenido que trabajar en el esquema administrativo de un sujeto como NHMN.

En otras palabras, más barro maloliente que administración de justicia.

Un trabajo de enlodamiento con trayectorias que entonces, sentados allí en la sala 318 E en los juzgados de Paloquemao, nosotros no teníamos cómo imaginar en todas sus velocidades.

Cuántas densidades nos quedaban por comprender.

Cuánto vocabulario nos hacía falta para imaginar lo que ocurría.

¿Vuelvo a buscar a Zetien para insistirle con más preguntas? ¿Vuelvo a las minucias de una audiencia de imputación de cargos que a él, en estos momentos de su vida, no podrían importarle menos?

Nuestro esfuerzo de respuesta

No recuerdo qué pasó la noche de ese viernes 21 de julio de 2017 luego de la andanada de seis horas que, transcrita, ocupa ochenta y cinco páginas a espacio sencillo. Recuerdo, en cambio, que a la salida de los juzgados de Paloquemao, una vez nos sacamos de encima las cámaras de los noticieros, dos cosas estaban presentes en la cabeza de mi padre y sobre ellas pidió ayuda de inmediato: era imposible que, el día que fuera, él hubiera estado de 8 a. m. a 5 p. m. en la Secretaría porque nunca estaba en una reunión más de una hora; también, el día reciente señalado por la oficina de Zetien, el nombrado 13 de julio de 2017, cuando citaron a Carolina Pombo y ella no se presentó, a Álvarez le sonaba muy mal eso de que él hubiera estado allí, una coincidencia terrible. Incluso dudó de sí mismo. Fue Dilia Lozano, abogada, amiga de la familia y socia de Álvarez en ese momento en las consultorías en las que trabajaban, quien se encargó de averiguar durante el sábado, y de conseguir el lunes a primera hora, antes de la reanudación de la audiencia, las pruebas definitivas que entregamos y que probaron las falsedades en los informes de policía judicial presentados por la Fiscalía. Aún más, Dilia consiguió las actas de las reuniones a las que Álvarez, como consultor (era su trabajo entonces), asistió en la SDM ese primer semestre de 2017, documentos donde podían constatarse las razones laborales concretas por las que había estado allí, las personas con las que se había reunido y el hecho de que nunca se trató de reuniones de más de una hora.

Nuestros abogados —John Villamil, su socia y esposa Sara Quintero y Nelson Lopera, especialista en audiencias de imputación— estuvieron el sábado a primera hora en las oficinas de la Fiscalía, allí mismo en Paloquemao, para acceder a una copia del material probatorio descubierto: tres carpetas relacionadas con la inferencia razonable de autoría o participación en el delito —grado de probabilidad de que el imputado es autor o partícipe en la conducta punible—, y una cuarta carpeta, con diecisiete evidencias, relacionada con la solicitud de la medida de aseguramiento.

A mí me asignaron la tarea de revisar las declaraciones de los tres «testigos estrella» de la Fiscalía, listar sus mentiras y desmantelar, en la medida de lo posible, las trampas detrás de sus narrativas. Supongo que fue esa madrugada del sábado 22 de julio, sentado frente a esta misma computadora donde ahora escribo, cuando empezó a operar en mi cerebro lo que antes llamé *alarma cognitiva*: una reacción de alerta brusca que te lanza a procesar información a velocidades endiabladas.

Leí las declaraciones completas una vez estuvieron en manos de nuestros abogados, las llené de colores y marcas para comprenderlas, volví a escuchar su instrumentalización por parte de Zetien, seleccioné lo más peligroso, lo ordené, empecé a decantarlo en puntos y preparé una presentación.

Lo más importante que ocurrió en aquellas horas de digestión fue descubrir, a través de reportes de prensa de la época, un hecho definitivo: con la llegada de NHMN en agosto de 2016, los principios de oportunidad para este tipo de sujetos empezaron a ser renovados cada tres meses, no cada año como venía ocurriendo. Se trató de una medida presentada como *endurecimiento* del ente acusador, pero no es necesario un doctorado en derecho penal para prever uno de sus efectos colaterales peligrosos: las nuevas presiones sobre estos sujetos hicieron más fácil que la Fiscalía consiguiera que declararan lo que la Fiscalía necesitaba que declararan cuando la Fiscalía necesitara que lo declararan.

Para ese momento (julio de 2017), el caso de Tapia era un galimatías jurídico imposible de reconstruir: principios de oportunidad y preacuerdos intentados, tumbados, vueltos a establecer; condenas por unos delitos y beneficios ante otros;

detenciones que iban y venían entre intramurales, domiciliarias, en Bogotá, en Córdoba, su departamento de origen. La sinuosidad hecha persona. Ni qué hablar del hecho descubierto en septiembre de 2021, cuando las investigaciones de la periodista Paola Herrera destaparon la corrupción detrás del consorcio Centros Poblados y, oh sorpresa, Tapia resultó ser el cerebro detrás de esos contratos. Más aún: en diciembre de 2022, el periodista Daniel Coronell reveló que el preacuerdo preparado por la Fiscalía con Tapia para el caso de Centros Poblados incluía rebajarle la pena a la mitad, recibirle una suma simbólica y permitir que no delatara a nadie. A principios de 2023, quizás por la exposición del preacuerdo, éste fue dejado a un lado y Tapia y la Agencia de Defensa Jurídica del Estado llegaron a otro acuerdo para que reparara a las víctimas llevando internet a ciertas zonas rurales.

(En mi presentación, frente a este testigo inestable y enredador como ningún otro de los corruptos que participaron en el carrusel de la contratación, la pregunta era sencilla: si Álvarez, un secretario de despacho, había hecho parte del concierto para delinquir, ¿cómo era posible que la primera declaración de Tapia en contra de Álvarez apareciera sólo hasta entonces, seis años y medio después, once días antes de una audiencia de imputación de cargos?)

Con mi tarea adelantada llegué a la casa de mi padre en la calle 83 hacia el final de la mañana.

El ambiente era frenético. Cada quien hacía algo y al tiempo estaba ocupado ya en las siguientes dos tareas asignadas: mi hermano Juan Diego y mi hermana Carmen estaban arriba en el estudio, donde habían convertido las puertas de vidrio para salir a la terraza en un tablero de notas donde iban apuntando y estructurando la estrategia detrás de cada respuesta que íbamos resolviendo con la dirección de John y la interlocución del abogado Lopera; Rocío, la esposa de mi padre, analizaba los documentos descubiertos relacionados con las adiciones al contrato interadministrativo 1229 de 2009, los cotejaba respecto a los que nosotros ya teníamos y empezaba una reconstrucción minuciosa, que hasta ese momento no habíamos hecho, del proceso contractual completo; Natalia, la novia de mi hermano, escuchaba pasajes claves de la audiencia, transcribía sus líneas principales e iba listando cada sinuosidad por contestar.

Lopera siempre fue el más agitado. Supongo que su trabajo era hacernos creer que sí teníamos manera de defendernos con acierto en la continuación de la audiencia de imputación. A mi hermano nunca lo convenció, y es probable que su lectura escéptica haya permeado la mía. Creo que mi padre acabó aceptándolo y jugándosela con él porque Lopera supo posicionarse frente a una de las tensiones que Álvarez y Villamil han tenido desde el principio de toda esta pesadilla: hacer notas y argumentar por completo de manera oral, o preparar un escrito y casi leerlo. En principio, el sistema penal acusatorio en Colombia es de corte oral, todas las actuaciones en las audiencias se esperan en este registro, pero igual la Fiscalía presenta, por ejemplo, un «escrito de acusación», y mi padre siempre ha estado obsesionado con que los argumentos importantes de su defensa sean *redactados*, lo que John casi nunca ha hecho. Lopera, en cambio, trabajó todo ese fin de semana, con los insumos que fuimos construyéndole, en un texto compacto que fue nuestro talismán de la esperanza y también el registro de nuestro barranco desgraciado.

No puede ser fácil un trabajo en el que, como el jefe de cirugía de una sala de urgencias, conoces a la gente en uno de los peores días de su vida.

Como ya lo saben, no tengo que repetirlo, las cosas salieron mal. La noche del martes 25 de julio mi viejo acabó en las celdas de paso del antiguo DAS y nosotros nunca volvimos a saber de Lopera. Eso siempre me dejó un mal sabor de boca: ir a la trinchera con alguien y nunca volver a saber de esa persona. A mi padre, sin embargo, no lo guardaron por una insuficiencia de Lopera o porque en esas pocas horas no hayamos conseguido dilucidar de manera inteligente cómo contestar la andanada de la Fiscalía. A mi padre lo guardaron porque el aparato acusatorio del Estado fue volcado a ello y porque, en ese punto, mediados de 2017, eran muchas las cosas que ignorábamos de la trastienda de la Fiscalía de NHMN, nosotros como familia y también el país entero. (En ese punto, pueden imaginarlo también, la enredadera en mi cabeza a veces me detenía y me obligaba a preguntarme: el viejo ¿pudo haberse equivocado y ser responsable penal de algo?)

Ese fin de semana delirante tengo el recuerdo borroso de ver a mi padre diligente y activo como es su personalidad, pero también sereno, como apaciguado, lo que era menos su personalidad (es, era, propenso a la neura) y raro considerando las circunstancias. Buscaba papeles, hacía notas y llamadas, nos pedía que leyéramos algo o que redactáramos algún argumento, celebraba cualquier hallazgo y guardaba silencios distraídos.

Ahora que vuelvo a escuchar la respuesta grabada de mi hermano sobre su recuerdo de ese fin de semana —«nunca en la vida había visto a mi papá más vulnerable y perdido»—, pienso que eso que acabo de llamar *serenidad* tal vez fuera en realidad llana y cruda resignación. Según Juan Diego, aquellas horas de trabajo angustioso le confirmaron la solidaridad excepcional y sin atenuantes de Natalia —llevaban ocho meses saliendo, Juan Diego estaba recién divorciado— y le hicieron entender que la situación estaba fuera de control porque no sabíamos lo que estábamos haciendo. Hay algo de cierto en su lectura: construimos un sólido escrito de respuesta, contestamos uno a uno los puntos frontales planteados por la Fiscalía y presentamos pruebas y argumentos de muy distinto tipo, pero no creo que en realidad supiéramos lo que estábamos haciendo.

Por encima del manejo de emociones y de la propia alarma cognitiva, ya éramos presas de una fuerza que todavía no reconocíamos a plenitud porque apenas empezaba a calarnos: el miedo. Y ese miedo afilado, al que poco a poco fuimos inducidos —primero a través de las amenazas tempranas del entonces fiscal Valbuena (él dice que no hubo amenazas de su parte); luego a través de la repetición de una diligencia de arraigo que alguien intentó aprovechar para emboscar a Álvarez; también a través del tejido de sinuosidades de Zetien, que se sacó de la manga un segundo delito para poder construir una audiencia de imputación de cargos donde estuviera habilitado para solicitar la medida de aseguramiento más drástica que existe; y finalmente, a través de la presentación de pruebas conducentes a error que ayudaron a justificar su solicitud excesiva—, ese miedo, repito, no fue una abstracción etérea o una incomodidad menor. Fue una fuerza concreta que nos impidió tomar mejores decisiones.

¿Qué mejores decisiones pudimos haber tomado? ¿Cómo pudimos haber contestado de no haber estado muertos del miedo? ¿Hasta qué punto este miedo afilado e intenso, al que fuimos inducidos, hace parte del repertorio de paralizaciones calculadas con las que trabajan algunas de las oficinas de la Fiscalía?

Nos agitamos, corrimos de un lado a otro, el apartamento del viejo acabó templado por el calor del esfuerzo que hicimos, pero como bien lo leyó mi hermano con la perspectiva del tiempo, quizás sólo fuimos ratas de laboratorio corriendo en una rueda de jaula: sudamos, aceptamos el movimiento de la rueda, pensamos que el movimiento conducía a algún lugar por fuera de la jaula. Ignorábamos tantas cosas. Por ejemplo, que se trataba de un pantano, no de la jaula de un laboratorio. Y que el pantano venía siendo poblado en clave de *sicariato judicial*: imputar al que fuera que pudiera dar un buen titular; el viejo como una rana más en el marasmo del lodo.

Desenlaces previsibles

Regresamos a la sala 318 E de los juzgados de Paloquemao el lunes 24 de julio de 2017 a las diez en punto de la mañana. Nuestro escrito de respuesta tenía (tiene) treinta y cuatro páginas a espacio sencillo entre argumentos, pruebas, leyes citadas, artículos considerados y pasajes de jurisprudencia. Eran (son) 20.157 palabras. Un libro corto hecho de angustias y solidaridades y juntado en cuarenta y ocho horas de fragor y miedo.

Lo he vuelto a leer dos veces. Es probable que en su momento no lo hubiera leído completo de tanto que le trabajé a pasajes concretos. Lo he coloreado. En verde lo que hoy en día leo como acertado, en amarillo lo desacertado. El problema es que, en la segunda lectura, hay pasajes en verde que pasé a amarillo y pasajes en amarillo que pasé a verde.

Todo se reduce a lo siguiente: la lógica meticulosa con la que lo construimos, la estrategia disciplinada de contestar punto por punto la andanada de la Fiscalía, quizás haya tenido sentido frente a la medida de aseguramiento, pero no frente a la inferencia razonable. Contestar la imputación de delitos relacionados con algo tan complejo como la administración pública, ante un juez de control de garantías (no un juez de conocimiento), en los propios términos enrevesados y tramposos planteados por el fiscal Zetien, fue mover tierra dentro de un hoyo profundo en vez de invertir la energía en un solo salto para salir por el aire del hoyo profundo.

Nuestra respuesta minuciosa, elemento por elemento, en el mejor de los casos agotó al juez, y en el peor, que fue lo que ocurrió, impidió que comprendiéramos y manifestáramos, en voz alta, con fuerza y claridad, aquello que en ese momento tenía sentido haber manifestado: las «gravísimas» *fases dos y tres*, en el marco de las cuales Zetien anticipaba hechos de corrupción en la estructuración y licitación del SITP y el Sirci, base de su argumentación y puesta en escena, sólo existían en etapa preliminar de indagación, donde siempre se quedaron, nada de lo cual nosotros sabíamos en ese momento, así que, en realidad, nunca tuvimos oportunidad de expresar una comprensión tal. El desarrollo de dichas «fases gravísimas» eran más bien escenarios hipotéticos que dependían de que la presión que habían resuelto ejercer sobre Álvarez, metiéndolo a la cárcel —es mi hipótesis informada—, diera los resultados que ellos esperaban, y para tal propósito habían sido insinuadas en los medios de comunicación gracias a la colaboración de un puñado de periodistas instrumentalizados con el ánimo, justamente, de fabricar con ellas (las fantasmagóricas fases dos y tres) escenarios de miedo y paralización.

La audiencia se reanudó a las 10:45 a. m. con la intervención del procurador Henry Bustos. Zetien no estuvo presente. Llegó en la tarde, a la mitad de la intervención de la defensa. (También, en medio de la intervención de la defensa, que empezó a la 1:40 p. m. después del receso de almuerzo, el procurador Bustos se retiró de la audiencia.)

A grandes rasgos, con respecto a la medida de aseguramiento, Bustos dijo dos cosas: descartó dos de los tres fines constitucionales argumentados por Zetien —que Álvarez fuera un peligro para la sociedad o que existiera riesgo de no comparecencia—, y se plegó al tercero, la posibilidad de que Álvarez obstruyera la justicia, lo que hizo antes de la intervención de la defensa porque es el orden propio de la audiencia. (Siempre creí que este orden explicaba por qué el agente del Ministerio Público, que en teoría vela por el debido proceso, no se pronunció sobre nuestras pruebas presentadas en contra de los informes de policía judicial levantados por la oficina de Zetien, unos errados y otros conducentes a hacer creer como ciertos hechos falsos. Estaba equivocado. Bustos conoció de nuestras pruebas y en cualquier momento pudo haber pedido la palabra y haberse pronunciado. Eligió no hacerlo.)

Más importante, sin embargo, es el hecho de que, para argumentar su posición, ya en el final de su intervención, el procurador Bustos se basó por completo en la narrativa de las fases siguientes de la Fiscalía. Acá el núcleo de su pronunciamiento: «[…] lo que ha señalado aquí la Fiscalía es que es la fase uno de la imputación, y hasta donde tengo entendido la fase menos, digamos, menos afectante del patrimonio público y de la función pública, las otras relacionadas con la adjudicación de las doce zonas para efectos del recaudo que generaron unas situaciones en las cuales desafortunadamente el doctor Fernando Álvarez también de una u otra forma está involucrado, pues le permiten al Ministerio Público solicitarle a usted, señor juez, de manera muy comedida, que acceda a la solicitud de la Fiscalía de imponer medida de aseguramiento restrictiva de la libertad intramural [sic]».

(No, procurador Bustos, ni se generaron «unas situaciones» ni Álvarez estuvo «de una forma u otra involucrado», porque esas eran las fases dos y tres sobre las que no se presentaron pruebas dado que sólo fueron un cascarón narrativo. El «involucramiento» sólo lo escuchó usted y en parte lo provocó usted con su escucha irreflexiva.)

La intervención del abogado Lopera, al frente de nuestro primer movimiento de defensa, la he escuchado despacio, rápido, en la oscuridad, mientras camino. Creo que la he escuchado tantas veces para hacerla perder su sentido, para desaparecerla de mi ordenamiento de los hechos, para no tener que pensar nunca más en mi vida en la posibilidad de que, si esa *intervención oral* se hubiera ceñido a las filigranas precisas preparadas en el *escrito redactado*, el desenlace hubiera sido otro, lo que no tiene ningún sentido, son sólo nuevas plastas de barro en el lodazal de la desgracia.

Terminada la intervención de Lopera, el juez de control de garantías cerró la audiencia y convocó a las partes para el día siguiente, martes 25 de julio de 2017 a las 2 p. m.

Esa fue mi primera noche de insomnio. La andanada de destrucción, actuada por funcionarios del Estado colombiano, empezó a calarme en el cuerpo.

Cuando me paré de la cama al final de la madrugada el cuerpo me ardía de fatiga. Había estado acostado, paralizado, con los ojos cerrados y el corazón entristecido. (Cuántas noches así habrá pasado mi padre en los últimos años.)

El fallo del juez de control de garantías lo conocen: aceptó la solicitud de la oficina de Zetien de detener a Álvarez de manera preventiva y de hacerlo en una cárcel, para lo cual dictó que fuera en el pabellón de servidores públicos de La Picota. Su pronunciamiento fue un reguero confuso de artículos, sentencias y razonamientos a medias. Si alguien lo lee, la conclusión es simple: desechó un 75% de los elementos materiales probatorios presentados por la propia Fiscalía, no contempló las delicadas pruebas aportadas por la defensa, y se agarró de frases sueltas, presentes en las interceptaciones telefónicas —ya referí antes la importante y fácil de malinterpretar; las demás las reseño y las gloso en el documento orbital—, sin explicación o razonamiento jurídico alguno de cómo las escuchaba, y con ello sustentó su decisión.

Presentamos recurso de apelación. Son recursos que se surten de inmediato y que, por ley, tienen un plazo máximo de tres meses para fallarse. La apelación, como estaba planeado, la llevó a cabo John Villamil, nuestro abogado principal. En este punto, el corredor de salida del tercer piso del edificio donde estábamos se llenó de los medios de comunicación que habían estado el viernes a primera hora para la intervención de la Fiscalía, pero que no habían regresado desde entonces.

Respecto a lo dicho en la apelación, el énfasis de la defensa en dos cosas cruciales fue definitivo: primero, señalar la grave omisión cometida por el juez de control de garantías al no valorar las pruebas presentadas por la defensa, tanto en materia de la medida de aseguramiento como en materia de la inferencia razonable; y segundo, señalar la ausencia de explicación o razonamiento jurídico a la hora de valorar las interceptaciones telefónicas en las que el juez basó su fallo, porque esa ausencia de interpretación atentó contra el derecho a la defensa en el sentido de que, al no decirte con exactitud cómo están interpretando la prueba, te impiden entrar en contradicción con ella (contrargumentar).

(El fallo de la apelación, proferido por el juzgado 2 penal del circuito con función de conocimiento, nos fue favorable, sólo que tardó seis meses. Ocurrió en enero de 2018, cuando Álvarez cumplía veintisiete semanas detenido, había perdido todos sus ingresos porque le habían cancelado los contratos de consultoría en los que trabajaba y su salud empezaba a deteriorarse.)

En medio de la tensión de la apelación, cuando Villamil argumentó sobre la no valoración de las pruebas presentadas por la defensa, y se refirió a los informes de policía judicial descubiertos por Zetien, fue punzante en el asunto de que un subordinado le entregó material defectuoso al fiscal (problema de delegación) —«[...] el doctor Zetien es incapaz de presentar un elemento material probatorio que no sea concordante con la realidad, pero a él lo pusieron a sustentar acá una medida de aseguramiento por obstrucción a la justicia indicando que Fernando Álvarez estaba reunido con una jefe jurídica cuando probamos que no lo estaba»—, pero blando, a su vez, en la forma de nombrar aquello que había ocurrido: «información distorsionada» y «pruebas que no eran demostrativas de una realidad». Estas fueron las expresiones que usó, y en la tibieza de esas expresiones yo leo nuestro miedo de entonces a subir la voz y a llamar las cosas por su nombre: *pruebas erradas* sin importar de quién son responsabilidad; pruebas conducentes a dar como ciertos *hechos falsos*, que fue lo que en rigor ocurrió.

*

En octubre de 2021 la defensa de Álvarez interpuso denuncia penal por fraude procesal contra personas indeterminadas a raíz de los hechos ocurridos en la audiencia de imputación de cargos del 21 al 25 de julio de 2017, donde la Fiscalía presentó el tipo de informes de policía judicial que presentó —«el contenido de esta documentación no era veraz», dice la denuncia redactada por Villamil—, lo que indujo a error al juez de control de garantías y derivó en la imposición de medida de aseguramiento de detención preventiva en establecimiento de reclusión en contra de Francisco Fernando Álvarez Morales.

(Fue a raíz de esta denuncia que decidí nunca buscar a los investigadores que firmaron aquellos informes de policía judicial. Sí quise preguntarles qué había pasado, si alguien les había ordenado sumar la fecha estratégica del 13 de julio de 2017, pero así como este libro se ha escrito sin la órbita del juicio en curso, así también el curso de esta denuncia, por los hechos ocurridos en la audiencia de imputación de cargos, debe seguir su camino sin interferencia. Cuatro años nos tomó sacudirnos del miedo y de las esquirlas. Seis meses de estos cuatro años Álvarez los pasó encerrado en el pabellón Ere-2 de la cárcel La Picota, una pesadilla que empezó a correr en los minutos siguientes a la finalización de todo este fangal jurídico y retórico que aquí termino de reconstruir y de impugnar.)

«No me pongan esposas»

Terminada la palabrería, una vez el juez de control de garantías se puso de pie, bajó del estrado y salió de la sala, yo me levanté de mi asiento y me acerqué al movimiento de cuerpos que empezó a tener lugar al otro lado de las puertas de madera que separan los banquillos de las bancas para el público. Recosté mis muslos contra la barrera de madera y me incliné para alcanzar a mi padre, que estaba de espaldas a mí. Él no me vio porque ya iba de salida de su silla, junto a Villamil, camino al centro del espacio, cuatro pasos a un costado y dos adelante, donde Zetien estaba de pie, mirándolos y esperándolos. Me moví entonces hacia el centro, sin acabar de entrar al estrado, y desde la barrera de madera escuché todo lo que a continuación ocurrió, un diálogo que jamás en la vida olvidaré:

—Fiscal Zetien —le dijo mi padre—, quiero pedirle un favor. No me pongan esposas, yo no soy un delincuente, y usted lo sabe. Ya consiguió destruirme la vida, para sacarme de aquí no necesita las esposas.

Zetien se timbró:

—Por supuesto, doctor Álvarez, ni más faltaba, claro que sí, yo hablo con los custodios…

Lo vi girar y mirar alrededor dos veces, acercándose a Villamil y a Álvarez, como encorvado y servil, y como asegurándose de que nadie más estuviera cerca. A mí no me vio, o si me vio, es claro que yo no hacía parte de su ecuación de preocupaciones.

Le dijo a Álvarez que sentía mucho lo que iba a empezar a ocurrir. Luego giró sobre John y le repitió en murmullo una idea que había sido recurrente en las conversaciones que ambos habían sostenido durante meses: el doctor Álvarez era una persona decente; ellos sabían que no había recibido plata, pero también creían que él sabía quién sí lo había hecho.

Un instante después, cuando los tres tratábamos de asimilar de nuevo, ahora allí, ante otra realidad, esa idea que ya conocíamos, Zetien cambió de postura, se distanció, le ofreció a John hablar cuando la defensa estuviera lista y salió del lugar al tiempo que les dio espacio a los dos agentes del Cuerpo Técnico de Investigación (CTI) que se habían hecho presentes, quienes nos pidieron que desocupáramos la sala. Yo entré al estrado, abracé a mi padre y le pedí que estuviera tranquilo. Me entregó un pedazo de papel anotado que tenía en la mano. Lo leí de un golpe de vista y salí.

Juan Diego y John se quedaron adentro de la sala acompañándolo. En presencia de ellos, los agentes del CTI le leyeron a Álvarez sus derechos y formalizaron la detención. Luego le dijeron que no iban a esposarlo, pero le pidieron el favor de que se agarrara de las manos y las ocultara con su saco encima. Y así salió, por el costado opuesto del corredor donde dos cámaras de televisión esperaban, sin esposas puestas pero aparentándolas.

Juan Diego y John caminaron detrás de los custodios hasta el parqueadero, donde éstos les indicaron que se subieran a un segundo carro distinto a la camioneta a la que subieron a Álvarez. En ese momento, Juan Diego le recibió el celular a Álvarez y lo apagó. Empezaba a pitar descontrolado. La noticia ya circulaba en los medios, sin matices y sin precisiones: secretario de Movilidad de Samuel Moreno a la cárcel. La camioneta del CTI se dirigió al búnker de la Fiscalía. El carro donde iban Juan Diego y John la siguió. Desde ese segundo carro, al enterarse del destino, John les solicitó a los custodios que Álvarez fuera detenido en un lugar distinto a los calabozos del búnker, pues allí se encontraba Julio Gómez, autor de uno de los testimonios que habían usado en contra de su protegido.

Antes de entrar por la puerta recóndita a la que llegaron por la carrera 51, Álvarez y los custodios se bajaron de la camioneta y se encontraron con Juan Diego y John. Allí John le comunicó a Álvarez que en el búnker iban a hacerle exámenes médicos y a reseñarlo, luego lo trasladarían a las celdas de paso del antiguo DAS, un edificio en el complejo judicial de Paloquemao.

La foto de la reseña nunca la hemos visto. La Fiscalía se abstuvo de filtrarla o se le olvidó hacerlo.

La nota escrita a mano que mi padre me entregó en un pedacito de papel recortado aún la conservo. La tengo pegada a la primera libreta de apuntes que abrí unos días después de su detención. Esa primera libreta la empecé a llenar el sábado 5 de agosto en la tarde, luego de visitarlo por primera vez en las celdas de paso y regresar a casa destruido, con las piernas hechas goma.

Aquella nota no fue el único papelito que mi padre me pasó durante la audiencia. De manera espontánea, en aquellas horas rotas yo fui haciéndome cargo del ordenamiento de los puntos que debían convertirse en nuestro pronunciamiento público. Al final, sin embargo, nunca hubo tal cosa como un pronunciamiento público nuestro.

Sí ocurrió, está en mi recuerdo (no en mis notas), que un reportero joven de *City TV* se me acercó un par de veces en los días en los que no hubo medios de comunicación, conversamos, parecimos entendernos, acabé prometiéndole que le daría declaraciones y eso hice, afuera en el andén de los juzgados de Paloquemao, tarde en la noche una vez la audiencia terminó. No recuerdo qué le dije. No he querido buscar esa grabación. No quiero revisarme el rostro público adolorido. Para saber de mi dolor me basta con la montaña de material que apunté a lo largo de estos últimos cinco años.

Libretas con decenas de papeles pegados —plegados—, pacientes.

Hoy, mientras escribo, vuelvo sobre la libreta número uno y me pongo al frente el pedazo de papel prolijamente recortado donde hay palabras, los reteñidos en lapicero negro, las tildes que faltan, el sudor frío de mi padre minutos antes de que le destruyeran su vida pública y laboral.

> *Hijos: Claro en que me mandan a la Picota por un contrato que yo no firmé, ni tramité, ni gestioné. Delegar es un delito. Un galimatías jurídico, pero no de sobornos, ni corrupción, no hay colimas*

La libreta es una agenda de 2016 que asumí como de 2017 y en la que empecé a escribir en los espacios correspondientes a los primeros días de agosto. Todo indica que, una vez apunté cosas sobre aquella primera visita —«lo encuentro sucio, con las uñas largas, el golpe en el hombro es brutal, tiene una mancha negra que le baja casi hasta el codo; me dice que no me preocupe que está así, desaseado, porque es posible que pronto haya una audiencia después del examen de medicina legal»—, continué llenándola hacia atrás, reconstruyendo los días previos, las semanas anteriores, registrando cosas como la llamada desesperada de mi hermano cuando yo andaba en Cartagena o preguntas culposas e irracionales. Leo allí, aquí, lo siguiente, y no sé si abofetearme o echarme a llorar: «¿Haber pensado tanto en la cárcel al querer entrevistar a Melo Carrillo cuando intenté escribir sobre Alejandra, habrá atraído esto que nos pasa ahora?».

Además de la última nota de mi padre antes de ser detenido, en la libreta está pegado también un recorte de papel, largo y delgado, café y algo grueso, con todo el aspecto de venir de un individual desechable de restaurante. Es la última versión de los puntos y argumentos que preparamos, ese martes en el receso después de la intervención del procurador, para salir a dar explicaciones en los medios.

Repaso todo. Busco nada.

Hago nuevas notas en espacios libres aledaños a estas primeras hojas, les pongo fechas. Tengo al frente también la libreta número once, la actual en curso. Ha sido más o menos una libreta por semestre, el registro progresivo luego de abrir los ojos en el fondo del lodazal de la desgracia y buscar aire para entender y sobrevivir.

La revisión hoy de esos papeles y notas de julio de 2017 me hace pensar tres cosas relevantes para esta parte de la historia:

1) En realidad no estuvimos lejos de entender las sinuosidades retóricas y las deslealtades procesales puestas en operación por parte de la oficina del fiscal Zetien, al fin y al cabo, eran cosas que habíamos escuchado y vivido y las teníamos más o menos analizadas; eran además sujetos con los que la defensa venía tratando desde hacía años, sabíamos de su aura mediática por haber desmantelado el carrusel de la contratación y conocíamos también su vocabulario de amenaza.

2) Aunque entendíamos la presión en curso, otra de sus dimensiones sí nos sobrepasó: ¿por qué la vehemencia con la que la oficina de Zetien solicitó la medida de aseguramiento de detención preventiva en establecimiento de reclusión? (Durante más de un año pensamos que se trataba de un ensañamiento personal; algún tipo de interés o enemistad venidos de un frente que no alcanzábamos a ver. No lo descarto por completo.)

3) A la incomprensión de esa vehemencia se sumó el miedo al que habíamos sido inducidos, y la paralización fue entonces absoluta. Por eso nunca hablamos con los medios para denunciar lo que entendíamos que ocurría. Por eso yo nunca escribí al respecto. La estrategia de persecución incluía que no acabáramos de entender qué era lo que nos perseguía. *Es la orden de arriba*, le había escuchado (leído) nuestro abogado Villamil a Zetien, se lo había contado a mi padre y mi padre no nos lo dijo a nosotros entonces. Pero no dejó de decírnoslo para no preocuparnos o algo por el estilo; lo dejó ahí, *paralizado con él mismo*, palpitando en silencio en su cerebro, a veces a

medias, a veces en la parte de atrás del olvido traumático, porque ni él ni Villamil entendieron tampoco, en ese momento de la prisión preventiva, qué era lo que «la orden de arriba» significaba exactamente.

¿De qué naturaleza fue *la orden de arriba*? ¿Cómo existió? ¿Cómo fue enunciada? ¿Existió?

¿Fue un accidente, o una premeditación, que un fiscal experimentado y de carrera como Zetien presentara informes de policía judicial errados e indujera así en parte la decisión de un juez de control de garantías en materia de la libertad de un ciudadano? (A esto apunta nuestra denuncia penal por fraude procesal contra personas indeterminadas que está en curso.) Si esto les hacen a personas que pueden pagarse un abogado, ¿cómo serán las acusaciones en contra de sujetos que no tienen recursos para una buena defensa? (Pienso hoy, mientras escribo, luego de las movilizaciones sociales del primer semestre de 2021, en los jóvenes de barrios populares pertenecientes a las denominadas primeras líneas, conformadas en los barrios periféricos de varias ciudades para proteger la protesta social del abuso policial, abuso que, en el caso de las movilizaciones que arrancaron el 28 de abril de 2021, empezó a ocurrir desde el primer día, tal y como lo prueban investigaciones de medios independientes como *Cuestión Pública* o *Cerosetenta*.)

Me detengo y siento terror: los métodos con los que erosionaron la vida pública y laboral de Álvarez, ¿son acaso prácticas comunes (habilidades desarrolladas) de los fiscales en el aparato de investigación y acusación del Estado colombiano? Si no es una práctica común, ¿fue acaso una práctica incorporada con la llegada de NHMN? Cuando Luis Gustavo Moreno Rivera, el director nacional anticorrupción nombrado por NHMN y rostro visible de varios de los videos institucionales de Bolsillos de Cristal, habló del tipo de Fiscalía que administró su jefe, y contó de las órdenes de «sicariato judicial» y que éste pedía «fiscales que hagan caso» —fue en entrevista con la periodista María Jimena Duzán el 13 de enero de 2021—, ¿era esto a lo que se refería? ¿Fue Zetien, ante las circunstancias del caso de Álvarez, y bajo la presión de NHMN, el ejemplo de un fiscal que hizo caso?

¿De qué naturaleza es el silencio que guardamos cuando hemos sido paralizados por el miedo y la incomprensión?

Siempre asumí que el silencio de la familia Díaz Lezama era simple y llanamente el silencio digno de víctimas que no quisieron prestarse para el show mediático que se desató alrededor de su pérdida y de su dolor. Y seguro eso hubo, porque fue, palabras más palabras menos, parte de la explicación que en su momento me dio Adriana, la hermana menor de Alejandra. Ahora, sin embargo, en este momento en el que escribo, no puedo evitar preguntarme si aquel primer silencio tuvo algo que ver también con los tormentos de su contacto con el sistema penal acusatorio colombiano. ¿Resguardaban en su silencio algún miedo, alguna incomprensión?

En *Felon,* en el poema titulado «Si la ausencia fuera la fuente del silencio», Betts estalla otro conjunto de versos en los que apenas puedo dejar de pensar:

>sigo tratando de convertir esto en sentido
>hay un mapa que nos conduce
>a todo aquello que dolió
>un silencio diciéndolo todo.

Las celdas de paso del antiguo DAS

La camioneta del CTI que trasladó a Álvarez regresó al complejo judicial de Paloquemao hacia las 10 p. m. para ingresarlo a las celdas de paso del antiguo edificio del DAS.

(El Departamento Administrativo de Seguridad, a cargo de las tareas de inteligencia y contrainteligencia en Colombia desde su creación en 1960, fue liquidado en octubre de 2011 por el entonces presidente Juan Manuel Santos a raíz de repetidos escándalos de chuzadas telefónicas, persecución a opositores y vínculos con el paramilitarismo en los dos periodos presidenciales de Álvaro Uribe. La historia siniestra del DAS se remonta también a décadas anteriores. Su edificio en el complejo judicial de Paloquemao pasó a ser usado por la Fiscalía. Los calabozos en los que torturaron a personas en los ochenta fueron adaptados y convertidos en celdas de paso para el proceso de tránsito de los detenidos entre el CTI y el Instituto Nacional Penitenciario, Inpec.)

En aquellas celdas de paso a Álvarez le quitaron los cordones de los zapatos, se quedaron con su cinturón, con la seda dental y con las pastillas que traía entre somníferos y analgésicos. Excepto por una, la pepa para dormir esa noche. (Día a día le fueron dando la pastilla de cada noche.) Lo filmaron, lo reseñaron de nuevo, y tras un trámite largo y paranoico el guardia de turno lo condujo a la penumbra de una reja en un segundo piso.

Del otro lado de la reja lo recibió un detenido joven que se presentó como Carlos Garzón, quien le explicó las reglas mínimas de convivencia y le dijo que, en ese momento, contándolo a él, eran dieciocho personas. Luego lo presentó con los demás detenidos y lo llevó por el pasillo iluminado a un costado del cual estaban las celdas, dieciocho también, separadas por rejas, cada una con una plancha de cemento pegada a la pared paralela al pasillo y encima de la cual iba la colchoneta. (Excepto por la primera celda al frente de la zona del televisor, que no tenía plancha de cemento.) Fueron hasta el fondo del pasillo, donde Garzón le mostró a Álvarez la cocineta y le explicó la forma en la que gestionaban el café y las aromáticas. Luego regresaron por el pasillo hasta el punto por el que habían entrado, donde estaba, a un costado, un cuarto con dos inodoros, el lavamanos y la ducha. En aquella esquina del corredor estaba también, fijado a la parte alta de la pared, el único televisor del pasillo conectado al único tomacorriente del pabellón.

Garzón llevaba allí dos semanas. Había sido detenido junto a un grupo de personas entre quienes estaban dos jueces, un fiscal, un investigador del CTI, el director de la cárcel La Esperanza en Guaduas y otros funcionarios judiciales. Garzón acababa de terminar un contrato con la Organización de Estados Americanos, donde se desempeñaba como oficial verificador de la misión de apoyo al proceso de paz. Según la Fiscalía y sus interceptaciones telefónicas, Garzón era responsable de venderle un cupo en la JEP a un excabecilla de un grupo delincuencial. Garzón era (es) abogado y capitán retirado de la Policía. Allí en las celdas de paso del antiguo DAS también llevaban unas semanas detenidos los empresarios Federico Gaviria y Eduardo Zambrano, imputados en ese momento por conductas relacionadas con la corrupción de Odebrecht/Aval. (Gaviria y Zambrano acabaron aceptando cargos y fueron condenados en abril de 2021.) También estaba Alcibíades Vargas, magistrado del Tribunal Superior de Villavicencio (Meta), imputado por los delitos de prevaricato por acción y omisión.

Parado en el costado del pasillo por el que había entrado, Álvarez recuerda haber sentido un chiflón de frío y haber descubierto la penumbra de una segunda reja. Detrás de la reja se presentía la luz débil de unas escaleras ascendentes que, le explicaron, conducían a un patio destejado en el tercer piso, donde recibían las visitas los fines de semana y podían subir a tomar el sol un par de horas en la mañana o en la tarde según lo decidieran. En ese punto, Álvarez alzó una de las dos bolsas de tela con las que había entrado y le contó a Garzón, y a un par más de los detenidos que lo rodeaban, que allí llevaba una máquina CPAP para controlar la apnea de sueño que sufría. Debía dormir con ella conectada a la electricidad o corría el riesgo de ahogarse mientras dormía.

Ninguna de las celdas tenía tomacorriente, sólo estaba aquel al que conectaban el televisor y el reproductor de CD al frente de la primera de las dieciocho celdas. En ese habitáculo sin plancha de cemento, con su colchoneta en el piso, estaba durmiendo un detenido llamado Carlos Rodríguez. La celda desocupada, que en principio le correspondía a Álvarez, era la última del pasillo, donde nadie nunca quería dormir porque allí no entraba nada de luz y el frío era espantoso. Garzón buscó a Rodríguez y le explicó las circunstancias. Rodríguez, luego de algo de presión de parte de Garzón, aceptó dormir en la celda helada del fondo del pasillo. Desconectar el televisor fue más difícil. Apegarse a los rituales religiosos de oración que los demás detenidos practicaban cada noche también fue difícil.

Hacia las doce de la noche apagaron las luces. Álvarez se tomó su pastilla habitual para el sueño, hizo quince minutos de meditación, se enchufó la mascarilla de la máquina CPAP y se acomodó sobre dos colchonetas tendidas en el suelo, cubierto por la cobija que él llevó y otra que le prestaron. Despertó agotado diez minutos antes de las 4 a. m. Intentó dormir más pero no pudo. Se sentó, reparó en el lugar en el que estaba, miró a su derecha el boquete negro del pasillo que se extendía en la quietud, se llevó ambos manos a la cara y se dejó llevar por un llanto lento sin perturbar aquel precario equilibrio de oscuridad y silencio. En su recuerdo, una vez se recuperó de aquella primera llorada, Álvarez decidió que todos los amaneceres que siguieran por delante los iniciaría meditando. Sin importar las angustias o las preocupaciones que vinieran con el encierro, cada día abriría los ojos y entraría en la transición hacia el despertar a través de la respiración consciente. (Para ese momento,

Álvarez llevaba cinco años haciendo cursos en El Arte de Vivir, una organización internacional educativa fundada en 1981 por el gurú indio y embajador de paz Ravi Shankar Ratnam. En los cursos, retiros y sesiones de meditación de kriya yoga, Álvarez conoció a Juan Carlos Lozada. Éste todavía no era parlamentario del Partido Liberal, pero sí uno de los profesores avanzados en la práctica. Se hicieron amigos. Aprender a meditar salvó al viejo de haberse vuelto loco en el carcelazo.)

La mañana del miércoles 26 de julio de 2017, Garzón y otro grupo de detenidos despertaron temprano y tomaron los primeros turnos del baño porque tenían audiencia y serían trasladados por el Inpec en cualquier momento a partir de las 8 a. m. Antes de irse, recuerda Garzón, él le pidió a Federico Gaviria que estuviera pendiente de Álvarez porque ellos bien sabían lo difíciles que eran las primeras horas. «Tu papá tenía un brillo en los ojos muy particular. No era la mirada de una persona asustada u ofuscada. Era la mirada de una persona que sentía una profunda decepción». La mañana estaba nublada, así que los detenidos le reportaron al guardia de turno que saldrían al patio en la tarde después del almuerzo. Cerca de las 3:30 p. m., luego de comer, tomar tinto y ver el noticiero, los detenidos subieron al patio y armaron un partido de banquitas. Álvarez llevaba años sin jugar fútbol. Había almorzado poco. No recuerda aquel primer almuerzo. Recuerda, en cambio, que no dudó en estirar, reconoció la pelota de micro con un intento de veintiuna y se dispuso para el picado.

En la primera jugada en la que recibió la pelota, Álvarez quiso correr con ella dominándola, el zapato sin cordones se le salió del pie en un resalto del piso, las gafas le volaron y mientras caía intentó quitar la cara del impacto contra el muro que se le vino encima, el cuerpo le giró y su hombro derecho se estrelló contra el filón de ese muro sin que él alcanzara a poner algunas de las manos para amortiguar el golpe. Los guardias tardaron en subir al patio a pesar de que los llamaron varias veces a los gritos. Una vez allí, se comportaron como si no creyeran el accidente. Luego de un rato, y ante las muestras de dolor de Álvarez, le trajeron un ibuprofeno. Dos horas después, cuando empezaron a sospechar que sí había ocurrido un accidente porque el hombro de Álvarez se hinchó y se puso negro, aceleraron las llamadas de rigor para pedir un traslado de urgencias. A las 7:50 p. m., más de tres horas después del accidente, un guardia les comunicó a los detenidos, ya en ese punto en el pasillo de sus celdas, que estaba en camino una camioneta para recoger a Álvarez, que por favor éste saliera para llamar y avisarle a su familia.

Álvarez llegó a la Clínica Universitaria Colombia hacia las 8:45 p. m. Rocío (su esposa) y Carmen (mi hermana) lo estaban esperando con los carnets médicos. Mi hermano y yo llegamos a la clínica, con la cobija que nos pidieron llevar, antes de que lo entraran a evaluación. Dos guardias armados del Inpec esperaban adentro de la sala y uno afuera en la entrada. Al día siguiente, con el resultado de la radiografía en la mano, la doctora Marcela Pachón confirmó «fractura completa, transversa, impactada del cuello quirúrgico del húmero», le recetó ocho gotas cada ocho horas de Tramadol de 100 miligramos y dos tabletas cada ocho horas de acetaminofén de 500 miligramos. La noche del accidente le inmovilizó el brazo con férula y cabestrillo, le dijo que debía dormir sentado y le pidió que guardara reposo absoluto hasta el siguiente control en tres semanas. En su nota médica de esa noche escribió: «[...] no puede realizar sus actividades básicas de forma independiente».

Al regresar a las celdas de paso del antiguo DAS, Carlos Garzón lo estaba esperando en la reja del pasillo porque todavía no podía creer lo que le habían contado una vez regresó de su audiencia tarde en la noche y se enteró del accidente. «Me molestó mucho. Yo les había advertido a varios que tuvieran cuidado con Francisco». (Desde el primer día, Garzón eligió llamar al viejo por su primer nombre.) Garzón les pidió a los guardias colchonetas, plásticos y almohadas para aislar la celda de Álvarez del frío y encontrar la manera de armarle una cama en la que pudiera dormir sentado. Allí, derrumbado en la semicamilla que Garzón le armó, Álvarez se tomó su pastilla para el sueño y empezó a caer agotado mientras escuchaba, cerca, en una de las celdas contiguas, el murmullo del grupo de oración de aquel puñado de diecisiete detenidos que pedían por su salud y por el bienestar de familiares que, en ese momento, quizás también murmuraban y pedían por la salud de sus detenidos.

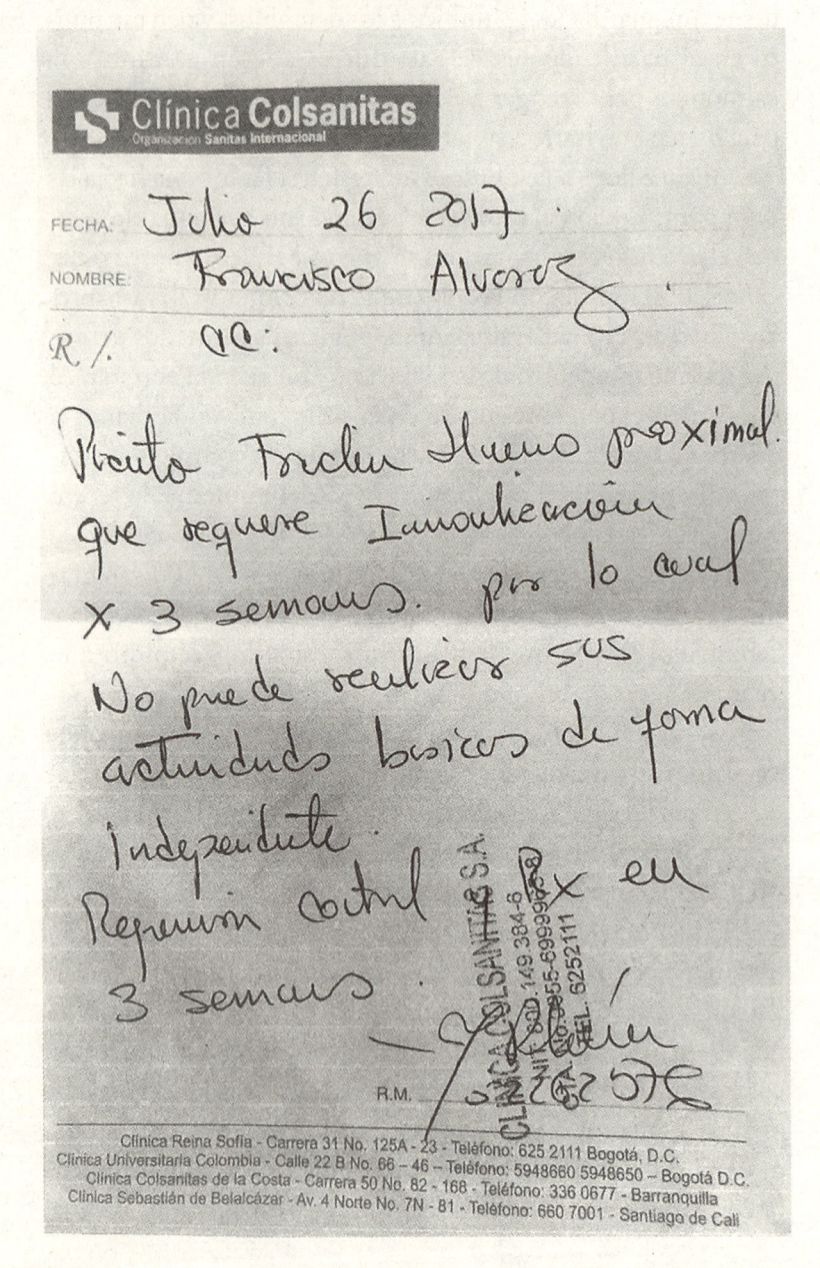

Movimiento cuatro: carcelazo

la materialidad de la imaginación en el oído

encuentro la fila de familiares formada. cada quien con su bolsa de comida al frente. somos catorce personas.

mi hermano vino entre semana. llevo en el oído su reporte del recorrido: te sientas para el olfateo del perro agotado; luego de pie y de frente contra una pared para el cacheo; caminas detrás de un brazo alzado, otro filtro; vas dejándote en cada control: tus huellas dactilares, tu documento de identidad, la foto de rigor; subes escaleras, saludas a otro guardia que también te contesta silencio.

al final sales a la terraza enrejada que es el patio donde reciben las visitas, dice a mi oído el recorrido de mi hermano.

me lo repito.

la materialidad de la imaginación en el oído me conjura la angustia.

el blanco espeso de los pasillos aploma.

mi bolsa repleta de comida me talla el hombro, y pesa menos, y cada vez nos parecemos más entre las demás bolsas de comida, como si entrar juntos, juntándonos, nos convirtiera en una misma roca.

la forma que tengo de distinguir mis dos primeras visitas, ésta a las celdas de paso, y luego la otra primera, a la cárcel la picota, es la presencia en el recuerdo de una madre serena y su hija en el turno delante de mí. madre e hija no me dirigen la palabra, pero como que me van llevando con sus gestos: prepara tu cédula; acá dejas tus pertenencias; mejor ven sin casi dinero; cierra bien esa bolsa, compáctala, no sea y no pase fácil la máquina de escáner y te la anden fisgoneando. acostúmbrate a la reciedumbre del guardia.

la guía de gestos de madre e hija, el recorrido de mi hermano en mi oído, mi bolsa de comida, cada bolsa de comida entrando van haciéndonos roca y la roca un centro de gravedad que es la consecuencia material de los alimentos, y también la materialidad de la voz de mi hermano en mi cabeza y los gestos de aquellas dos desconocidas en mi corazón, que está roto, rompiéndose, y parece hacerse parte de la roca, blanda, la ablanda, se ablanda rompiéndose, un amasijo, no solo mi corazón, sino todo, nuestras bolsas de alimentos, la consecuencia material de nuestros alimentos, la reciedumbre y el silencio de los guardias y sus bromas estruendosas que solo son para ellos y entre ellos, el perro antidrogas agotado, la geometría del bailecito de las filas, mi hermano en mi oído.

nos poroseamos: solo así el centro de gravedad sobrevive a la pesadumbre interior ardiendo.

*

lo encuentro uñilargo, semibarbado, con unos zapatos viejos sin cordones que no son los suyos, el pelo sucio, casi andrajoso.

lleva el cabestrillo por delante. y dolor en el cuerpo, puedo verlo, como él puede ver la amargura que traigo cocida a la mandíbula.

nos sentamos en dos sillas rimax y me dice tenemos un plan.

meto la cabeza en nuestra bolsa repleta de comida: hay burguesías que él pidió; hay verduras y frutas que yo sumé; hay un pollo asado, pero sé que no es para nosotros. es un pollo transacción. decido que la próxima semana traeré dos pollos asados transacción.

quiere contarme los detalles del plan. le hago preguntas para ir entendiéndolo.

solicitarán audiencia de sustitución de la medida de aseguramiento.

con el hombro así no puedo bañarme solo, me dice. se va la energía en las noches, me he despertado con el cpap apagado.

vendrá una visita de medicina legal para evaluarlo y evaluar sus condiciones de reclusión.

la doctora tiene que encontrarme jodido, por eso tengo las uñas así.

ay, viejo, pienso, y no digo nada, o hago otra pregunta, o saco una servilleta de nuestra bolsa de gravedad porosa y alimentos.

el dictamen médico forense de estado de salud valorará antecedentes y enfermedades actuales: apnea de sueño, úlcera gástrica, reflujo gastroesofágico asociado a hernia hiatal, fractura actual de húmero derecho.

el dictamen médico forense de estado de salud describirá hallazgos de su examen mental, neurológico; de cara, cabeza y cuello; de tórax, de extremidades: «lenguaje coherente sin alteración del contenido y curso, afecto triste, llanto fácil, adecuada introspección, juicio y raciocinio sin alternaciones...».

habrá marco teórico sobre el síndrome de la apnea obstructiva del sueño (saos), discusión de puntos listados y solicitudes de manejo neurológico, requerimiento de uso del dispositivo cpap, controles de ortopedia, dieta estricta, actividad física diaria controlada, sitio de habitación sin frío extremo, acceso a servicio de urgencia en caso de descompensación por la enfermedad del saos.

«[...] en sus actuales condiciones no permite fundamentar un estado grave por enfermedad o enfermedad muy grave incompatible con la vida en reclusión formal».

ante un juez, dictamen en mano —medicina legal, entidad adscrita a la fiscalía—, zetien se opondrá a cualquier reconsideración de la medida de aseguramiento de detención preventiva en establecimiento de reclusión.

dejo de hacer preguntas, el plan queda atrás, la tranquilidad que otorga la palabra *plan* se me desvanece.

mordemos manzanas, saco la ensalada que le preparé de almuerzo y se la muestro. más tarde, me dice, y se me acerca y me va contando con disimulo quiénes son éstos, tales otros, federico, eduardo, detenidos por la corrupción de odebrecht.

no creo que yo entonces supiera qué era odebrecht; no creo que ninguno de nosotros entonces lo supiera, ni siquiera por completo aquel federico o aquel eduardo.

giro en mi silla y busco, contra las paredes que forman el patio, a la madre y a la hija que entraron delante de mí. las encuentro sentadas junto a un tipo alto, carirredondo, que lleva una camiseta holgada y las escucha mientras come. ellas son la esposa y la hija de carlos garzón; tienes que saberlo, este tipo carlos ha sido mi ángel guardián.

miro a mi padre para saber si está usando la metáfora *ángel guardián* con ironía.

miro de nuevo al ángel también guardado. miro el cielo segmentado: parece tan lejos; pero es sólo el cielo de teusaquillo y el cielo de paloquemao, donde yo mismo vivo: un cielo cerca, cruzado el mío por cables de la luz, cruzado el de ellos por una malla metálica para evitar que escapen.

ahora sé también otra cosa: en el desvanecimiento de la palabra plan, volví a dudar de mi padre, porque tuve que imaginar la posibilidad de que se hubiera hecho daño para intentar salir de ahí.

¿cómo fuiste capaz de fracturarte un hombro a propósito?, quise preguntarle, o preguntarle más detalles del accidente, pedirle que me repitiera la secuencia de los hechos, indagarlo: ¿golpearte así, el maldito primer día? ¿por qué traes puestos unos zapatos que no son tuyos? ¿por qué no te distanciaste del alcalde moreno cuando apareció el primer rumor? ¿por qué no te comes la ensalada que te traje?

enloquecer yo también. allí en la reclusión también.

y supe, ese día, una última cosa: en la cárcel, la gente tiene derecho a querer escapar.

*

lunes. han pasado tres semanas. la mañana se muestra plena desde el cielo azul liso como lienzo inmaculado.

entonces les cae rumor de traslado.

carlos garzón, capitán retirado de la policía, ha trabajado en el inpec en programas de atención humanitaria al desmovilizado y en equipos de inteligencia como el ciap (central de inteligencia y análisis penitenciario) y el gruvi (grupo de verificación e inteligencia del inpec). conoce gentes. por ejemplo, la funcionaria del cti de la fiscalía que coordina aquellas transitorias. ella es quien lo busca y le cuenta. garzón le pregunta si álvarez también está en la lista. te aviso tu nombre, no otros nombres, carlos, nojoda.

el aviso llega cuatro horas antes de la hora de traslado. la incertidumbre da lugar a un debate de estrategia presidiaria: álvarez no quiere irse; garzón es de la idea contraria: deben arrancar juntos, él conoce la picota, incluso el patio en el que los recluirán, mejor asumir el traslado en parche, llegar en grupo grande, eso nos da seguridad.

garzón también tiene miedo; álvarez tiene miedo.

garzón sabe que hay amigos de él que los esperan en la picota, pero también imagina enemigos.

solo hay una cosa peor que estar detenido cuando estás detenido: haber sacado adelante, fracturado, las peores semanas de tu vida pública y privada, empezar a agarrar una rutina y que te caigan con rumor de traslado.

álvarez debe empezar pronto su fisioterapia. será más probable que el estado cumpla su deber de llevarlo a ellas si él está en el centro de la ciudad. para villamil, su abogado, para mi hermano abogado, para su socia dilia, abogada, para cualquier abogado, es más fácil visitarlo allí en paloquemao que en el extremo sur de la ciudad. por eso álvarez no quiere traslado. y porque tiene miedo.

el custodio aparece en la reja, grita la lista, son cinco. álvarez está entre los llamados. garzón le insiste: francis, camine. su insistencia es el chasquido mental de las cien conversaciones que han tenido acerca de cada palmo y operatividad del patio en la picota al que empiezan a llevarlos: ere-2 (establecimiento de reclusión especial dos), destinado a funcionarios y exfuncionarios sindicados.

álvarez resuelve confiar, corre, en un brazo, garzón le ayuda, le ayuda de nuevo, guardan lo que alcanzan en su maleta gris, a toda, francis, aseguran la máquina cpap, dos almohadas firmes, corren, el bus, las esposas pegadas a las varillas del bus los están esperando. álvarez las evita de nuevo porque brazo derecho en cabestrillo.

    la carrera los hace reír. garzón es una mezcla de expolicía, abogado, tipo recio y risafácil. mueren un tanto de los nervios: en los trompicones, en la gritería de la guardia que los apura, y sin acabar de descubrirlo pero empezando a vivirlo, garzón va haciendo del cuidado de álvarez su misión: cierto horizonte de sentido humanitario; el pragmatismo virtuoso, del comando de inteligencia penitenciaria, ahora sí del lado humanitario de la rejas.

tres traslados

recorrieron la ciudad en silencio. la gente en los carros en la vía les dedicaba un segundo más para placer del morbo.

la llegada a la picota en grupo, con garzón a la cabeza, pagó temprano: en la sala de ingresos de la torre administrativa del eron (establecimiento de reclusión del orden nacional) no los desnudaron ni los requisaron con sevicia.

pararon corto en otro espacio administrativo, discutieron el componente de seguridad del grupo y acordaron hacer el proceso de examen médico, psicológico y reseña al día siguiente, temprano en la mañana.

garzón negoció la primera dormida en costo cero: patio de extraditables, celda amplia, limpia, sólo para el grupo llegado y colchonetas nuevas. un acuerdo así, en código guardia, tasa en 2017 los dos millones de pesos.

la deferencia con garzón y su grupo de funcionaros y exfuncionarios sindicados, uno juez de setenta y pico de años, otro exdirector de cárcel de provincia, otro tramitador en tierra caliente, el fracturado en el hombro, mejor dicho, se concretó con invitación a pollo: tres mandaron a traer a la caseta en el penal.

el canero de turno regresó con los pollos en compañía de un teniente que se le acercó a garzón, lo llevó a la esquina opuesta de la celda donde se organizaban para dormir y le preguntó: ¿está de misión encubierta, comando?

las risas. al pollo.

en esas, gentil, bienportado, apareció en la puerta de la celda un malandrín extraditable que se hacía llamar valenciano y les fue alargando un teléfono por si alguien quería reportarse, llamar a sus casas.

galarza, tramitador en villavicencio, se puso de pie dándole las gracias a valenciano, se limpió la grasa del pollo en una servilleta y agarró el celular.

garzón lo cortó abrupto, le quitó el aparato, se lo regresó a valenciano, le dio las gracias y le dijo que allí nadie iba a llamar. valenciano se timbró, lo estaban ofendiendo, ustedes quiénes son. garzón le devolvió ¿usted con quién trabaja? valenciano se sorprendió, pero dijo firme douglas, y como que hirvió en la sangre. garzón caminó hasta la reja, le pidió al guardia que les trajera pines y de regreso le dijo a valenciano que iba a llamar a douglas para verificar jerarquía. valenciano caminó hacia atrás, dio las buenas noches y fue saliendo de la celda, discreto.

nunca usen el celular de nadie pa llamar y menos a sus familias, sólo pines. así es que agarran números y al directorio de extorsiones, les dijo garzón.

álvarez pasó saliva.

durmieron asombrosamente bien. álvarez horizontal por primera vez en semanas porque no encontraron cómo ponerlo semisentado.

la mañana siguiente se les fue en examen médico, entrevista con psicólogo y reseña.

en los pasillos del tránsito administrativo coincidieron con un ladronzuelo de mediana edad que había alcanzado a ser policía en su primera juventud y echaba cuentos pa risas. era en esencia un apartamentero repleto de ética: encontraba con frecuencia mascotas dejadas y lo primero que hacía era darles de comer; nunca se metía a oler en los cajones de la ropa interior de sus robados; se tenía prohibido romper cosas o desordenar como loco. cuando iba al trabajo dejaba a su hijo adolescente en el carro de escape esperándolo en compañía de un buen libro.

lo escuchaban y reían. parecía sincero. y también era un performer endiablado. álvarez le aconsejó que al salir montara servicio de cerrajería con cuentería. las risas.

así les pasó la tarde y nada. hacia las 4:45 p. m. garzón empezó a preocuparse: drenar al preso en el tránsito administrativo, alargárselo, era (es) método de la guardia para medirle y sacarle dinero. en el caso de ellos, él esperaba que no lo hicieran, por eso imaginó que algo raro ocurría; se iba la luz del día y no había señal de moverlos al patio correspondiente. ¿valenciano? ni pensarlo. ni cómo dejar de pensarlo.

a las 6:30 p. m. empezó a diluviar. a las 6:45 p. m. les avisaron que en quince minutos salían para el ere. a las 6:50 el ladrón modelo le suplicó a álvarez que lo llevaran con ellos. a las 6:52 álvarez le preguntó a garzón si podían intentarlo y éste no podía creer lo que álvarez le estaba pidiendo. a las 6:55 mermó la lluvia.

*

salieron del eron flanqueados por los hilos dorados de agua de los postes de luz a los costados del camino de tierra.

llegaba el fin de sus tránsitos. una mano adelante, la otra atrás, iban en fila de esposados, y en los pies el chapaleo del barro correccional.

álvarez iba de penúltimo, sin esposar porque cabestrillo, apenas adelante del sargento de apoyo, picándole el oído en giros leves que hacía para renegarle por haberle puesto esposas al juez de setenta y pico de años que iba justo delante de él, último en la fila de amarrados, sufriendo para avanzar sin dejar caer su colchoneta y sus pertenencias.

el sargento dijo protocolo y quiso desentenderse.

álvarez, sin embargo, lo intenseó y no paró de presionarlo: mire lo que está haciéndole.

félix, el juez, detenía la marcha, abría las piernas, medio se acurrucaba, apretaba la axila derecha para no dejar que se le resbalara la colchoneta y apoyaba su bolsa de cosas en el piso mojado, agarrando fuerzas.

álvarez pegó un grito, la fila de esposados intentó girarse: este desgraciado quiere hacer caer a félix, alguien llévele la colchoneta.

el sargento se acercó entonces al juez y lo soltó de las esposas. álvarez jaló la colchoneta de la axila del anciano y sin que el oficial pudiera chistar se la puso contra el pecho. tome, ayude, gracias.

a diez pasos de la garita de control y entrada a los patios ere-1 y ere-2 vieron la puerta abrirse y aparecer, debajo del bombillo del tejado, el rostro mofletudo de vargas, pabellonero de turno esperándolos.

vargas sabía ya quiénes venían y recordaba a garzón: había sido uno de los oficiales responsables de su traslado en 2010 a la cárcel de ternera en cartagena, de donde había vuelto hacía un par de meses luego de su peor experiencia laboral en los doce años que llevaba como custodio del inpec.

y así como lo recordaba se lo fue botando a garzón recién lo tuvo al frente: ¿usted no se acuerda de mí? garzón se excusó. no lo recordaba. le dijo que él entonces estaba estudiando, que casi había perdido su hogar y que sus hijos se habían quedado sin colegio porque no se los había podido llevar para cartagena ni casi apoyarlos a la distancia. todo por un chisme, señor, yo no era corrupto, yo no estaba dentro de esos diez dragoneantes en la modelo que robaban con pines, pero usted resolvió que sí.

mierda, pensaron los que alcanzaron a escuchar, como escondiéndose detrás de la espalda de garzón para no quedar fichados por su nuevo vigilante de encierro.

garzón balbuceó, le dijo que recordaba el caso, pero no su nombre, que lo perdonara, en ese 2014 él sólo estaba haciendo su trabajo, así como el propio vargas ahora hacía el suyo.

vargas le estiró la mano, asintió con el corazón limpio, le dijo que así era, ambos nomás estaban haciendo su trabajo. saludó al sargento y al guardia en cabeza del grupo y les pidió a los llegados que lo siguieran para reseñar su entrada al patio.

una vez cruzaron el umbral del patio empezaron los gritos desde las rejas de los pasillos a los costados: ¡échenlos, jueputa, los vamos a violar! se agolpaban en las barras, con pasamontañas en la cabeza, fingiendo cuchillos. ellos habían sido advertidos por garzón de aquellos teatros rudos de iniciación y desparche; igual, el corazón les palpitó desbocado.

vargas le dijo a garzón que lo estaban esperando arriba, en el pasillo cuatro. garzón saltó con velocidad las escaleras que conocía y subió. quería avisar que venía con álvarez. volvió a bajar después de un minuto de haber hecho contacto y encontró a álvarez pálido y asustado: maestro, usted hijueputa no me deje solo. los gritos del teatro macho intimidador empezaban a mermar.

vargas fue llamando nombres y distribuyendo a los cinco llegados en las celdas de los distintos alerones o pasillos: quedan en carretera, les comunicó: de terceros en una celda para dos a la espera de turno para tener derecho a plancha. mientras tanto, los rigores de dormir colchoneta al piso.

vargas dejó a garzón y a álvarez para el final y les dijo: no se metan al pasillo cuatro donde está kiko; ahí siempre hay rascadas intensas.

álvarez miró a garzón. requisas, francis, le dijo su ángel descifrador.

¿kiko?, preguntó álvarez. kiko gómez, el exgobernador de la guajira.

garzón recibió invitación a quedar en carretera (de tercero) en la celda de paya, alcalde de puerto leguízamo e hijo de una gobernadora indígena amiga de su familia.

álvarez quedó en carretera en la celda de un mayor retirado de la policía de apellido chávez. el segundo en la celda era un malacaroso que ni quiso presentarse.

todos odiaban (odian) tener a un tercero en su celda: nadie quiere a sus pies la materialización del hacinamiento.

álvarez necesitaba encontrar la manera de dormir semisentado. garzón le explicó el problema a vargas y le pidió permiso para mirar en el patio a ver si veían solución. la dormilona, dijo chávez, y fueron a traer una de las sillas de madera para las visitas hechas allí en la carpintería del patio.

acomodar la dormilona en la celda, de tal modo que el cable de la máquina cpap quedara enchufado sin riesgo de desconectarse si alguien se paraba y salía, fue difícil. luego peor acomodarle a álvarez las almohadas duras de tal modo que no fuera a resbalarse y quedara cubierto para evitar el frío. veinte minutos.

garzón salió de la celda del mayor (r) chávez agotado en busca del teléfono a la entrada del pasillo para llamar a su esposa. iba satisfecho por haber conseguido acomodar a álvarez. llevaba tres minutos con el auricular en la oreja cuando lo vio aparecer junto a su cabestrillo en el corredor camino al baño. le abrió un brazo en señal de qué estás haciendo, francis. álvarez lo saludó. garzón se frotó la frente y le contó a su esposa. no sabía si rabiar o reír. era un agotamiento que no había conocido antes en su vida.

comprensión de capitales

te dicen: hay un código de patio. y también: el patio entero es el código.

lo buscas: en los inodoros desportillados de los baños; al final de los pasillos en las cocinetas que arman en los alerones uno, dos y tres; en la alberca para lavar la ropa, en sus turnos, al fondo del patio; en las cuerdas y puntillas para colgar la ropa lavada, que están marcadas: no hay peor rabia, para el detenido del patio que te ha tocado en destino, que encontrar ocupada su puntilla y su cuerda de la ropa, te dicen.

te dicen hay que saber estar.

lo buscas, pero buscar no es el verbo.

te dicen no estás entendiendo: el código es el temperamento de tu patio y tu patio es la gente y su estado de ánimo; no es lo mismo estar rodeado de delincuencia común que estar rodeado de delincuentes de cuello blanco, te dicen.

sospechas, pero no sabes con exactitud qué es lo que sospechas.

dibujas en tu mente el complejo carcelario entero en el que ahora estás incrustado. (por gracia de las informaciones de garzón, quizás ya venías incrustado de antes.)

en las moles bien pintadas de trece pisos, que componen el eron, imaginas el infierno de celdas de seis planchas-camarotes y más cuerpos de sujetos empobrecidos ocupando los espacios del suelo a la hora de dormir: diez chicos en una celda; trece muchachos desnutridos en una celda; quince pelados condenados por delitos menores en una celda. a ellos los llaman delincuencia común.

al costado sur de tu patio ves el ere-3, un bloque compacto de tres pisos, paredes grises, tubos externos naranjas y celdas de ventanillas redondas destinado hoy para la reinserción a la vida civil de excombatientes: guerrilleros desmovilizados de manera individual y paramilitares acogidos al proceso de justicia y paz (marco jurídico iniciado en 2005 para su desmovilización). actores del conflicto.

al costado norte de tu patio están los pas a y pas b, pabellones de alta seguridad: doble cerca, doble alambrado de púas, ventanillas diminutas para el aire, un patio apenas descubierto y encima de lo descubierto, rejas. allí conviven también excombatientes, pero con particularidades: imputados por nuevos delitos y en tránsito de definirse si continúan o no en jurisdicciones transicionales; desmovilizados con riesgo alto de seguridad. asimismo, narcos o altos rangos de organizaciones criminales hoy (¿hoy?) agrupados como *extraditables*.

al límite sur de los predios del complejo enfocas la zona construida más extensa donde se juntan, en casitas de un piso y pequeñas zonas verdes internas, una variedad de estancias: granjas y marraneras para el trabajo de excombatientes; casonas para detenidos en mínima seguridad, que es cuando empiezas a terminar de cumplir tu pena y te acercas a la salida con permisos periódicos. allí también el parqueadero, las casas y los pastos verdes del ere-sur, el patio de políticos influyentes y resguardo de sus privilegios de clase y gremio.

los *eres* (ere-1, ere-2 y ere-sur) son «establecimientos de reclusión especial» destinados a funcionarios o exfuncionarios cuyos servicios al estado, indica el código penitenciario y carcelario, pueden significarles riesgos que van más allá de los que están obligados a soportar por estar detenidos. aforados, exministros, exgobernadores, altos directivos del estado pasan por un «estudio técnico de nivel de riesgo para personas privadas de la libertad». siempre los clasifican en nivel uno. aún más: cuando se trata de generales, de poderosos todavía mejor conectados o de informantes estratégicos para la fiscalía, sus razones ya no son de seguridad sino de ultraseguridad, y para eso la picota tiene extensiones: el batallón de artillería #13, la escuela de caballería del ejército nacional, el centro de estudios superiores de la policía nacional.

en estos ultralugares, así como en el ere-sur, sí aplica el reglamento penitenciario, nomás que aplican también los *permisos especiales y permanentes*: privilegios de la ultraseguridad.

con el pasar de los días concretas entonces dos sospechas:

sí hay un tal temperamento, en tu patio y en el ere-1 (tu patio espejo); también, por los rumores que te circulan entre las voces de la guardia y las voces de visita de tu variedad de abogados (el abogado-abogado, el abogado-hijo, los abogados-amigos), temperamentos, miserias y alivios hay en cada patio, sólo que su factor determinante te parece menos el tipo de delitos por los que están allí y más el hecho de estar en calidad de sindicados o condenados. (para no hablar de las «exenciones de ultraseguridad».)

y también sospechas: la diferencia entre un patio de delincuencia común y un patio de delincuencia organizada viene de afuera, de antes, desde la posición del estado frente a estas conductas y según los volúmenes de dinero y los tipos de capital que estas conductas producen.

y afinas tus sospechas: no puedes comprender el código de un patio sin considerar la constante carcelaria constitutiva: el cuerpo de custodios del inpec; el inpec todo como sistema penitenciario y carcelario; la cultura punitivista de la sociedad que engendra dicha forma de cultura.

cada cepa de patio es la materialización de una fuerza que vive afuera: la pobreza llana; la corrupción de élites urbanas, regionales, nacientes o antiguas; la oportunidad de rentas ilegales; el conflicto armado; la guerra contra el narcotráfico. la materialización ocurre en los primeros contactos del detenido con la gestión de corrupciones blandas y duras según jerarquías del inpec.

lo invisible a la vista del mundo: códigos de patio.

*

garzón te encuentra meditando en la hierba fresca al inicio de la mañana antes de la contada y piensa: ve, francis gestionó rápido el código.

se da cuenta porque baja las escaleras y pasa por las rejas de la salida y ve a un parche amontonado mirando hacia afuera: estás ahí, sentado de espaldas, flor de loto, sobre la hierba, sin zapatos, los brazos y las manos reposando sobre los muslos.

la hierba fresca está en el perímetro del patio, entre la mole que propiamente compone los ere-1 y ere-2 y la cerca altísima que en rigor concreta el encierro.

luego de la contada, garzón te pide detalles. le cuentas: es la concesión de una hora que gestionaste con vargas y te dijo que sí, sin pensarlo mucho, y más que nada porque nadie nunca había querido salirse a las 5:30 a. m. ahí afuera a sentarse en la hierba fresca a meditar.

vargas te pregunta qué quieres decir con meditar. empiezan a conversar.

garzón se sorprende con tu movida y casi casi siente orgullo. y cierto ánimo que le falta porque le falta todo y su vida se desmorona y en esos muy primeros días le cuesta levantarse a pesar de estar en carretera, cuando es usual que a las 5:10 a. m. te saquen de la celda al corredor a empellones.

por unas horas, a raíz de este motivo, garzón recibe aire y se concentra entonces en continuar tu formación: analiza contigo nociones carcelarias básicas que decide llamar *capitales*. (si hubieras seguido siendo trotskista habrías escuchado *superestructura*. ¿o *infraestructura*?)

capital económico: dinero llano. pero no quieres mostrar que tienes o te va a salir caro moverte; y no quieres no tener, o dejar de mostrar que tienes, porque esa presencia o ausencia, primero como fantasma, hará la diferencia entre tener aura de seguridad y seguridad, o ganarte la disminución de riesgos de otra manera.

capital por manejo de rentas ilícitas: son muchachos operadores de riesgos y fricciones. cuando se necesita, reciben las sanciones; cuando alguien necesita algo, cotizan y gestionan;

sus manos, en tu patio, son los eslabones directos que tratan con la guardia y su reino exterior.

capital relacional: verbos. dar consejo, asesorar, escuchar; hacer una que otra llamada oportuna y diligente. pronto, junto a garzón, montan una pequeña sociedad (oficina) de servicios varios: dan información de qué hacer respecto a un comparendo; ayudan a preparar los documentos de soldados y policías organizándose para presentarse a la jep —que había sido aprobada en el congreso y se alistaba para empezar funciones—; leen cosas legales para algunos de sus compañeros de patio y opinan acerca de si deben o no cambiar de abogado, el dilema metafísico de todo detenido.

ingresos por trabajos manuales o varios: ambos eres tienen gimnasio y un taller de maderas bien equipado. el acceso a horas de trabajo en el taller es disputado, porque son horas que redimen pena pero también un espacio de producción de piezas de todo tipo para la venta: parqués personalizados, canastas para los huevos en forma de gallinas, repisas y mesas de noche para las celdas, engalles varios para las celdas de detenidos dueños de otros capitales.

en esta franja están los servicios varios de greca para tintos y aromáticas, la venta al menudeo de galguerías en pasillo por fuera del horario del caspete y los carritos.

mayor chávez, ¿quiénes serán esos dos pelados? vengo viendo que salen al patio cada vez que yo salgo.

no se preocupe, doctor, son mis carritos, amigos míos, les pedí que me lo cuiden en estos primeros días mientras se asienta.

prefieres no tener gente *cuidándote*, pero antes de resolverte y decírselo al mayor (r), éste se ha esfumado.

*

garzón y álvarez procuran hallarse en el código y sus capitales: analizan, estrategan; ambos confirman en el otro confianza suficiente y talento para complotar.

álvarez está convencido de que la fiscalía necesita seguir haciéndolo caer, empeorarle las cosas, y le advierte a garzón la necesidad de que ambos se mantengan muy al margen de las rentas ilícitas. no agarran servicio de celular (en un primer largo momento). tampoco se toman un trago de whisky por más que les ofrece el pluma pluma del patio, francisco gómez cerchar (kiko gómez), exgobernador del departamento de la guajira, condenado por varios homicidios, uno de ellos el del concejal luis lópez en 1997. su celda tiene en la puerta de entrada una k gigante labrada en madera. ¿capital otro de qué tipo?

garzón lee su proceso como un exabrupto injusto y guarda la esperanza de salir de allí pronto, así que acompaña la premisa de álvarez y se invierte en la sociedad (oficina) de servicios varios, que es la manera que acuerdan de construir capital relacional.

al tercer día, luego de peinar el patio de arriba a abajo y aún en proceso de asimilar el millón de datos detrás de los códigos del espacio, álvarez se detiene en el ventanal sucio del salón al lado de la biblioteca y piensa: qué desperdicio. pupitres de madera rotos y arrumados unos encima de otros en una esquina desperdiciada que dice dejadez; y también piensa: ¿para qué barrotes en un salón dentro de un patio cercado dentro de un complejo carcelario cercado? toca la chapa. tratar de entrar. el salón está con llave.

esa noche, garzón ha conseguido averiguar lo siguiente: el salón lo hizo dañar el mismo que está a cargo de la biblioteca, que es el hueco cerrado con candado al lado del salón y debajo de las escaleras; ahí en la biblioteca inutilizada el tipo guarda los balones de mariguana que comercia. garzón sonríe y le enseña a álvarez la llave para abrir el salón.

mañana lo desempolvamos, se dicen. luego garzón acompaña a álvarez a su celda para dejarlo incrustado en la dormilona.

la mañana del día siguiente acaba con álvarez sentado leyendo en la esquina iluminada del salón perfectamente aireado y trapeado, allí seis pupitres rescatados ubicados sobre una alfombra limpia que estorbaba en una celda y se las regalaron.

garzón debe tres almuerzos en cocina privada a las manos que contrataron para la tarea. a las 12:30 busca a álvarez en el salón y le dice camine, vamos a pagar almuerzos, pero álvarez lo hace entrar y le pide que les duplique los almuerzos a los soldados con la condición de que se los puedan pagar en los dos días siguientes, no ese día.

hoy comemos con todos en el wimpy, le dice álvarez apropiado de palabras.

garzón le abre los ojos.

tenemos una sala de lectura que promocionar, termina su francis.

*

en otro frente, al final de la primera semana, la compra de turno para acceder a celda y dejar de estar en carretera se les cotiza cara: álvarez está mamado de dormir en dormilona y mamado está del operativo cada noche para acomodarse semisentado en la maldita dormilona. esa necesidad suya, agravada por el hecho de estar fracturado, se conoce. les creen oler capital económico y les cotizan caribe.

garzón aparece con dos opciones de celda y la petición de millones: si no agarramos la del alerón cuatro donde están kiko y el gato, nos la va a quitar melo.

josé elías melo, expresidente de corficolombiana, investigado en este momento de 2017 por la corrupción de odebrecht/aval, acaba de llegar en detención preventiva, no quiere saber de carretera y terceros en celda y ya está en el mercado pagando por la suya.

álvarez le dice a garzón no, aguantemos una o dos semanas más. entonces estarán cerca de su turno para celda, el precio bajará y negociarán mejor.

garzón lo escruta: pensé que estabas mamado de la dormilona.

álvarez asiente. está mamado de la dormilona y del segundo en la celda del mayor (r) chávez. ahora, lo que es el mayor, se ha portado generoso, incluso lo ha ayudado a bañarse porque con la fractura se le dificulta.

(álvarez le escuchó su relato: lo asociaron en interceptaciones telefónicas con unas amistades que tenía y lo acusaron de tráfico, porte y fabricación de estupefacientes; dijeron que había movido un cargamento desde el cauca y lo agarraron. asustado, sin cabeza fría ni acceso a una buena defensa inmediata, chávez acabó negociando y aceptando un preacuerdo con la fiscalía para no perderse la infancia de su niño de tres años, luz de sus ojos. cuando terminó de contar, chávez se echó a llorar. había llorado tantas veces.)

después de asentir, álvarez le dice a garzón: hemos hecho mucho gasto de caspete y hemos aceptado demasiada comida de los plumas, de aquí en adelante dos o tres veces por semana almorzamos en el wimpy junto al resto del patio.

garzón no lo puede creer. va a alegarle. él también está mamado de andar de carretera y esa comida... pero se detiene, piensa, repara en lo que álvarez no le dice y está allí: la construcción de su capital relacional es también dominar la exhibición de sus posibilidades económicas.

francis, usted es muy comando.

de ahí y para siempre, garzón le dirá a álvarez en público «francis», y en privado «comando». de ahí y para siempre álvarez hablará de garzón como su ángel guardián en el carcelazo. no le importará la ironía en la metáfora.

*

el día 21 deciden invertir en agarrar celda. están a pocos días de su turno para dejar la carretera y han causado suficiente desconcierto al llevar tanto sin habitáculo propio habiendo planchas en oferta.

la opción presente está en el alerón cuatro, el mismo de los plumas, con la ventaja de que allí no hay cocinetas privadas al final del pasillo y sus olores diarios de almuerzo, y la desventaja de que por ser el pasillo de los plumas, suele haber más rascadas (requisas) o simulacros de rascadas, y en general hay que estar muy en el humor de ellos o quién sabe.

garzón está seguro de que es el momento porque es buena celda y él sabe cómo manejar a kiko, lo conoce de antes. álvarez sigue con dudas, pero no puede precisarlas.

pagan poco, agarran llave, sacan el tv y el decodificador de directv que viene con la celda y le meten una limpiada con químicos que parece que la quisieran pelar.

esa noche cumplen veintidós días en la picota y celebran con un litro de jugo natural de mora que mandan a hacer al licuadora que vive allí también en el alerón cuatro.

las moras frescas las compran de una de las dos neveras de los plumas. sólo los plumas tienen neveras. ellos pagan lo que valen. cada semana.

se relamen después de terminar la jarra de jugo. prueban el directv y funciona como una máquina de maravillas de otro siglo. el piso de la celda les ha quedado tan limpio que quieren cenar allí. ríen al considerarlo, y de inmediato se aploman: con el suelo de las celdas no se juega; allí el preso pierde la cabeza.

álvarez se organiza para dormir: va al baño, toma su pastilla de melatonina, medita, se enchufa a la mascarilla de su máquina cpap. está a punto de caer cuando siente que algo golpea el piso reluciente. es garzón en medias, que ha bajado de su camarote de un salto porque tanto jugo de mora le llenó la vejiga. álvarez se emberraca. a partir de mañana en esta celda hay reglas, la primera, ir a mear antes de dormir. garzón se ríe. sale en silencio.

al día siguiente terminan de desayunar fruta picada y discuten las reglas de la celda (garzón las escucha), de atrás para adelante: hora de apagar el televisor y la luz, 10:15 p. m.; hora de la telenovela *tarde lo conocí* (sobre la vida de la cantante y compositora vallenata patricia teherán), 9 p. m.; hora de sentarse a cenar, 7:30 p. m.; horario de charlas varias de pasillo, juegos de mesa o lectura en celda: desde la empasillada a las 4:30 p. m. hasta la hora de sentarse a cenar.

en la mañana la cosa la simplifican: no vale volverse a la plancha después de la contada a las 7 a. m. a menos de que haya enfermedad o preceda noche de insomnio.

el aconductamiento que álvarez intenta con garzón tiene facetas. la más difícil de todas es su intento por aplomarlo en las conversaciones de pasillo y patio de tal modo que deje de usar sinónimos de gay para el humor y el insulto fácil. hay otra más sencilla: en ella ambos se encuentran a plenitud: trapear a diario, mantener la celda impecable.

la vida toma aire. luego de mes y medio o dos meses esa vida vuelve a ocurrirles como una rutina tolerable: álvarez consigue salir a sus fisioterapias y repetirlas con dolor y esperanza allí en su celda inmaculada donde cada vez duerme mejor y el hombro va recuperando su movilidad; la esposa de garzón consigue trabajo y en el colegio de los niños les ayudan con una beca de auxilio por seis meses, con lo cual aligeran sus presiones económicas.

en la casa de álvarez nadie depende económicamente de él. no tener ese peso en la cabeza quizás sea lo que lo salva de empeorar en cualquiera de sus dolencias.

la vida les agarra aire.

en el pasillo cuatro hay un baño fuera de funcionamiento. averiguan: hace más de un año el inodoro del baño tuvo un daño, en el pasillo no estaban entonces los plumas, nadie pudo poner de acuerdo a los detenidos del pasillo para recolectar dinero y arreglarlo y fue deteriorándose más allá del primer daño. lo hicieron bodega aprovechando que tenía puerta con llave. clausurado.

álvarez y garzón proponen colecta para remodelarlo y que puedan usarlo quienes inviertan en su arreglo. piensan que será fácil sumar gente, pero no, ni siquiera a los plumas les suena el esfuerzo. es para tener baño privado, les insiste álvarez, que no entiende cómo pueden no querer tener un baño con puerta y llave, con ducha eléctrica y agua caliente, para usar sin turnos, sin límite de tiempo, no entiende.

nadie.

álvarez lo discute con garzón: gastan tanto en otras cosas.

garzón piensa que tiene que ver con el tipo de lujo que es un baño en comparación con el tipo de lujo que es una comida. cuando les sobra, o cuando quieren, bajo su control e interés, los plumas o los funcionarios de alto nivel pueden compartir comida. el baño, en cambio, se trata de un privilegio permanente con el que no hay juego: no vas a decirle a alguien que por esto o lo otro, dos días de tal semana, puede usar tu baño.

álvarez encuentra agudo el análisis de garzón. hacen una cotización de cuánto cuesta arreglarlo y en vez de buscar cinco o seis aportantes, abren licitación a quince, un número gigante considerando que en el pasillo hay cincuenta y siete personas detenidas.

al tiempo que miran si se hacen los arreglos del baño, garzón y álvarez montan un sencillo esquema de reciclaje de las botellas de plástico y cartones. escriben los procedimientos, los imprimen, los pegan en la pared donde solía haber una sola bolsa de basura. convencen a la guardia de la sacada organizada del material. reciclar es de maricas, oyen que rumorean unos cuantos expolicías en el pasillo dos. bajan a ese pasillo. hablan con un grupo. les explican lo que puede hacer el reciclaje allí adentro por todos ellos encerrados.

paralelo a esto, avanzan su oficina (sociedad) de ayudas varias.

dado que entonces crecen los rumores acerca de la entrada en operación de la jep, muchos soldados y policías empiezan a esperanzarse con lo que pueda haber allí para sus distintas situaciones judiciales. garzón es quien más puede ayudar dada su experiencia en justicia y paz, pero es un tema delicado, requiere de trabajo caso por caso y no saben, en un primer momento, cómo aproximarlo. escuchan, van catalogando a los sujetos que se les acercan, necesitan conocerlos, poder confiar en ellos.

para comprar tiempo, y también porque están convencidos de que es otra forma de ayudarlos a que no pasen las horas de patio alrededor de las mesas de juego apostando dinero, a cada policía y soldado raso que se les acerca (para tantearlos también) le proponen que lea un libro. o medio.

recelosos, algunos aceptan, y al tiempo que aceptan descubren un nuevo problema: los libros de la biblioteca no los prestan.

¿cómo que no los prestan?

espinosa, el tipo de la biblioteca, no presta libros.

álvarez y garzón se miran y saben que han abierto un pliegue más de averiguación en sus cuitas de complot.

gilberto vargas, varguitas, canero

gilberto vargas, varguitas, dijo con orgullo tenso soy del barrio lucero alto en ciudad bolívar hasta el día en que a él y a su hermano los amenazaron de muerte y tuvieron que huir de allí.

nunca más uniforme institucional cerca del lugar de residencia, aprendieron.

su hermano fue su senda y su espiral de confianza: a él le fue mal en el ejército, así que gilberto se dio mañanas y compró la libreta porque no quiso la tortura de prestar servicio obligatorio; luego vio a su hermano montado en moto al segundo año de trabajo como dragoneante y se dijo canero seré también. cuando su hermano encontraba armas encaletadas las reportaba y las entregaba, y asimismo aprendió él.

luego del bachillerato, tras un par de años en vigilancia privada y otros rigores de barrio popular, gilberto entró en 2002 al curso de la escuela penitenciaria nacional en su segundo intento y estudió disciplinado rutina carcelaria, armamento, operaciones especiales. de allí salió cargando sus primeras oscuridades: desconfiar de todo el mundo. y también: aquel detrás de las rejas es malo malo malo.

cumplió seis meses de formación teórica y entró a principios de 2003 a práctica en la cárcel la modelo una mañana de requisa general en contada: ochocientos muchachos en la cancha de micro que bien podrían ser pelados con los que él había crecido en lucero alto, amontonados, tambaleantes. vio caras tristes, resentidas, drogadictas. sintió terror, quiso dejar caer su bolillo, salirse del uniforme, dejar de temblar en las piernas. los custodios eran pocos. esos pelados eran infinitos.

el trabajo en la modelo le reveló el mundo al revés. si el instructivo impreso que había estudiado hablaba de revisar las colchonetas y buscar huecos en las paredes, sus colegas de camuflaje azul trozaban unas y martillaban las otras. de una de sus primeras rascadas vargas salió dichoso con diez peinetas de fama, afiladas con esmero, miedosas, me enguaqué, pensó, ¡un positivo!, mejor dicho, pero cuando llegó con su superior éste le dijo no, vargas, eso pa qué.

la modelo era entonces una hoguera apagándose. el lado sur estaba en poder de paramilitares y exjefes de sicarios de carteles; el lado norte era de los guerrilleros. toda la delincuencia, común o de alcurnia, agarraba un bando u otro según el billete que tuviera porque así exigía la temperatura de esos reinos en armas: guacharacas, pistolas, fusiles; verdad de dios que hasta ak-47 fueron vistas.

fueron tres años de terror: entre 2000 y 2002 hubo combates, asaltos con granadas, ajusticiamientos y denuncias de familiares de personas que entraban como visitantes y no volvían a aparecer. el detonante ocurrió en las horas siguientes a la mañana del 27 de abril del año 2000, cuando la aparición del cuerpo desmembrado de un recluso en una alcantarilla del penal desató una guerra en el ala sur que acabó extendiéndose por voluntad y coordinación de los jefes paramilitares. una vez éstos tuvieron control del ala, luego de asesinar a varios de los reclusos del patio cuatro, quisieron pasarse al ala norte. llegó antes el operativo de retoma de la policía. mil y pico de efectivos que extrañamente se ensañaron con el ala norte donde no había enfrentamientos: destruyeron las pertenencias de los guerrilleros y acabaron vertiéndoles pintura en el agua y en la comida. treinta y seis horas dejaron treinta y dos muertos. un año después, un comité de derechos humanos seguía denunciando la desaparición de diecisiete internos del patio cuatro. (en junio de 2021, la impunidad alrededor de estos hechos y años de horror llegó a la jep. ahí sigue su curso de disolución en el tiempo y la memoria.)

en agosto de 2003 desocuparon el ala de la guerrilla y llevaron a los presos para la picota, que abría pabellones. *descongestión*, le llamaron, pero todo el mundo leyó el intento de borrar los hedores violentos de aquellos años de guerra adentro de las paredes de una institución del estado. luego, temprano en 2004, trasladaron a los paramilitares y narcos del ala norte al ala sur. sólo así consiguieron entrar con calma al fortín norte tapiado en armas.

vargas estuvo entre los dragoneantes que entraron. había aprendido a dar martillo en las paredes huecas. estaba justo con su hermano. pam, pam, pam, le pegaron a una pared debajo de una plancha en una celda del patio 2b y hueco. trabajaron el hueco con cuidado. fueron apareciendo los brillos rectos de una mini uzi y tres proveedores llenos.

un tercer guardia apareció en la celda en la que estaban. uy, caneros, se enguacaron, y les fue sugiriendo la ruta de venta, nada de ir a entregarla. a varguitas le temblaban las manos. el vargas mayor también tuvo miedo, pero del tercer guardia, que podía contar quiénes eran los uniformados que habían entregado tal valor en vez de hacer lo aceptado y menos riesgoso: revendérsela a su dueño paraco.

los hermanos vargas le dieron vueltas al guardia, lo mandaron a ayudar a distraer a otros, se dieron un vuelto y llegaron directo a la minuta del operativo para consignar. recibieron tres días de vacaciones.

pasó el tiempo y la inercia de los problemas carcelarios puso a los hermanos vargas, junto a otro grupo de custodios, en el radar de inspectores y agentes especiales. uno de ellos, el oficial carlos garzón. así les cayó traslado en 2010 y los mandaron a la cárcel de ternera al norte de cartagena, vía turbaco. llegaron y los marcaron fácil: rolos. la mayoría de detenidos eran de la banda de los paisas, pero a partir de 2012 y 2013 sus jefes empezaron a caer, con lo cual otros ascendieron y llegaron a trabajar la nómina delincuencial de la cárcel, esos nuevos llamados urabeños y rastrojos. millones mensuales valía esa nómina, y sus beneficiarios empezaron a llamarse cartageneros y alguien tenía que dejarla entrar. a todo había que darle manejo, porque si uno no le daba manejo, iban y lo sicariaban con moto, recuerda vargas.

un día, la entrada de la nómina se la ofrecieron a vargas. usted se ve serio, le dijeron, y serio también vargas le dio manejo: no, señor urabeño, gracias, yo apenas soy dragoneante, a mí me rotan todo el tiempo, un día no estoy aquí y no le puedo meter su plata y a usted va y le entran ganas de matarme. hizo lo que habría hecho su hermano, pero su hermano ya no estaba allí para acompañarlo. había sufrido un accidente en moto recién llegaron en 2010 y estaba de vuelta en bogotá.

en el segundo semestre de 2013 hubo ceremonias de paz. los cartageneros entregaron armas, nueve milímetros, entradas a través de las maderas; los paisas, mermados, presentaron un poco de cuchillos también. días después, ¡zuas!, se revolucionó todo: intento de motín, a correr caneros con los libros, los cartageneros queriendo acabar con los paisas, los paisas habían guardado armas, muertos aquí y allá, mejor dicho. los cartageneros ganaron y que ahora sí a denunciar la corrupción para acabarla: vienen entonces estas desgracias y nos nombran a nosotros, a los rolos, que dizque éramos de los paisas, que metíamos armas, y no señalan a un solo guardia oriundo de la costa, me rayaron el nombre hasta en olímpica estéreo.

vargas camina entonces al patio y encara a los caciques cartageneros, les pone una denuncia en la fiscalía, saca a su familia de la ciudad, habla con el director del penal y consigue que a un par de los líderes del motín los trasladen a cómbita. me tocó encuartelarme diez días en las oficinas administrativas de la cárcel; estaba seguro de que iban a matarme, me calenté horrible, eso ni podía dormir de los nervios.

semanas después, decidido a renunciar al inpec ya que no encontraba un músculo más que estresarse y no sabía dónde más esconderse, un primo suyo en la policía le consiguió el regreso a bogotá. vargas le recibió la noticia en un charco de lágrimas. verdad de dios que la vida se le estaba pudriendo en bajada.

*

vargas ve a garzón y ya no quiere más en su mente las oleadas de hoguera de sus años en la cárcel de ternera.

sin embargo, le cuesta. algo que no sabe qué nombre ponerle le mantiene vivas esas llamaradas de rencor hacia el oficial que propició su traslado.

cuando empezó en la modelo, el aire le decía menos mal no estuviste acá entre 2000 y 2002, porque vimos morir gente y matamos gente.

pero sus años en la cárcel de ternera fueron equivalentes: bandas de delincuencia organizada en control de un penal insalubre y putrefacto.

y la guardia, un aceite más para proveer alivios a cambio de dinero: darle a la pena del penado el manejo que casi nadie más en el estado o en la sociedad civil se ocupa de brindar. algún consuelo.

garzón intuye el fuego todavía en vargas, lo discute con álvarez, ahí tienen otra sutura que atender.

álvarez le dice que no se preocupe. él mismo y los de su casa ya empezaron a ayudarle a vargas con sus estudios sabatinos en contaduría y finanzas. pactaron sesión a la semana para discutir lecturas y problemas y, los ojos que estén en la computadora de la casa, le revisarán los trabajos antes de que le llegue la fecha de entregarlos.

ambos se sorprenden. garzón de primero se sorprende: en pocas semanas, álvarez comando ya tiene algo cierto para reciprocar todo lo que garzón ha hecho por él.

un día acuerdan que garzón madrugue y les caiga al final de la meditación, antes de la contada, y que eche aromática con ellos dos.

álvarez quiere acercarlos, tratar de plantar un punto de rutina donde estén los tres.

la segunda vez en esa semana, allí al final del amanecer, pisando el fresco del pasto, álvarez le cuenta a garzón, delante de vargas, sobre el momento de los estudios de éste, y sobre los trabajos que está teniendo que hacer y así lleva la conversación a los libros.

entonces álvarez le pide a vargas que les cuente sobre el sargento espinosa, el tipo de la biblioteca, que si es cierto que no presta libros.

garzón abre los ojos. vargas abre los ojos. los abren distinto, uno hacia arriba, como englobándose, el otro hacia los costados, como achinándolos.

vargas les cuenta lo que sabe y promete averiguarles cómo fue que el tipo se quedó con el espacio de la biblioteca para no prestar los libros. garzón le cuenta a vargas lo que ellos ya han podido averiguar para que tenga cuidado dónde tantea: ahí el tipo esconde los balones de mariguana que vende.

que encuentre entonces otro lugar para esconder lo suyo, dice álvarez, en voz baja, y los tres asienten y de inmediato se giran porque llegan allí los plumas al parche madrugado de echar aromática.

pasan los días, garzón consigue que el rigor de la rotación se lleve a vargas cuatro semanas y no ocho, que es lo habitual, hecho que vargas agradece en la tripa. su sistema nervioso, después de quince años de custodio del inpec, no le da sino para cuidar patios relativamente calmos como el ere-2.

así avanza la vida de penal: las llamaradas del pasado de vargas, sosegadas; los estudios de contaduría, viento en popa; las salidas a meditar sobre el pasto fresco de la madrugada después de la desempasillada, rutinarias.

¿el plan de toma de la biblioteca? en marcha.

como no puede ser de otra forma, en esos buenos días que corren hacia el final del año 2017, vargas no tiene manera de saber que sus años de servicio en el inpec corren también hacia una última y definitiva desgracia: meses después, la noche del sábado 31 de marzo de 2018, mientras hace la guardia nocturna del pabellón ere-3, dos excombatientes de las farc que él asume están en ese pabellón acogidos a algún proceso de reinserción, le piden permiso para ir a las casonas de mínima seguridad donde suelen comprar en su caspete. vargas los deja salir, está ocupado en otra vaina, ellos aprovechan y se fugan del complejo carcelario y él acaba imputado por el delito implacable de fuga de presos en calidad de autor.

*

se ha investigado y escrito en cantidades acerca de la *prisionalización*, un fenómeno que describe la *adecuación* del individuo prisionero a la subcultura de su patio o de su recinto carcelario en función de sobrevivir, un hecho que, lo han probado las investigaciones, es incluso capaz de alterar para siempre el metabolismo del ser humano.

menos se ha escrito, sin embargo, sobre la prisionalización como experiencia también en los custodios.

nada de lo que estudian en la escuela penitenciaria nacional los prepara para llegar a escenarios de hambre, hacinamiento y violación sistemática de los derechos humanos.

ninguna temporada de práctica equivale al problema de ser trasladados a cárceles tomadas por la delincuencia organizada, donde *el manejo* de la realidad significa abrir y cerrar una reja y prestar la menor atención posible a la circulación de ilícitos o acabas sicariado en la calle por cualquier moto.

no hay posibilidad de conducirse con un sistema nervioso normal cuando tu puesto de trabajo diario compromete el riesgo de motines que en una dirección u otra acaban en la tajante muerte.

la *adecuación* del custodio es el sustrato de la corrupción capilar y extendida en el inpec. el canero es también preso del barrote y del supurar enfermizo de nuestras rejas hacinadas, insalubres y deshumanizantes.

catálogo de negocios

la noche después del jugo de mora, recién estrenan las reglas de su nuevo habitáculo perfectamente trapeado, álvarez apaga la luz a las 10:15 p. m. y garzón, que no tiene sueño, permanece con los ojos abiertos pensando en su familia. algo le incomoda en el cuerpo, se reacomoda, se mete debajo de las dos cobijas no vaya y sea el frío, cierra los ojos, vuelve a abrirlos y repara en el haz de luz que se cuela por la rendija de ventilación de la celda. el haz viene de los postes de iluminación del complejo carcelario, choca contra la malla de cinco metros de altura que cerca ambos patios y proyecta, alrededor suyo, en el techo a centímetros de su cara, en las paredes blancas allí, un corral de barrotes delgados que le golpean mal el cerebro.

es como si algo en el cuerpo de garzón le dijera, de repente, con esas líneas negras aparecidas sobre las paredes blancas, que está encerrado, que puede creer que camina, y camina, alrededor de la cancha de banquitas del patio, por entre los pasillos, en círculos en su celda, puede caminar kilómetros y conversar kilómetros y comer los kilos, a veces en las cocinas o en el wimpy o el mecato del caspete o incluso los pollos asados que le traen su mujer y su hija los domingos de visita, pero está encerrado.

afuera, las aceras del mundo no están permitidas para él. y la conciencia corporal de aquel hecho empieza a calarle y a cortarle la respiración.

se ahoga.

álvarez lo escucha jadear porque aún no ha caído dormido, se quita la mascarilla cpap y le pregunta qué pasa.

garzón le dice no me siento bien, francis, algo me está pasando, creo que son los malditos postes de luz.

álvarez se pone de pie, gira para ver las paredes de aquel rectángulo de tres por dos metros y medio, se marea, enciende la luz, le acerca agua a garzón y le pide que se incorpore.

sentado en el borde de su plancha, garzón tiene que doblar la cabeza para no golpeársela contra el techo.

álvarez piensa. guardan silencio. garzón toma más agua.

mañana vamos a maderas y le decimos a alfonso que nos haga una puertica corrediza para poner ahí en la rendija, dice álvarez. se acerca al espacio vacío y lo atraviesa con la mano, luego lo tapa con la palma abierta, el haz se distorsiona. este hijueputa rayo del poste no vuelve a entrar aquí, fresco, hermano, respire profundo.

el sargento retirado del ejército de apellido alfonso ha sido detenido más de una vez. en la última, la que lo tiene allí en 2017, fue sindicado de venta de armas a las guerrillas del eln y el epl. alfonso trabaja la madera mejor que cualquiera en el patio. lleva más de dos años al frente del taller (maderas), un espacio institucional para el trabajo, la educación en carpintería y la redención de pena. en una de mis visitas me lo presentan y me cuentan lo que saben de él. según garzón, se trata de un candidato ejemplar para presentarse a la jep.

terminamos el tinto que nos tomamos junto a alfonso y pienso en lo irónico que resulta que un presunto vendedor de armas esté a cargo de maderas, el lugar del patio donde imagino los objetos más peligrosos a la mano de cualquiera.

no digo nada.

(en mis visitas al ere-2, durante el segundo semestre de 2017, afino mi capacidad para hacer preguntas y no juzgar una sola de las palabras con las que me contestan lo que me contestan.)

al día siguiente del ataque de ansiedad de garzón ambos buscan a alfonso y lo invitan a la celda.

garzón primero le habla de la jep, sobre la que alfonso ha escuchado y sobre la que no cree una palabra. la conversación queda arrancada porque garzón le pide que confíe en él, que le deje averiguar por las posibilidades de su caso. alfonso no le dice que no, pero tampoco se entusiasma.

entonces álvarez le detalla la pequeña pieza corrediza que necesitan. eso sí lo despierta. tanto que parece eufórico. revisa el espacio interior de la rendija de ventilación, pasa los dedos, toca las paredes interiores. voltea a mirarlos. álvarez y garzón le asienten en silencio con la cabeza. sí, ahí adentro en ese ángulo hay una caleta, venía con la celda, qué podemos hacer. vuelven al asunto material y le piden precio sin explicarle motivos. alfonso calcula. lanza un precio. es muy alto, como si incluyera en él su silencio respecto a la caleta descubierta. álvarez le dice estás loco, y le negocia con la premisa de que van a pedirle más obras.

álvarez había calculado que alfonso iba a descubrirles la caleta, lo que no le preocupaba. ni la estaban usando ni pensaban usarla dado que el que les vendió el turno de acceso a la celda la conocía y fácil podía vender también la información más adelante.

el pensado era otro, garzón ya lo conocía, así que lo terminó de apuntalar después de que cerraron el negocio de la pieza corrediza en madera para la rendija y alfonso ya iba a salir de la celda: sargento, hágame llegar los papeles de su caso, la jep es una vaina seria, usted cuenta esas verdades que acá a veces nos ha insinuado y se va libre en menos de lo que alcanza a imaginarse.

alfonso salió sin prestarle cuidado y sin imaginar tampoco que ese futuro muy pronto iba a tomarse su vida.

*

tengo la impresión de que la primera moneda de cambio de ustedes, sindicados en el patio ere-2, es la panza satisfecha.

una panza encarcelada con horizontes de posibilidad en la comida busca transar en esos alivios y consuelos.

para usted, paisa, el hechizo de máquina que monta a partir de dos tubos y unas láminas, con la cual saca y vende gelatina de pata los fines de semana cuando las familias visitan, lo hace dulce a usted también en esos fines de semana en los que nadie lo visita. dulce popular el espectáculo de verlo amasar y estirar y moldear y pregonar la venta en lo que parece su propia vuelta al pasado, antes de que le comunicaran que se había equivocado, ya qué importa cómo o dónde.

o en su caso, don jairo, que consiguió institucionalizar la greca del pasillo cuatro, donde los plumas, la greca de más demanda. tintos y aromáticas para aceitar las conversaciones y paliar los tiempos de la existencia. los fríos al despertar en las mañanas; los juegos de mesa al final de las tardes; el carcomer de la angustia presidiaria. al final de la semana, luego de que salda cuentas y pasa celda por celda y amasa su pequeña fortuna, la panza le reclama alivio y a tal satisfacción dirige usted sus pesos.

y los dos licuadoras, ustedes tan preciadas sus máquinas y su consecución de frutas que el puestico de madera no lo administran desde alguno de los pasillos, sino en el primer piso, mero en el espacio amplio de entrada y tránsito entre todas las alas del patio, jarras que van y vienen en consenso de placer.

antes de detallar las demás maniobras privadas que dan forma a este ecosistema de intento de bienestar alimenticio, les canto, para que confirmen, las dos claves públicas de abastecimiento: el caspete y el rancho.

el primero es la tienda, ubicada adentro del patio, a un costado de la cancha de microfútbol, donde compran productos varios (comida enlatada, un pan, un jabón de baño) a través de una cuenta que cada individuo tiene asociada a su número de identificación carcelaria. estas cuentas se llenan desde afuera con consignaciones en una cuenta del banco popular. es la primera tarea de los familiares cuando existen familiares. (este banco, que pertenece al grupo aval propiedad de sarmiento ángulo, ¿cuánto llevará disfrutando de este contrato?) con la consignación les aparece, extendida en la barra de atención del caspete, la mano amiga o familiar que en algo les puede ayudar para que esa semana se compren un paquete de crispetas.

el segundo, el rancho, es la cocina grande que existe en cada patio del complejo carcelario la picota —y también en cada patio de cada cárcel del sistema penitenciario colombiano— con la obligación estatal de alimentar a los detenidos en sus tres golpes diarios de rigor. cuando las ollas de comida son ranchadas por el ranchero y cada detenido recibe su plato de manos de los ayudantes de rancha —porciones minúsculas, monótonas, insípidas, apenas nutritivas—, tal plato agarra el nombre de *wimpy*. No importa la hora del golpe, el golpe siempre se llama *el wimpy*.

pero ocurre que existen también ranchos paralelos, *cocinas privadas* al final de los pasillos gestionadas por determinados privados de la libertad que consiguen estas *concesiones* (pagan el impuesto a los guardias) y se abastecen (alucino) de los mismos víveres que el inpec les entrega a los rancheros de la cocina grande para la alimentación general del patio. los rancheros oficiales cocinan sin sazón para estimular la compra de desayunos y almuerzos en estas cocinas privadas a las que (insisto en mi alucine) ellos les venden los víveres. las comidas especiales tipo pescados o chuletas de cerdo, los rancheros paralelos (privados) las obtienen en este mismo mercado de abastecimiento gestionado por los rancheros principales del patio, quienes reciben estos alimentos para «ocasiones especiales» y los mantienen congelados para irlos ofreciendo (alucino).

así las cosas, a quienes pueden pagar el servicio (la cadena de *impuestos*), cada mañana reciben en la puerta de su celda un platico de fruta picada, les toman el pedido para el almuerzo según lo que haya en el menú y los esperan al mediodía al fondo del pasillo correspondiente con su plato para el cierre del ciclo de transacción y el inicio de la panza satisfecha. la gestión privada pone la sazón y pone también la desazón en el alto porcentaje de platos que comen a diario ustedes, en su mayoría expolicías y exsoldados abandonados a su suerte, que no pueden pagar por mejores comidas y se alimentan del wimpy.

ahora bien (alucino), quienes suelen alimentarse del wimpy porque no tienen dinero, suelen acceder también a la cocción y a la sazón de las cocinas privadas porque moneda de cambio: el deseo de la panza satisfecha, la posibilidad de ese horizonte en el encierro, los dispone como mano de obra para tareas y servicios múltiples y así los ciclos de transacción del ecosistema de alimentación no son menos ciclos de un ecosistema de alivios y consuelos: traducción de la estructura de clases sociales (comprendo).

queda una maniobra privada (*la maniobra privada*) que da cierre a este círculo de complejidades: la comida que entra los fines de semana a través de las visitas familiares. en la picota, a diferencia de las celdas de paso del antiguo das, los hombres en la visita del sábado sólo podemos ingresar las dos comidas que venden de manera oficial y controlada a la entrada del penal: platos de lechona o presas de pollo asado o frito. los domingos, en cambio, las mujeres sí pueden traer su propia bolsa de alimentos con la comida que se les antoje y pase la inspección.

un día veo a josé elías melo saludar y pasar con su plato de comida camino a la mesa afuera de su celda al fondo del pasillo, y recuerdo aquí, ahora, desde la mesa y las sillas rimax que nos prestan a nosotros también para nuestro propio almuerzo, pegados también a la pared entre la celda de mi padre y la celda contigua, el relato de la mañana cuando melo recién llegaba y lo turbó el rigor de la detención.

cuentan que ese día su primera caída fue de la altura de la segunda plancha a raíz del grito de contada. cuentan que salió atontado de la celda, recorrió el pasillo cojeando de prisa porque se había quedado dormido y ya gritaban su nombre desde el patio. cuentan que, en el primer escalón curvo de la escalera de bajada, volvió a resbalar y se fue rodando. tuvieron que levantarlo, sentarlo, revisarlo a ver qué se había roto porque verdad de dios que lo veían descompuesto. procedió la contada sin usted, lo llevaron de regreso al pasillo y lo sentaron al lado de la greca de don jairo para que tomara aromática. no quiso, se puso de pie, fue hasta su celda, sacó una bolsa de plástico con elementos de aseo y caminó al baño. álvarez y garzón lo vieron cruzar. le preguntaron qué había pasado, y a punto estaban de indicarle el síndrome del recién llegado que suele accidentarse cuando usted, mientras caminaba y les decía con el rostro que no pasaba nada, que iba para el baño, metió la mano en su bolsa de aseo y pegó un alarido. la mano derecha le regresó roja. una cuchilla de afeitar adentro estaba sin tapa y le había levantado la uña entera del dedo anular. álvarez tuvo que detenerlo, lo agarró de los hombros, lo sentó en la silla más cercana, le pidió que lo mirara a los ojos y lo zarandeó mientras le decía josé elías, no más, estate quieto, que te vas a matar.

en esas apareció uno de los compañeros de celda de melo y les dijo el tipo no ha comido nada desde ayer.

*

álvarez y garzón también son usuarios frecuentes de las cocinas privadas, pero no los fines de semana y no sin matiz estratégico.

el matiz estratégico: seguir comiendo el wimpy de vez en cuando, procurar que sean dos, cinco golpes a la semana, hacerlo como cuando recuperaron el salón arrumado de basura y lo abrieron para sala de lectura. más ahora, cuando están a un giro de complot de su toma de la biblioteca y de materializar el capital relacional que quieren para ayudar allí en el patio, para sentirse sin riesgos, para vivir en confianza, para hacer de su intento pragmático de ayudas varias una causa que les dé sentido a sus propias existencias recluidas.

los fines de semana, los mil sábados de visita a mi padre —siguen aquí, conmigo, fueron veintisiete, me temo que no se irán hasta el día en que consiga acabar este libro—, mi hermano y yo hemos montado un operativo minúsculo y volveríamos a hacerlo con los ojos cerrados y el corazón en el mismo lugar.

el operativo minúsculo: dado que los sábados la visita masculina sólo puede entrar lechona o pollo asado, y dado que álvarez para su salud digestiva necesita comer ensaladas y ensaladas es lo más difícil de conseguir porque ni el caspete ni el rancho cargan con ellas, cada viernes en la noche yo le preparo una sabrosa o la pido a domicilio y se la empaco tacada en una caja de icopor convencional igualita a las cajas de icopor de las panaderías. es allí, en ese tipo de cajas cuadradas, donde nos sirven la porción de lechona. compramos entonces dos o tres o cuatro lechonas, sumamos la caja tacada con ensalada a la bolsa donde están las otras dos o tres o cuatro cajas de icopor con lechona y así nos presentamos a los distintos controles, dos de ellos de requisa.

en el primer puesto de requisa nos sientan y un perro nos da vueltas. el perro no está para oler la diferencia entre una porción de lechona y una ensalada, con lo cual tranquilidades. en el segundo ponemos la bolsa de comida, las carpetas con papeles o los libros que llevemos sobre la banda de una máquina de escáner, nos sientan mientras tanto en una silla para descubrir metales y luego, de pie y de espaldas, nos van haciendo pasar uno a uno a una hilera de cubículos rústicos donde nos hacen un cacheo general y nos piden quitarnos los zapatos.

mientras estamos en el proceso de requisa, nuestras cajas de icopor viajan por la banda, llegan al otro extremo donde muy de vez en cuando las abren para revisarlas, nos las regresan y enfilamos al último control, la entrada propiamente al patio, donde nos toman las huellas y se quedan con nuestras cédulas y con la foto oficial de visita que siempre hay que presentar.

fondo azul. cinco centímetros de ancho por siete y medio de alto.

el servicio de toma e impresión lo prestan en una cabina contigua a la caseta desde donde administran el parqueadero privado más grande a los alrededores del penal. el primer sábado de visita en la picota (26 de agosto de 2017) mi hermano me lleva a la cabina. en la foto salgo con barba escasa. el corte de pelo casi al ras. miro serio. mis párpados caídos parecen un poco más apagados que de costumbre. llevo una chaqueta negra de pana que ya no tengo conmigo.

dos veces nos abrieron las cajas de icopor con lechona. una sola vez la caja que escogieron para revisar fue la caja de icopor con ensalada.

tenía que pasar.

ahora mientras escribo y reviso mis notas me sorprende que sólo hubiera ocurrido una vez. (quizás sólo una vez lo anoté.)

el guardia me miró con la ensalada expuesta y antes de que pudiera decirme cualquier cosa le dije es el almuerzo de mi viejo. miró a su compañero, que a su vez ojeó la caja abierta y los pedazos de lechuga desbordados. el segundo guardia miró como sin mirar, como sin poder importarle menos lo que tenía debajo de sus narices. quizás quiso despreciar la ensalada, burlarse, pero el conjunto *ensalada en caja de icopor de lechona* le resultó tan insignificante, tan patético, que ni siquiera mostró ánimo de hacer de la ensalada una posibilidad de camuflaje de algo más. el guardia en control, ante la indiferencia de su compañero, malcerró la caja con gesto rápido, la metió de nuevo en la bolsa encima de las demás cajas de lechona y me deslizó la bolsa mientras hizo un sonido que pudo ser llévese. jalé la bolsa hacia mí, la abrí, tomé la caja de la ensalada y la cerré bien, con cuidado, despacio, revisándola por debajo, con movimientos que decían esta caja es importante, de acá no me muevo hasta asegurarme de que no le ha pasado nada.

ahora mientras releo las notas en mi cuaderno número dos supongo que estos movimientos los dirigí a provocar a los guardias, hacerlos perder la paciencia, conducirlos ese día a quitarme la maldita ensalada o algo.

*

al cuarto o quinto sábado de visita, alrededor del almuerzo, el dulce de pata o las aromáticas, empieza a ocurrir que conocemos gente y nos cuentan sus historias.

no ocurre antes porque las primeras visitas pasamos la mayor parte del tiempo encerrados en la celda del viejo, pensando y operando *movimientos para la defensa*, lo que es un decir, porque más que a la estricta defensa —la apelación a la medida de aseguramiento ya había ocurrido; frente al juicio, la fiscalía no mostraba ninguna prisa por empezarlo; debían de calcular que podían tenerlo encerrado un año, entonces sí verían qué y cómo—, a lo que nos dedicamos fue a circularnos informaciones sensibles recogidas en la semana y a mantenernos perplejos.

lo cierto: de las primeras conversaciones cortas y corteses pasamos a escuchas detalladas, descarnadas, difíciles, de las decenas (cientos) de relatos de inocencia que son posibles en un patio donde la mayoría son sindicados.

yo ando con una libreta de notas y no me escondo para usarla. mi hermano, corre el rumor rápido, es abogado. álvarez y garzón andan a vapor con su oficina (sociedad) para ayudar gente. es apenas lógico que se nos acerquen y nos cuenten (repitan) historias. a mí, después de oír las primeras líneas, me sale espontánea la primera pregunta y de ahí todo se desata.

escuchamos a milagros —el soldado profesional que trabaja la cocina privada de los plumas (kiko gómez y el gato)— contarnos la rabieta boba, el forcejeo torpe y los dos disparos: una desavenencia menor con un compañero acaba con ambos cuerpos trenzados y un fusil al que se le salta el seguro accidentalmente. condena por homicidio; la segunda bala le atravesó a él el cráneo y lo dejó vivo. milagros.

escuchamos a un coronel retirado del ejército que anda en muletas y está condenado desde 2012 por un desfalco a la dian en el que participó junto a su esposa. el coronel (r) está enfermo, vive amargado, pasa temporadas encerrado en su celda o en el pasillo y a veces, cuando suelta su historia, ésta deriva en rabias durísimas que no voy a repetir.

escuchamos al mayor (r) chávez, el primer compañero de celda de álvarez, otro de sus cuidadores, que un día nos contó cómo se enamoró en una visita estando allí recluido y me pidió que si algún día hacía algo con mis libretas, y escribía un libro, le mandara saludos a su amor. (aquí van esos deseos: un abrazo para m. c., ángel en su infierno, mayor.)

con todo, la historia que no oímos, porque lleva sepultada allí tres años y el mismo sujeto protagonista se ha distanciado de cualquier horizonte de esperanza, es la del subintendente condenado por la violación y el asesinato de su novia.

más adelante, sin embargo, sí íbamos a enterarnos.

fue así: salieron en la noche, él la dejó de regreso en su casa, se fue para la suya, se durmió, al día siguiente despertó y tenía un mensaje que decía que debía presentarse en la dirección general. llegó, lo estaban esperando, le leyeron sus derechos y lo capturaron por violación y homicidio. su novia había aparecido asesinada en la madrugada y él era el principal sospechoso. corrió el juicio. lo condenaron. su familia toda lo abandonó. entró a la cárcel como violador y asesino.

una mañana de la primera semana de noviembre de 2017, el custodio de turno entra al patio y grita ¡zambrano, con todo!

con todo es el código para avisar de la llegada de una boleta de libertad, de tal modo que el recluso recoja *todas* sus pertenencias y se presente en la reja para hacer el papeleo de salida del patio y quedar libre.

cuentan que la voz del canero agarró eco entre otros reclusos asombrados y sorprendidos y que zambrano no aparecía. fueron a su celda. nada. en el gimnasio, nada. apareció al fin, escondido en un baño. zambrano pensó que estaban tomándole del pelo y no quería aguantarse la guachafita de sus compañeros.

el guardia mismo tuvo que ir hasta el baño: zambrano, es verdad, acá está su boleta de libertad, mire, llame a su abogada a ver qué pasó.

tres días atrás habían agarrado a un asesino en serie, éste estaba colaborando con la justicia, le mostraron álbumes de fotografías y se detuvo en el rostro de la novia del subintendente zambrano. no, esa no, ese caso está resuelto, la foto no debería estar en este álbum. el asesino insistió. dio detalles de la noche en la que se metió a la casa de la mujer después de que su novio la dejó. los detalles eran absolutamente precisos. el funcionario judicial que estaba tomando la declaración reportó los hechos de inmediato.

bendito el funcionario judicial así. (ovaciones para él, donde quiera que esté y quien quiera que sea.)

el patio, por supuesto, enloquece.

nosotros visitamos el sábado siguiente, dos días después de estos hechos, pero aún podían escucharse ecos de los alaridos de júbilo.

garzón me cuenta que fue como si el patio entero hubiera recobrado la libertad durante la larga hora que duró la celebración.

un relato de inocencia, que se había apagado y había dejado de repetirse, resultaba cierto. e irrumpía ahora, en el corazón del patio, para comerles el pecho y anularles la ansiedad de la reclusión por un instante de dicha compartida.

meten a zambrano en un tonel con agua. lo hacen saltar por los aires. le asan un lomo fino. le abren una cerveza. le empacan sus cosas porque yace tiritando en medio del patio sentado en una silla donde lo tienen como si él mismo fuera el trono.

álvarez me cuenta que él sólo atinaba a decirles a los demás cuidado, no lo vayan a matar, vean que ahora la vida le empieza de nuevo.

zambrano se pone una muda seca, cierra la cuenta pendiente en la cocina de su pasillo dos, le da su saldo en el caspete a su compañero de celda y se voltea una última vez a mirarlos en el interior del patio antes de cruzar el umbral de las rejas.

    los ojos le siguen encharcados. la panza le truena de felicidad.

sin necesidad de asalto

a la sala de lectura llega un día una tetera eléctrica. adentro viene una bolsa plástica repleta de bolsitas de té.

donación de mi esposa, les dice el soldado garcía.

la señora de garcía se había enterado de la asesoría que garzón le ofrecía a su marido y del hecho de que éste estaba leyendo un libro. le contaba partes de la historia, parecía emocionarse. también le contó que en la sala de lectura hacía frío y faltaban bebidas calientes. entonces ella metió en su bolsa de la comida del domingo la tetera y nadie sabe qué mañas se dio.

al amanecer del primer día de las cuatro semanas de rotación de vargas, el pabellonero que queda a cargo le pide plata a álvarez para seguir dejándolo salir al pasto fresco a meditar.

usted sabe, dragoneante, que yo no le doy plata a la guardia.

el pabellonero se encoge de hombros y no le abre la reja.

álvarez regresa a su celda, extiende una manta doblada en el piso y hace su práctica.

dos días después garzón se las arregla para que pase a saludarlos el teniente coronel del inpec a cargo de las rotaciones. lo espera en la reja, a la vista del puesto de control del pabellonero avorazado. garzón saluda al teniente coronel y lo invita a entrar. el pabellonero sale de su puesto para abrirles la reja. en esas, garzón empieza a contarle a su visita sobre la oficina de ayudas que han montado con álvarez y los planes que tienen de reabrir la biblioteca, porque imagínese, mi teniente coronel, no está en uso, el encargado no presta libros, y acá los custodios saben que ahí el tipo guarda balones.

a la mañana siguiente álvarez baja a la reja del patio después de la desempasillada a las 5:30 a. m. y encuentra al pabellonero con dos aromáticas humeantes servidas y la reja entreabierta.

soluciones.

al sargento (r) alfonso en maderas le toma tres días regresar al pasillo cuatro a golpearles en la celda para que le abran porque va a montarles la pieza corrediza. antes de hacerlo les dice que él se quedó pensando y eso no va a ayudarles con el frío. no se preocupe, es para evitar que entre luz, le dicen. alfonso no les entiende y se queda mirándolos. ninguno le dice una palabra sobre el episodio de pánico de garzón. alfonso se pone manos a la obra, monta los chazos y el soporte para que la ventanilla corra sin tener idea de que así les entrega, a ellos al fin, su celda propia y la gestión de uno de sus tormentos: el corral de barrotes reflejados que le cataliza a garzón la consciencia del cuerpo encerrado.

soluciones: cada espacio que ganas en el patio es voluntad de bienestar. y también indicios de una disputa o de una mentira o de un dolor que tienes que ocultar.

el baño privado en el pasillo cuatro, por ejemplo, que varias semanas después consiguen arreglar, cerrar con llave y poner al servicio de los que invirtieron, precipita (termina) aquí su historia porque también somos los silencios que decidimos guardar.

*

les toma tiempo definir si involucran o no a los plumas o cuánto involucran a los plumas.

imaginan escenarios de conversación con el sargento espinosa, desde persuadirlo sobre la importancia de que los libros circulen para bienestar de los detenidos hasta ofrecerle un plan discreto de extracción de la cantidad de mariguana que sea que tiene allí encaletada.

cotizan un espacio con llave en el rancho oficial, en las ranchas satelitales en los pasillos y tantean incluso la posibilidad de hacerse socios de la operación con tal de que ésta funcione desde un lugar distinto a la biblioteca.

por suerte, la escena planeada con el teniente coronel, conocido de garzón, los saca del delirio de complot y los aterriza en la existencia prosaica.

el tipo les recomienda hablar con la persona en su patio a cargo del comité de derechos humanos o con la coordinadora de trabajo, estudio y enseñanza, radicar por escrito la solicitud de administración de la biblioteca en cabeza de garzón y esperar a que el sargento espinosa entregue las llaves.

primero, garzón y álvarez se sienten ridículos. luego disfrutan de la sencillez del procedimiento sugerido. están en tantos frentes —salir de allí, para empezar, y así poder defenderse con cabeza fría— que estaban mareándose con el frente que leían como definitivo para la consolidación de su capital relacional.

un frente así, sencillo, sin necesidad de asalto, les sabe a consuelo casi místico, a descompresión de las angustias arrinconadas.

carta, radicado, respuesta. espinosa mismo se les acerca con la llave y les explica dos mañas de la puerta y una pata del escritorio a punto de partirse. (espinosa está condenado, no sindicado. dos semanas después lo trasladan al ere-1. siempre fue un misterio su temporada de meses en el ere-2 en tareas de venta que parecían más una asignación que un emprendimiento.)

el sábado, en la visita, carlos y el viejo nos llevan a la biblioteca. estamos con el hijo adolescente de carlos.

abren la puerta con orgullo. renglón seguido nos cuentan que algo tienen que hacer con la humedad y el polvo, van a limpiar, ¿cuándo?, quién sabe, porque todo esto que nos cuentan pasó apenas hace dos días, y al día siguiente, el viernes, abrieron las puertas para ventilar y se sentaron allí en el umbral al rayo del sol y se les armó corrillo y fila durante toda la mañana, que a ver qué libros eran esos que habían estado ofreciendo, que si había de acción, que a mí no me gusta leer, así me dijeron desde el colegio, pero soy bueno con la labia, ¿cómo habré hecho?

las risas, y la pregunta de soslayo ojeando los libros: ¿qué es eso de la jep? y también: ¿es cierto que este libro tiene muertos?

soldados y policías llevándose libros. ellos consiguiendo libros divertidos. libros llevándose a esos jóvenes, por un rato, uno a uno, de las mesas secas de atontamiento de juegos y apuestas.

portales abiertos imprevisibles.

el poco tiempo que ese ir y venir durará.

el poco tiempo que nos dura todo.

el poco tiempo.

¿fue allí, viejo mío, en esa mañana de ventilación que los agarró por sorpresa, en el murmullo de garzón imaginándoles, a todos esos jóvenes también exservidores públicos, los contornos de la jurisdicción especial de paz como horizonte de escucha y reconciliación, fue allí, viejo vital, que se te sembró en el cuerpo la idea de estudiar derecho una vez salieras en libertad?

*

¿qué será esa sombra en el ánimo que empezará a calar en ti, buen carlos, en las horas siguientes al fallo de la apelación de la medida de aseguramiento del viejo?

pasarán dos días desde la audiencia de lectura de fallo, se convertirán en horas estrechas el sábado 20 de enero de 2018, nos iremos de la vista con el corazón en la mano y una hora después, en la ruta, tendremos que regresarnos, ustedes nos llamarán y nos avisarán que la boleta de libertad ha entrado al patio, están por gritar ¡álvarez, con todo!

el corazón te explotará de dicha, saltarás, le ayudarás a recoger en la celda mientras ambos lloran y lo acompañarás a atravesar el pasillo en medio de los chiflidos.

saldrás con él, en la oscuridad brillante de las seis y cuarto de la tarde. caminarán hasta el puesto de control del patio, donde se abrazarán fuerte y les costará soltarse. tú serás quien tendrá que decirle ya, francis comando, afuera, ni un minuto más aquí.

y volverás a tu celda, caerás de rodillas y llorarás sin consuelo porque no podrás dejar de sentir que tú también fuiste enlodado en un proceso delirante, que no tendrías por qué estar defendiéndote en detención preventiva intramural, y será cierto, y a casi nadie le importará, nos importará a nosotros, y nosotros, sin embargo, que tanto te queremos y estaremos agradecidos contigo el resto de nuestras vidas por cuidar del viejo en el encierro, no seremos capaces de ir a visitarte —dos veces pedimos hacerlo; tú le dijiste a tu familia que no, que no querías que volviéramos allí—, se nos esfumará el tiempo, los sábados, en la vida, en la euforia y en el propio proceso, y te dejaremos guardado allí, buen carlos, otros seis meses, veintipico de semanas más de una vida que ignoramos, de la que me cuentas poco a pesar de que te pregunto y te pregunto y te pregunto.

de esos seis meses, dos los pasarás tirado en la plancha de tu celda, sin afeitarte, leyendo un libro de meditación zazen que te dejó álvarez, sin propósito (me dirás años después), porque tu existencia en la cárcel la justificaba la necesidad del viejo de que lo ayudaras a sobrellevar su fractura y sus miedos, apenas bajarás a las contadas, perderás once kilos, te volverás irascible y pendenciero, enloqueciendo quizás, y nosotros no iremos a visitarte.

te pido perdón, carlos, porque yo aquí sigo sin perdonármelo; y no entiendo tú, en cambio, cómo sí nos perdonas a nosotros, y sigues queriéndonos con tanta bondad, abriéndonos los ojos con brillo franco cuando nos hablas.

bendito tú, ángel de la guarda guardado. recibe por favor este relato como restauración de esos once kilos. háblame siempre, por favor, de esa sombra en el ánimo si un día vuelve a ti. perdónanos a mi hermano y a mí, por favor, buen carlos.

el piso de la celda en la visita

he vuelto a hacer el recorrido de entrada en mi cabeza una y mil veces. me he grabado, he escrito con detalle cada interacción en cada puesto de control del complejo carcelario y penitenciario metropolitano de bogotá (la picota). me he quedado mirando con detenimiento las pocas fotos que conservo de mis antebrazos sellados una, dos, tres veces, estampas de números corridos, la marca inpec borrándose, fotos que me tomaba al regresar a casa cuando caía demolido, dos que me atreví a publicar en redes, asomos nomás, banderas discretas de tristeza en tiempos cuando me faltó el aire para gritar y el vocabulario para defendernos.

he vuelto sobre los relatos de entrada y salida que les hice en ese momento a distintos amigos y amigas que estuvieron pendientes de nosotros y cuando lo hago casi puedo oler a mi hermano.

debimos ir a la vista del sábado, él sin mí y yo sin él, una o dos veces, pero no las recuerdo, las notas que tengo de eso son mínimas. siempre me veo a su lado, perplejos, con el corazón en la mano, paso a paso, sello a sello, distendiéndonos mutuamente en las filas de los puestos de control.

el perro antinarcóticos dándonos vueltas de hocico y deteniéndose en nuestra bolsa con porciones de lechonas y una ensalada encaletada.

en esos meses del segundo semestre de 2017 yo no tuve fuerza para beber e ir por ahí de fiesta. para mí fue un semestre apagado, concentrado, aunque tampoco recuerdo en qué me concentré aparte de imaginar y actuar esfuerzos para sacar al viejo de la detención preventiva. (la gente amiga y otra prestante que visité, y los periodistas con los que hablé, bien lo saben.)

a veces salía a comer, volteaba sobre la comida un tarro de aceite de oliva y recordaba que el viejo sólo tenía ensalada con aceite de oliva una vez a la semana y me echaba a llorar. así no es fácil andar por el mundo viéndote con la gente.

mi hermano, en cambio, se la pasaba de fiesta. tenía serias presiones en su trabajo nuevo y el problema de fondo: su padre en una celda de la picota. era simple: salía y bebía para pensar menos.

así pues, más o menos cada quincena, juan diego llegaba enguayabado, y eso lo hacía torpe en el recorrido. se le quedaban las llaves del carro en la chaqueta y teníamos que regresarnos; le encontraban dinero en cualquier parte y teníamos que perderlo; pedía un pollo asado y no se daba cuenta de que le empacaban uno frito.

reíamos como enanos.

incluso reíamos adentro, ya en el piso de la celda, donde juan diego y yo nos sentábamos para contarle al viejo, él sentado en su plancha tendida y recostado contra la pared, lo que fuera que le hubiera ocurrido a mi hermano entrando.

lo hacíamos porque al viejo le gustaba saber que su hijo estaba enguayabado. hacía show de preocupación paterna de que anduviera bebiendo alcohol en exceso, pero le habría preocupado más que anduviera apagado y sin vida: para ellos dos, en la complicidad de sus personalidades fiesteras y vitales, lo sabe cualquiera que los conoce, lo importante siempre ha sido lo bailado, aquello que quede por bailar.

en una visita, sentados en el piso de la celda donde sábado a sábado complotábamos para sacar al viejo de la detención o hacer de su carcelazo infame algo que tuviera sentido, juan diego nos contó que estaba preocupado.

quiero decir: venía preocupado por una cosa distinta a nuestra preocupación nuclear (llamémosla aquí de ese modo), lo que para aquellas sesiones de complot que hacíamos en la celda era casi un alivio —un gusto—, un divertimento.

no puedo contar detalles que amaría contar. hay cláusulas de confidencialidad de por medio. el silencio también hace parte de mecánicas empresariales y del nacimiento de las industrias.

puedo, sin embargo, soltar lo siguiente —la ironía es imposible no dejarla registrada aquí—: en una de las partes estaba camilo martínez, el hijo de nhmn a cargo de dla piper martínez beltrán, la firma de abogados comerciales de la que es socia la familia de nhmn.

en la otra parte estaba juan diego.

fue un mierdero de marca mayor. la gente en kiron live sciences apenas entendía cómo juan diego siempre parecía tan fresco, tan desapegado, tan capaz de compostura y gestión de la resolución.

era simple: tenía un problema de una envergadura que sobrepasaba el grosor del dinero.

*

en el suelo de la celda nunca comíamos.

podíamos estar agotados o juan diego sudando del guayabo, pero para comer, fuera fruta picada a media mañana o la lechona al mediodía, siempre salíamos de la celda y nos sentábamos en unas sillas rimax que álvarez y garzón tomaban prestadas del coronel (r) amargado y en muletas cuya celda estaba contigua a la de ellos.

el tipo gestionaba una pila entera. las alquilaba. pedía menuda. a álvarez y a garzón se las prestaba sin cobrarles.

tardé dos o tres visitas en notarlo: cada silla rimax de la pila del excoronel tenía remiendos hechos con hilos gruesos, costuras desiguales que a veces eran surcos largos que unían dos mitades de la silla o sólo un pedazo del espaldar o del brazo.

el excoronel las cosía con agujas de ojo largo y grueso cuya punta calentaba, una y otra vez, surco a surco, en la estufa eléctrica del pasillo, paciente, maquinando quizás su venganza, masticando seguro sus penas.

a veces yo volvía a casa, paralizado del cansancio, caía en el sofá y me quedaba pensando en las sillas rimax cosidas del excoronel, si acaso era él con su ira quien las rompía y un día dijo no más, tengo que repararlas; o un día se cansó del desgaste humillante del soborno al guardia para entrar una nueva y empezó a recoger pedazos.

en esas sillas, juan diego, el viejo y yo (luego el resto de la familia) nos apropiamos de un gesto espiritual de detención que garzón siempre nos pedía antes de lanzarnos a comer: agarrarnos de las manos, respirar despacio, cerrar los ojos, el que quisiera decir algo, lo escuchábamos. *agradecer*, decía él, por el alimento y por estar juntos.

decenas de relatos de dolor e inocencia escuché sentado en una de esas sillas.

encima de una de esas suturas miré a los ojos a soldados y policías mientras me explicaban el ciclo semanal del declive y la oxigenación: los lunes el patio era sonrisas aireadas; los viernes caminaban desesperados. imaginar una vida de encierro sin sábados y domingos de visita era ahogarse y enloquecer. incluso para aquellos que no solían recibir visitas y quedaban «fritos», el oxígeno del fin de semana entraba. un tipo de oxígeno entraba.

y así como existía la rutina obligatoria de aseo general de los pasillos y del patio los viernes en la noche —con su repaso de trapero los sábados temprano después de la hora de ducha—, así también era imposible esconder o matizar el sustrato macho detrás de los protocolos de comportamiento exigidos los domingos, cuando visitaban las mujeres y el espacio operaba en función de hacer imposible cualquier escenario de morboseo: los detenidos esperaban a las familiares adentro del patio detrás de una línea; *los fritos*, aquellos que no recibían visita ese día, debían entrar desde las 9 a. m. al salón de clases y permanecer allí hasta el final del horario de visita. estaba prohibido cualquier comentario sobre las visitantes.

oxígeno de encierro para los fritos.

*

nosotros como familia no pudimos o supimos cómo sustraernos a estos mandatos machistas. mi hermana carmen y su madre, rocío, nunca visitaron a álvarez en el patio. pudieron verlo en sus salidas a la fisioterapia, pero no allí en la picota.

entrar al complejo carcelario implicaba recorrer el frente de las torres del eron. desde el camino podías ver los celulares fotografiándote. en tu propio patio vivías en la prevención permanente de no entregar nunca demasiada información. la cárcel, toda, es el primer directorio de extorsiones de la nación. álvarez tuvo que pedirles que no lo visitaran. ellas estuvieron de acuerdo.

*

con todo, nunca nos tiraron al piso de la celda, como fue la amenaza del exfiscal valbuena. (él sostiene que no hubo amenaza.)

y no lo hicieron porque fuimos nosotros quienes supimos qué hacer con el piso de la celda, con las sillas cosidas en el pasillo, con el caminar abierto de oídos por el patio, volando incluso en la meditación al amanecer sobre la hierba del perímetro cercado.

era simple: cuando cruzábamos la reja del patio camino a la garita de control, los sábados a las cuatro de la tarde al final de la visita, algo de álvarez salía con nosotros y algo nuestro se quedaba allí con él; no estábamos encerrados ni liberados. sólo habíamos construido nuestro propio limbo y éramos soberanos en él.

*

he sugerido varias veces que la naturaleza de este libro es tantear ciertas ciénagas del fango jurídico e impedir que el pantano nos devore.

averiguar ciertas cosas y tener que abandonarlas; otras querer abandonarlas para preservar la cordura. fracciones de historias, tercios.

me ocurrió con fuentes reservadas que me indicaron caminos delicados de averiguación sobre el pasado del «escapista» y sus vínculos con la riqueza y el poder en colombia, pero preferí dejar todo eso a un lado, guardado en mis notas y en mi rencor en digestión y trabajar acá solo con lo que ya es público (y suficientemente alarmante) e indagar, eso sí, en aquel plan o estrategia llamada bolsillos de cristal.

pasó cuando me acerqué a un sujeto como vladimir melo carrillo: planeé decenas de preguntas para él, acabé cruzándomelo en las rejas de salida del ere-2, escuchando su febril monólogo de inocencia, recordando la megalomanía detrás del título del último capítulo de su libro —«el montaje que quiso destruir una vida, una familia y un proyecto de nación»—, viéndome con una mujer mexicana que estableció una relación afectiva con él a la distancia, con conocimiento de su condena y su reclusión. (¿qué pasaría si vuelvo a las páginas de *la biblia rota* y sigo encontrando, allí mismo, modos espeluznantes de operar ante el sujeto mujer? escalofríos. no vuelvo. no puedo volver allí.)

días nudo: ese del sábado 26 de agosto de 2017, nuestra segunda visita a la picota, cuando además fuimos en compañía de mi tío víctor álvarez, el hermano mayor del viejo —su única visita porque él vive en Medellín—, un hombre cariñoso y recio que salió del pabellón adelante, algo de prisa, parecía cojear, se atacó a llorar y a maldecir mientras nosotros lo veíamos alejarse, acostumbrándonos, como empezábamos a estarlo, a transitar despacio ese largo trayecto de salida, a partir de allí respirando con delicadeza, atentos al dolor y a la rabia en el entorno, con menos ansiedad y vergüenza, poroseándonos.

días nudo: encontrarme, cara a cara, ese 26 de agosto, con la esquirla de la historia abandonada en medio del padecimiento de la historia que estaba viviendo.

no poder comprender o creer comprender, hasta muchos años después, el nudo de encuentro de las fuerzas.
ironías de la vida, dice el saber popular.
catalina prefiere otro decir: la vida a veces como un relato que cuesta comprender en sus nudos y en sus pisos.

fisioterapia

sacar adelante seis meses de detención preventiva con una fractura del cuello quirúrgico del húmero significa gestionar, de manera imperativa, el mandato médico de la fisioterapia, y no poder calcular, al tiempo, los rompecabezas de insistir en la obligatoriedad del derecho a la salud dentro del ecosistema penitenciario.

primer problema de insistir: el inpec, ante las varias llamadas para pedir confirmación de una remisión médica autorizada —llamadas para asegurarse de que el detenido saldrá y podrá cumplir con la cita y el horario de la fisioterapia—, puede accionar protocolos de riesgo de fuga, la remisión se calienta, se llena de rumores, hay excusa para cancelar el desplazamiento a último momento y de esta forma cada salida para atender la recuperación de la movilidad del hombro del viejo se convierte en una pesadilla administrativa, en un albur supeditado (una vez más) a la arbitrariedad del cuerpo de custodios de turno.

también ocurre, en la remisión calentada, que la salida se convierte en parafernalia de seguridad, los platones de las camionetas oficiales resultan repletos de guardias armadísimos, un delirio y un despilfarro de recursos públicos que nos avergüenzan y a mí, en particular, me deprimen hasta la náusea.

rocío es la doliente de estos esfuerzos que pasan por solicitudes escritas, planillas indescifrables, derechos de petición y amenazas de tutela, disponibilidad de transportes y otro buen número de comunicaciones informales de las más extrañas pelambres. pero salir a fisioterapia es vital para álvarez, y rocío y sus habilidades se dan la pela. álvarez desde adentro se da la pela.

vital porque recuperar la movilidad del hombro es una aspiración legítima para cualquier ciudadano fracturado en custodia del estado, y también porque, ante la decisión de no ver a su hija carmen ni a su esposa rocío en las visitas de los domingos, la sala de fisioterapia y los quince minutos de hielo y calor se convierten en la esperanza para una lágrima saludable, una palabra mundana y un contacto con ellas.

y así ocurre entre mediados de septiembre y finales de noviembre. de diez solicitudes de remisión para fisioterapia y dos para control con el ortopedista, consiguen concretar seis salidas.

por casualidad, una de esas salidas para fisioterapia ocurre el miércoles 4 de octubre de 2017, el día que álvarez cumple años.

nos enteramos de la confirmación de la salida ese mismo día en la mañana. corremos y compramos una torta. se trata de una salida acompañada de un despliegue de seguridad absurdo.

lo vemos cruzar la puerta de la clínica y no podemos acercárnosle. nos saludamos de lejos. sube junto a los tres custodios armados al piso del consultorio. carmen, juan diego, rocío y yo subimos en otro ascensor. rocío entra a la sala y hace gestiones mientras álvarez espera de pie a la entrada con decenas de ojos clavados encima.

paso media hora conversando de esto y de lo otro con el guardia que se sale de la sala una vez álvarez entra a su cita. al rato de estar conversando, el guardia me deja saber que están enterados de que ese día cumple años el doctor. le confirmo que así es, le cuento que traemos una torta, me giro y le señalo la bolsa de plástico parqueada al lado de mi hermana. no comentamos más.

álvarez sale una hora después acompañado de rocío y los dos guardias detrás. nosotros nunca entramos a la sala de espera. permanecimos en un pequeño pasillo contiguo donde ya no hay nadie, y como que espontáneamente hemos ido ocupando el pasillo entero. álvarez gira, entra en el pasillo y nos abraza. lloramos un poquito. le pregunto por la fisio. me dice que se memorizó dos ejercicios más, va a mostrármelos pero se acuerda de los custodios, nos giramos y los vemos. el que estuvo afuera y conversó conmigo le hace una señal a álvarez con la mano abierta mostrándole los dedos: cinco minutos.

sacamos una vela, la torta de la bolsa y de su empaque, le clavamos la vela, la encendemos y cantamos el feliz cumpleaños en voz baja, como un rezo nervioso y distraído.

partimos la torta, ocho pedazos. me asomo a la esquina del pasillo para compartir torta con los custodios, pero están a varios metros, a la entrada del ascensor, y no voltean a mirarme. me giro y envuelvo los tres pedazos en una servilleta grande y me pongo a escuchar los detalles de la sesión que mi hermana y mi hermano están conversando con el viejo.

pasan los minutos. guardo silencio. ellos hablan animados. reparo en lo que está ocurriendo: una celebración de cumpleaños escondidos en el pasillo de un hospital. si algún día llego a contar todo esto, por piedad que esta escena no se me olvide, me digo, trago saliva.

*

llega mediados de octubre. álvarez y su ortopedista están preocupados por la rehabilitación de la movilidad del hombro. ha conseguido salir a dos sesiones de fisioterapia, a una cita con el ortopedista y ha perdido otras dos fechas solicitadas porque no le han concretado las remisiones.

sabe que debe intensificar la fisio. viene haciéndola allí en su celda y aúlla porque supera el umbral de dolor y sigue estirando el brazo con los dedos caminando por la pared hacia arriba tal y como lo indica uno de los ejercicios que aprendió y que más siente que le ayuda. pero hay otros ejercicios con los que tiene dudas (aducción de hombro; rotación interna), o porque no siente casi dolor o porque no alcanza a iniciar el esfuerzo y ya se quiebra.

necesita preguntar, entender bien la mecanización de los distintos movimientos para aumentar el grado de movilidad de su hombro, me cuenta en una llamada. me comprometo a averiguarle en internet porque ya en ese entonces soy experto en ver tutoriales en youtube para sacarme yo mismo las dolencias articulares y musculares del cuerpo. no recuerdo qué ejercicios le encuentro. es un hecho que necesita fisioterapias guiadas y profesionales.

entonces intenta hacer una sesión en la sala de fisioterapia que sabe que existe en la picota en el último piso de una de las torres del eron. los equipos, le han dicho, son viejísimos, y conseguir que asista una fisioterapeuta es otra pela que se da.

llega el día de la cita fijada para las 9 a. m.

viene a recogerlo el dragoneante ocampo, que estuvo de rotación en el ere-2 y se lleva muy bien con álvarez. le interesa la lectura, es pereirano igual que su novia, ella profesional, y ha sido receptivo al discurso de álvarez de que él debería profesionalizarse también, o hacer cursos de criminalística, un campo que le interesa.

ocampo llega temprano, 8 a. m., álvarez le pide que arranquen de una porque previamente han comentado que, si les da el tiempo, a él le gustaría conocer lo que se pueda del eron. afuera, en el recorrido de ochocientos metros que separa una instalación de la otra, álvarez respira con gusto el aire del camino de polvo.

hacen el papeleo de ingreso. álvarez siempre detrás de ocampo, que piso a piso le va contando detalles de los patios allí en operación. álvarez le dice que quisiera ver uno por dentro. ocampo le abre los ojos y le responde no, doctor, es un riesgo, el pabellonero de turno me va a decir que no.

llegan al último piso, recorren los recovecos de un pasillo helado y alcanzan una zona con celdas de castigo contiguas a la zona de enfermería. ocampo se detiene. tantea la puerta de una de las celdas, la abre. le enseña a álvarez el interior vacío y deprimente. un detenido en una de las celdas contiguas los escucha y se lanza a golpear las paredes y a gritar. álvarez se sobresalta y mira a ocampo. éste ni se inmuta.

caminan de regreso, llegan a la sala de fisioterapia, la encuentran cerrada. van a la enfermería, saludan a la secretaria administrativa y ésta les comunica que la fisioterapeuta no ha llegado. ocampo le pide a álvarez que se siente y espere allí mientras él va a aprovechar para conversar con un canero paisano suyo que está cerca. álvarez se sienta, abre el libro que lleva y se pone a leer.

no han pasado dos minutos cuando álvarez y la secretaria en la enfermería escuchan el vozarrón de un guardia aproximándose. álvarez alcanza a ponerse de pie cuando siente el golpe en la puerta que se abre, dos muchachos jovencitos, pálidos, flacos, apenas mayores de edad, vienen juntos esposados de la muñeca derecha de uno y de la muñeca izquierda del otro. en sus muñecas no esposadas palpitan tajos cruzados que les sangran, las manos goteándoles por los dedos rojos, y tiemblan en las rodillas y tienen los ojos desorbitados, como si ya empezaran a no estar allí.

la secretaria levanta el teléfono, el guardia detenido en el espacio, en silencio, los muchachos tratan de enfocar a álvarez, álvarez entiende que están a punto de desmayarse y le pide al guardia que los siente, ¡auxilio!, ¡ayuda!, álvarez sale de la enfermería al pasillo y grita, ¡auxilio!, ¡ayuda!, ¡auxilio!, ¡ayuda!, pero no viene nadie, nada se mueve, vuelve y entra a la enfermería y los muchachos siguen de pie, el guardia ahora cerca de la secretaria, ella con el auricular en la oreja.

ocampo y otro dragoneante llegan trotando. álvarez está en el pasillo, no puede articular palabra, le suda la frente y siente que las manos se le entumecen. ocampo echa un vistazo adentro y vuelve con álvarez, que toma aire y le pide que atienda a los muchachos, se van a morir, ocampo, por favor, están sangrando, tranquilo, doctor, respire, eso pasa aquí todo el tiempo, ya viene la enfermera.

*

en el camino de regreso al ere-2 pega fuerte el viento y el polvo de la parte no pavimentada se les mete en la boca.

al principio de los ochocientos metros ocampo trata de hacer conversación, le parece una pena que álvarez no haya podido hacer su fisioterapia, qué vaina, doctor.

luego de que álvarez le contesta con monosílabos, ocampo le pregunta por qué le impactaron tanto los dos muchachos cortados.

álvarez se detiene y lo mira. quiere preguntarle a él por qué no parece haberlo impactado, pero no tiene fuerzas.

la mayoría de las veces lo hacen pa presionar y que la guardia relaje y deje entrar drogas, la mariguanita, doctor. siempre se ha dicho que son los mismos plumas del patio los que les piden a los chinos que se corten, le cuenta ocampo, y álvarez no sabe cómo cerrar los oídos.

(años después, en mis entrevistas con vargas y garzón, esta idea será recurrente: el horror presidiario es explicable y así digerible; allí en la cárcel cada quien hace lo que hace, incluso cortarse las muñecas, porque *detrás hay otro propósito*, el pliegue más de otra fuerza en juego en la desgracia larga del encierro. pienso: la prisionalización del custodio es su adecuación hacia la impasibilidad; el exoesqueleto de un sistema nervioso que no tiene cómo ni por qué saber que se ha venido agrietando.)

álvarez entra en su celda, se recuesta en la pared de su plancha y se echa a llorar.

minutos después, cuando empiezas a respirar en las claves de meditación que conoces y recobras la perspectiva, sacas tu brazo derecho del cabestrillo, te quitas el saco de sudadera y te dispones a repetir los ejercicios de fisioterapia que vas manejando, los dedos como araña recorriendo la pared al frente hacia arriba, el cuerpo poco a poco acercándose a la pared a medida que el brazo sube y el hombro estira y el dolor se agudiza y la desgracia de estar encerrado te inunda, y vuelves a llorar, viejo, lloras desbocado por una cosa que quieres dejar de saber si es dolor del esfuerzo de recuperar la movilidad de tu hombro o es la vergüenza acumulada de imaginar a decenas de personas que te conocen y te aprecian y que pueden estar sospechando de ti sin que tú tengas ni energías ni vocabulario para ocuparte de recuperar tu nombre al menos ante ellas, lloras de una cosa que quieres dejar de saber si es la rabia que te han obligado a acumular al no dejar que enfrentes el proceso penal en libertad y lloras porque no puedes sacarte de los ojos, de la garganta, de tu húmero en rehabilitación, los rostros pálidos y abandonados de esos dos muchachos cortados a punto de desvanecerse.

modos de libertad

álvarez recibe la boleta de libertad el sábado 20 de enero de 2018. son las 4:50 p. m. nosotros ya nos hemos ido de la visita y vamos por la avenida caracas en nuestro camino de regreso. mi hermano maneja. yo cuelgo la llamada y grito. él hace un retorno, una oreja, algo, y agarramos de regreso camino a la picota con el sol cayendo a nuestro costado izquierdo.

¡álvarez, con todo!

el jueves 18 de enero, dos días antes, el juzgado 2 penal del circuito les comunicó a las partes su fallo al recurso de apelación y tumbó la decisión del juez de control de garantías de detener a álvarez de manera preventiva en recinto carcelario, dictó que podía defenderse en libertad e hizo devolver la caución.

(esta audiencia de lectura de fallo había sido convocada para finales de noviembre de 2017, pero fue cancelada. el día que la cancelaron, juan diego fue en la mañana a la oficina del juzgado para llevar una carta en la que álvarez desistía de asistir a la audiencia y encontró que estaban allí, adentro en el despacho, el fiscal 88 que se quedó al frente del caso (óscar jiménez) y también el procurador delegado (henry bustos). ¿qué hacían ellos dos allí, juntos, el día en que el juez de conocimiento decidió aplazar la audiencia de lectura de fallo que ya tenía citada?)

ese diciembre de 2017 álvarez tuvo que pasarlo guardado. nos marcó al teléfono de la casa el 31 a la medianoche, conversamos un rato en altoparlante, colgamos y todos nos fuimos a dormir. millonarios había salido campeón catorce días antes. hay una foto del viejo, tomada por garzón, en la que se le ve sentado en su plancha con dos platos de crispetas, un saco azul y la sonrisa de quien se alista para disfrutar y sufrir del partido de la final. en la visita del 23 de diciembre contratamos los servicios de maderas y mandamos a hacer un parqués conmemorativo de aquella victoria futbolera con gol agónico de henry rojas. nadie nunca ha usado el bendito parqués, que quedó bello, pero es todo azul, azul todo por completo azul, con lo cual nadie lo ha considerado viable para el juego ni se ha animado a estrenarlo: cosas que nacen ruina.

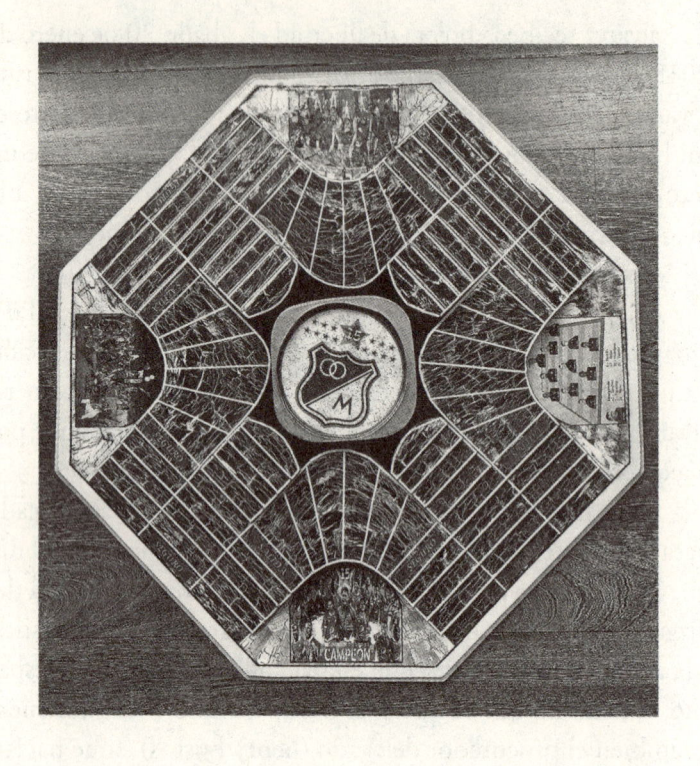

*

llegamos a recogerlo y lo encontramos sentado en el andén afuera del penal. ya es de noche. me bajo a abrazarlo. sólo trae una bolsa de tela con el cpap y una carpeta de papeles. en el recorrido de regreso hablamos de mil cosas y ninguna. no lloramos. en el umbral de la casa nos pide que le traigamos una muda y una bolsa de basura. no quiere entrar con nada de lo que salió de la cárcel. se desviste en la puerta, se cambia y mete la muda carcelaria en la bolsa negra que deja allí al pie de la entrada. nos sentamos en la sala. mi hermano sirve tragos. yo organizo algo de comer. carmen y rocío lo acompañan y conversan con él. cuando hemos mordido comida y bebido un par de tragos, sentados los cinco en la sala, álvarez empieza a hablar y a pedir perdón.

por momentos, viejo, pides perdón por cosas que sólo tú pareces estar entendiendo. otras veces eres claro y pides perdón por haber sido neura en tu largo pasado laboral y haber dejado llevarte el temperamento por las presiones del servicio público y que eso hubiera conllevado tensiones y gritos y tiempos escasos de recogimiento en los distintos espacios que fueron tu hogar. pides perdón entre llantos que se agudizan y se apaciguan, respiras, retomas el sentido de lo que dices, te extravías de nuevo, te escuchamos, te sabemos ir y venir entre tu ser amoroso y tu ser temperamental, acercarte al abismo de una generación que confundió la exigencia profesional con esperar de sus colaboradores acatamientos 24/7, un mandato amargo que priorizó el servicio al estado entre manotazos a la mesa y tratos recios. le pides perdón a rocío por cosas que son de su intimidad; nos pides perdón a nosotros, tus dos hijos y tu hija, por vainas tan distintas como haber esperado de carmen cosas que no se correspondían con sus deseos y prioridades; a juan diego, por haber sido sobrexigente y desatento cuando pasó por sus crisis de adolescente; a mí me hablas del hecho de que quisieras que fuera más amoroso contigo y más dedicado a la promoción de mi carrera literaria.

luego de tu catarsis emocional nos agradeces por no haberte dejado solo, por haberte acompañado en las averiguaciones que hicimos y por haber gestionado las comunicaciones internas con las que fuimos protegiendo, aquí y allá, en reuniones privadas con los amigos tuyos que se abrieron a escucharnos, tu nombre maltrecho, eso abstracto que es sin embargo patrimonio tangible, eso desgraciado por la arbitrariedad y el abuso cometidos desde oficinas del aparato acusatorio del estado.

*

juan diego y yo salimos a la existencia pletóricos desde esa misma noche del sábado 20 de enero de 2018.

con la libertad del viejo conseguimos apagar buena parte de la angustia, de la vergüenza, de los tanteos furtivos y abismados que tuvimos con el resentimiento y la locura.

tres meses después de aquel frenesí vital, cuando esa curva, también desesperada, empezaba a apagarse (al menos en mi caso), la noche del 21 de abril de 2018, en plena feria internacional del libro de bogotá, fui a una fiesta en el restaurante elbarrio de mi amigo iván ospina y la vida volvió a catapultarme con delirio, esta vez, por fortuna, del bueno, porque esa noche conocí a la escritora catalina navas y sospecho que desde el primer instante me enamoré de ella. (para ser precisos, con el tiempo —una semana— descubrimos que ya antes nos habíamos conocido, yo ya le había coqueteado, la había invitado a salir, no había ocurrido y ambos nos habíamos olvidado mutuamente por años, ocho, para ser precisos con los ciclos de la existencia.)

el amor nos hace cosas extrañas en el cuerpo. nos lo ensancha en sus rangos de percepción, nos lo expande en su espectro de vulnerabilidad porque propaga su alcance. mi impresión más asombrosa ha sido la felicidad de saber las experiencias dichosas de catalina parte de mis experiencias de dicha. digamos, por ejemplo, que ella termina de escribir un libro o consigue una escena y se para de la mesa pletórica y lo grita y la adrenalina de ese grito me atraviesa a mí también el cuerpo. lo que quiero decir es que existe algo así como el amor y el desdoblamiento. multiplicarnos. vivir en una vida las posibilidades de dicha y rotura de más de una existencia; intensificar la existencia. vivir en el abismo vital y en el riesgo de la experiencia expandida.

este libro, en el fondo, es una bitácora apenas conexa de los riesgos del amor como experiencia de expansión.

si te meten a la cárcel, más vale que te metan sólo a ti, y no a los tuyos junto a ti enlazados por el amor, porque si al meterte a ti resulta que el vínculo con los tuyos es tan fuerte que ellos en su cabeza quedan encerrados también, entonces esa posibilidad de intensificación de la existencia se transforma en peligro, uno de tipo operativo, porque de la cárcel tienes el deber humano de escapar, y más vale que haya alguien que te ame y se haya quedado afuera para ayudarte en ese trance terrenal.

tan temprano como mayo de 2018, recién empezábamos a conocernos y lo hacíamos subiendo a la montaña, catalina fue una de las primeras personas desconocidas o recién conocidas a quien le conté sobre el juicio en el que estaba mi padre y sobre el trauma carcelario y reputacional por el que acabábamos de pasar. catalina fue mi primera escucha, en la vida renacida, de un relato que yo seguía sin poder asir y escribir porque él aún me escribía a mí. contarle a ella fue una de mis primeras prácticas para poder estar hoy aquí, contándoles a ustedes, desconocidos o recién conocidos, el trayecto de la desgracia que le cayó a mi padre y junto a él a mi familia —incluso a mi carrera literaria, detalles de miseria de gremio y «selección de autores» en los que no voy a entrar—, un relato de enlodamiento que hago público porque confío en la bondad de los desconocidos o de los recién conocidos, gente que, llegadas las circunstancias, puede ayudarnos en el legítimo anhelo humano de escapar.

*

las cárceles son depósitos vivos de relatos de inocencia: el culpable cuenta ángulos de su inocencia; el inocente cuenta ángulos de su inocencia. y eso es triste de una manera que aún no consigo comprender.

*

en esos meses en los que regresé al mundo, adriana díaz lezama me escribió para saber yo cómo estaba luego del carcelazo del viejo. nos vimos un día en el barrio la soledad y esta vez fui yo quien le contó de todo. me escuchó con bondad; nunca olvidaré esa bondad con la que lo hizo. me desanudó por fortuna porque entonces necesité deshacerme.

catalina y adriana fueron de las primeras personas en escuchar mi relato avergonzado y el anecdotario carcelario delirante, una de cerca y la otra a la distancia.

en los espacios de esas escuchas, entre los que también cuento la casa de nuestro amigo en común jaime castro, donde mi hermano y yo nos encontrábamos para dejar los teléfonos apagados en una habitación y, en la paranoia de la tristeza, hablar en privado en otra habitación mientras veíamos los partidos de millonarios junto a jaime (otro hincha enloquecido como nosotros), mi cerebro, nuestros cerebros, en esos espacios —el mío también en la montaña caminando con intensidad detrás de catalina que corría en la montaña—, nuestros cerebros, en desdoblamiento enamorado, empezaron a salir de la cárcel también.

Movimiento cinco: disoluciones

Saber perderte

Como tantas cosas del mundo, con la irrupción de la pandemia, el juicio en contra de mi padre también se detuvo en marzo de 2020.

John Villamil llevaba dos años defendiéndolo en libertad. Había ocurrido la presentación del escrito de acusación, un texto de una mediocridad inaudita, hecho de oraciones a tal grado genéricas que era difícil dilucidar de qué exactamente había que defenderlo; habían tenido lugar las varias audiencias preparatorias, donde el juicio es acotado en sus términos y material probatorio; había iniciado la presentación de pruebas y testigos de la Fiscalía e incluso el proceso había cambiado de juez a raíz del ascenso del primero asignado. (Hoy en día, a finales de 2023, vamos en una cuarta jueza a cargo.)

Con todo, ya en aquel punto de marzo de 2020 —y peor aún a partir de entonces— se trataba de un juicio que no podía interesarle menos al fiscal a cargo (Óscar Jiménez) y al procurador delegado (Henry Bustos). Cuando discutían las agendas para una siguiente audiencia, la Fiscalía siempre pedía tres o cuatro meses de margen. Cuando ocurría la más mínima falla técnica, las sesiones entraban en recesos que se dejaban arrastrar en la indiferencia. (Hoy es distinto. Tal vez porque la oficina de comunicaciones de la Fiscalía sabe de la inminencia de este libro.)

Lo que quiero decir es que en el momento de la irrupción de la pandemia nadie tenía prisa, nosotros tampoco, y con la omnipresencia del virus nos deslizamos durante largos doce o catorce meses en la sensación de un pleito suspendido.

En esa suspensión empecé a escribir. O retomé la escritura más allá de las libretas que siempre llevé y en clave de dilucidar si esta historia del carcelazo de mi padre empezó para mí antes —para él seguro mucho tiempo atrás—, cuando anduve husmeando en otro proceso y formulé preguntas para otras celdas. O cuándo.

Empecé a escribir porque necesitaba darle sentido a una experiencia frente a la que sólo tenía preguntas, y cada pregunta me golpeaba al repetirla: ¿por qué la saña con la que fueron en contra de Álvarez? ¿Qué necesidad hubo de encerrarlo seis meses en una cárcel y erosionar su vida pública y laboral?

Mi padre, la coimputada, ¿era posible que hubieran cometido un error —él en la supervisión de la delegación, ella en la contratación misma—, y que ese error hubiera configurado una contratación sin el lleno de los requisitos legales?

¿801 millones de pesos? (¿Acercarse al fuego para apagarlo?)

Álvarez estuvo al frente de la Secretaría Distrital de Movilidad durante tres años (2009-2011), lo investigaron hasta debajo de las uñas, ¿y las sospechas de la Fiscalía se concentraban en 801 millones de pesos supuestamente apropiados por un tercero que, en cambio, nunca siquiera llamaron a interrogatorio?

Cada centavo público debe ser vigilado y vale más que cualquier otro centavo. Justo por eso resulta delirante, anormal, el desperdicio de los cientos de millones de pesos de la rama judicial que se han ido en esta primera fase sin más fases, en esta persecución penal que es una hilacha sin sentido promovida por la lógica de un programa anticorrupción de cristales ahumados.

*

En el momento más crítico del carcelazo, a mediados de septiembre de 2017, cuando necesitábamos de un golpe de claridad para entender lo que nos pasaba, acordamos contratar el concepto de un penalista reconocido que nos ayudara a digerir la imputación y su envergadura por fuera del espectro de comprensión de John Villamil. Con mis ahorros esfumándose, representados en ocho millones de pesos, llegué al penalista Juan Camilo Córdoba Escamilla, que fue empático conmigo y mi familia porque resultó un rockero empedernido y por lo mismo dio la casualidad de que había leído *Candidatos muertos*, la novela que publiqué en abril de 2011.

El concepto de Córdoba Escamilla tiene veinte páginas, está firmado el 6 de octubre de 2017, es escueto y comprensible —usa el lenguaje común para desentrañarnos el lodazal jurídico al que nos arrojaron— y dice al menos cuatro cosas cruciales:

a) Existe una «fórmula común» en la Fiscalía de imputar contrato sin cumplimiento de requisitos legales en concurso automático con peculado por apropiación en favor de terceros; asumen que si un contrato, en la interpretación de la Fiscalía, evidencia errores en su suscripción o ejecución, de manera directa hay «disposición ilegítima de recursos».

b) El problema jurídico de fondo consiste en una «divergencia» de la Fiscalía con respecto a lo que, ellos opinan, «debió haber sido el contrato», no en una clara y evidente violación de un «requisito legal esencial» de un contrato estatal, lo que montan sobre otro hecho y es la «indefinición del tipo penal», un punto al que ha tratado de ponerle freno la Sala Penal de la Corte Suprema de Justicia exigiendo que no haya «remisión genérica» —es cuando citan los principios que dicen violados, pero no detallan de manera precisa de qué modo se violó cada uno de esos principios—, como fue el caso en esta imputación.

c) Una cosa es la viabilidad jurídica de las adiciones y otra la vulneración grave de los principios y normas de la contratación estatal; considerar lo primero no es probar lo segundo. Así las cosas, la reunión en la que la Fiscalía sostiene que la coimputada avisó del camino de las adiciones, y que presentan como prueba de la intención de los participantes de vulnerar la contratación, debe revisarse para «determinar si [...] estaban ante una encrucijada propia de la administración pública», la cual resolvieron en procura del objetivo mayor que era «poner a andar el SITP».

d) Dado que hasta el momento no existe ningún «material probatorio» que evidencie, «más allá de toda duda razonable», la violación de un requisito legal esencial, conviene seguir con la estrategia de defensa hasta el juicio oral.

Pero así como Córdoba Escamilla trató la minucia de la acusación y nos dio algo de tranquilidad e intelección, así también en una de sus conclusiones escritas, y en la conversación que tuvimos cuando nos entregó a mi hermano y a mí el concepto, su síntesis fue rotunda y ha sido de las dagas (todavía) difíciles de digerir en estos borrosos años de carcelazos y encierros pandémicos: las medidas de aseguramiento resultan altamente discrecionales según los preconceptos del juez; factores externos como la presión de los medios de comunicación, el escándalo que puedan relacionar con el proceso y la posibilidad de que el juez resulte cuestionado o investigado por dar prelación al principio de libertad en casos de importancia para la Fiscalía (los llamados *casos de connotación nacional*), lo asustan y lo conducen al «prevaricato por temor»: el juez, investigado por la propia Fiscalía, teme el «linchamiento mediático» que bien puede ser provocado por esa Fiscalía. De cara al juicio —era el concepto central de Córdoba Escamilla— *no tendrán oportunidad* mientras no consigan desprender las minucias alrededor de las adiciones al contrato interadministrativo del estigma *carrusel de la contratación de Bogotá*.

No tendrán oportunidad.

Un estigma.

Desprender.

Encrucijadas de la administración pública.

¿Cómo se desprenden dos materias que no están atadas?

¿Cómo se desprenden dos materias que sólo fueron atadas con artilugios retóricos en las horas confusas de un conjunto de audiencias concentradas que nunca debimos permitir que fueran concentradas por más presión mediática que hubiera existido?

¿Quién es uno para darse cuenta de la fuerza incorpórea que significa la presión mediática a la que estás siendo sometido?

*

Un juicio penal es la reducción de un centenar de preguntas a una única con la obligación de ser contestada: ¿culpable o inocente?

(¿Neoliberal todavía? ¿Burgués de espíritu siempre? ¿Trotskista en el ala correcta? ¿Gocetas de categorías añosas?)

Hoy sé que no hice este recorrido por las respuestas.

*

Hubo otro concepto que contratamos recién Álvarez salió del carcelazo con el ánimo de profundizar, ya no en el rompecabezas penal, sino en la minucia administrativa detrás de las adiciones al contrato. El concepto está fechado en abril de 2018, son veintiocho páginas que escribe y firma el exmagistrado de la Corte Suprema de Justicia Jaime Alberto Arrubla Paucar. En la disolución de esta historia porosa, cito una sola de las ideas de Arrubla Paucar enunciada cuando éste ha terminado de examinar la documentación completa incluyendo el escrito de acusación de la Fiscalía, que descansa, lo he contado antes, en una interpretación según la cual las adiciones contratadas con la Unad fueron modificaciones al objeto del contrato inicial: «Es esencial a los contratos públicos que estos consten por escrito, como lo señala el artículo 39 de la Ley 80 de 1993, sin embargo esto no impide que las partes interpreten su contenido dentro del marco de la legalidad y la razonabilidad. Las partes interpretaron que dentro del objeto del contrato estaban comprendidas las actividades que dieron justificación a las adiciones en valor [...] consideramos que tanto el objeto del contrato como los estudios previos son amplios y razonablemente se pueden entender incluidas dichas actividades...».

Existe un *marco de razonabilidad* y perderlo hizo parte también del horizonte interpretativo de los fiscales a cargo del proceso.

*

A media vía de la redacción de este libro, en marzo de 2022, cuando empezaba la recta final de la campaña presidencial en Colombia y el país y el mundo intentaban cerrar en un sentido u otro sus ciclos epidémicos, me sentí tan fatigado, tan desbordado por todo lo que venía pasando desde el inicio de la crisis sanitaria y con la agudización de las tensiones sociales y políticas expresadas en la movilización social del primer semestre de 2021, que a punto estuve de aquello que el libro no me permitía: abandonar mi consumo de prensa, desentenderme de la realidad nacional, cerrar los oídos ante el volumen del fragor público.

Para seguir adelante me acerqué a uno de los parches más divertidos del ecosistema podcastero y concentrado en el análisis y la crítica de medios: *Presunto Pódcast*.

Fue intuitivo. No sabía con precisión lo que hacía. Tenía que seguir consumiendo la realidad nacional reportada por los medios, ellos mismos en transformación, e impedir al tiempo que ese consumo deprimente me paralizara.

Presunto obró esa ecuación y más: le dio sentido al hecho de vivir intoxicándome con noticias; me ordenó varias comprensiones acerca de la manera como funcionan, en el país, el poder y el relato público; me sacó del yo que nomás opina y me llevó a una mesa común de amistad, humor y asombro donde la voz de uno va diluyéndose en el nosotros, el norte es el análisis y la hechura de cada episodio significa un gozo aural y no escritural.

Durante dos años, cuando la directora y productora del espacio, Sara Trejos, le daba *play* a sus máquinas y entonaba con energía una misma bienvenida semanal, yo me perdía en una escucha distinta a las angustias de este libro al tiempo que avanzaba en los tejidos de este libro: ¿cómo experimentamos y reportamos la realidad cuando la realidad significa, por ejemplo, los hedores del pantano en disputa que puede llegar a ser la justicia en Colombia?

*

Sospecho que he llegado a este punto dando la impresión de que primero investigué una historia, la respuesta negativa produjo desorientaciones, nos extraviamos en las angustias del caso de mi padre y luego los giros y más giros de las ansiedades pandémicas arrojaron direcciones y señales dispersas.

Lo cierto es que cada vez me convenzo más de que siempre estuve perdido. Desde que puse en marcha mi acercamiento a Adriana Díaz Lezama para hurgar en su dolor, ya estaba perdido.

Ese acercamiento, sus términos en clave de *no quiero despertar dolores arbitrarios*, debí darme cuenta entonces, eran ellos mismos la expresión de mi desorientación.

No me extravié a raíz de aquella primera negativa de la familia de Alejandra, a raíz del calentamiento del caso de mi padre o con la caída de la pandemia. Estuve perdido desde un principio.

Y no *perdido* en el sentido de vivir desperdiciándome; perdido de otra forma menos tajante y dramática, una cierta práctica de vaciamiento: caer sin consciencia en la carencia de vocabulario o de categorías o de experiencias cauterizadas antes de arrancar a caminar, que en esta metáfora es escribir que es seguir con vida.

*

En el libro *Una guía sobre el arte de perderse*, Rebecca Solnit propone, a partir de la caminata en la naturaleza, la práctica artística y el diálogo con distintas tradiciones culturales, un giro de sentido en la manera como asumimos nuestras experiencias: «La pregunta es cómo perderse. No perderte nunca es no vivir, no saber cómo perderte acaba contigo [...]».

Saber perderte sería así reponerte a la primera irritación de no entender cómo te perdiste o por qué la incertidumbre.

Estar perdido empezaría a significar estar presente.

Perderse bien —el esfuerzo de *buscar perderte bien*— no es sólo desubicarse y estar en ese gozo presente y geográfico sino transformar la plasticidad de tu cerebro de tal modo que la inmersión en el mundo en el que te pierdes se convierta en una aventura cognitiva.

*

Pregunto porque hago tu sufrimiento el mío.
Me pierdo porque hago de mi sufrimiento menor un intento de dignidad cognitiva.
Toda celda acabará siendo algo más que el encierro de los unos para tranquilidad de los otros.

*

La primera palabra que puse en este libro no está en las primeras páginas de este libro, y rastrearla ya es imposible como no tiene sentido buscar la asociación *correcta* o *adecuada* entre las hojas disolviéndose de este trébol que sólo es un reguero de dolores desiguales.

«No hay un solo fugado»

Una semana después de decretada la alerta amarilla en Bogotá el 11 de marzo de 2020, distintos comités de derechos humanos de las cárceles en el país le solicitaron al Gobierno nacional la declaración de la emergencia carcelaria para sobrellevar, además del habitual hacinamiento y las pésimas condiciones sanitarias, los riesgos de salud que empezaban a cernirse con la inminencia de covid-19.

El Estado no les prestó atención.

Pasaron las horas, los días.

Las visitas familiares fueron suspendidas.

Los rumores de escasez de alimentos y estupefacientes corrieron por los pasillos de varios penales.

El miedo a morir que todos empezamos a experimentar se multiplicó dentro de las paredes penitenciarias, carentes, entre otras tantas cosas, de servicios de salud mental.

Los comités de derechos humanos de varias cárceles convocaron entonces a un cacerolazo para el sábado 21 de marzo en la noche.

En la cárcel La Modelo, al occidente de Bogotá, el cacerolazo escaló hacia las nueve de la noche a toallas y colchonetas prendidas con fuego, detenidos que rompieron los candados de las celdas, grupos de cientos en dos patios que se armaron de manera amenazante con palos y cuchillos que escondían y otras decenas de reclusos que saltaron a los techos de las edificaciones e intentaron tumbar rejas y alambres de púas con el propósito de escapar.

Fueron cientos de amotinados en distintos espacios de un penal que soportaba, en esas fechas de inicio de la pandemia, más de cinco mil reclusos a pesar de estar diseñado y equipado para tres mil personas. (Hay versiones de internos y guardias que dicen que el motín estaba anunciado, que la guardia de La Modelo había hecho la advertencia y que no existió plan de prevención.)

Vino entonces la respuesta de la fuerza pública por orden de la entonces ministra de Justicia Margarita Cabello.

Gases lacrimógenos. Bolillo. Bates. Disparos. De goma y de balas. Entraron en escena grupos de apoyo del Inpec y de la policía. El Comando Operativo de Remisiones Especiales de Seguridad. El Comando de Reacción Inmediata. Las fuerzas del orden en clave de respuesta y munición.

A diferencia de otras generaciones de motines, en esta ocasión aparecieron, casi en simultáneo a los hechos, videos de lo que estaba ocurriendo, a veces de los guardias, a veces de los propios detenidos con celulares y señal para transmitir por redes sociales, a veces de los familiares alertados y apostados a las afueras del penal.

El saldo final de la retoma de los patios amotinados fue de veinticuatro reclusos asesinados y ciento setenta y un heridos, entre ellos treinta y un guardias. Uno de los guardias fue herido a puñaladas y otro intentó ser quemado dentro de la garita ocho.

*

Nueve meses después, Human Rights Watch presentó un informe luego examinar las veinticuatro necropsias que emitió el Instituto Nacional de Medicina Legal y Ciencias Forenses. Según los expertos consultados «la mayoría de las heridas de bala descritas en los informes de necropsia [fueron] infligidas con intención de matar [...] no registran ningún indicio de heridas de bala que hayan sido efectuadas únicamente con el fin de herir a las personas».

En abril de 2021, un año después de los hechos, aún en pandemia y todavía con las visitas familiares a las cárceles suspendidas, la Unidad de Investigación de Noticias Caracol, dirigida por el periodista Ricardo Calderón, tuvo acceso a doscientas setenta horas de las cámaras de seguridad del penal. En su investigación y comprensión de las imágenes a partir de testigos protegidos y documentos de distintas entidades a cargo de dar cuenta de lo ocurrido, la conclusión de los periodistas es que el penal estuvo en caos y descontrol cerca de dos horas, la retoma tomó alrededor de otras dos horas y a partir de ese momento los abusos de la fuerza pública fueron flagrantes: hubo falta de atención médica a los heridos, quienes pasaron en sanidad tirados en el piso más de seis u ocho horas con heridas de bala; golpizas y desnudamientos a reclusos en estado de indefensión; manejo irregular de cuerpos y alteración de escenas de crimen.

Sobre el alcance de la orden de respuesta impartida por la ministra Cabello, *La Nueva Prensa* publicó un audio del día siguiente (22 de marzo) en el que se la escucha declarar, reunida con autoridades del Inpec, el «orgullo» que siente por el hecho de que «el cuerpo de custodios, valeroso» no permitió fugas. Los celebra y pasa a prometerles que seguirá haciendo esfuerzos por sus prebendas sindicales en salud y ampliación de nómina. En una lectura discutible de los hechos, y aprovechando la crispación social de aquellos primeros días de la emergencia sanitaria, Cabello dice: «[…] nos salvaron de tener en las calles de la ciudad en estos momentos tan críticos a cinco mil privados de la libertad […] con todo lo que eso nos podría causar de angustia en el país […] no saben el orgullo que para mí significa poder decir, NO HAY UNO, no hay un solo fugado».

*

Todas las personas con las que conversé, relacionadas en un grado u otro con el Inpec, coinciden en una misma opinión escalofriante: para la guardia, ante un motín, el *parte positivo* es aquel de cero fugas sin importar el número de muertos. Lo confirman las palabras de la entonces ministra de Justicia: su orgullo personal son *los no fugados*; los muertos son una cosa secundaria que no amerita comentario.

La necropolítica y el populismo punitivo exacerbados en medio de la ronda del miedo y la zozobra social de los primeros días pandémicos.

A pesar de contradecir toda instrucción o educación en derechos humanos impartida en los últimos quince años en la Escuela Nacional Penitenciaria, *la cultura carcelaria vigente*, el propio fenómeno de prisionalización de los custodios y su deshumanización de los detenidos y de ellos mismos, los conduce a asumir el riesgo de fuga como una cosa más importante que el derecho a la vida.

Cero fugas. No importa el número de muertos. Nadie averiguará más si se trató de ejecuciones extrajudiciales de detenidos.

¿Qué cuidado es este de *lo institucional*?

Es cierto que la evidencia en este caso del 21 de marzo de 2020 muestra dos momentos en los que la vida de dos guardias estuvo en peligro, pero es justamente la simplificación de esta ambigüedad compleja, su construcción institucional y mediática como trinchera de defensa de la reacción con exceso de fuerza por parte de los sujetos uniformados por el Estado, lo que habla de la vida vindicativa y la cultura del ajusticiamiento que anida en las salas de nuestros hogares, donde nos reclamamos demócratas.

*

Una semana después de los hechos, la madre de David Rojas, un joven de veinticuatro años, imputado y detenido de manera preventiva allí en un patio de La Modelo, recibió su boleta de libertad.

David Rojas fue uno de los veinticuatro detenidos asesinados.

¿Con qué escala de consuelo se acerca un funcionario, empeñado y astuto, al dolor de la madre de David Rojas?

*

La Comisión de Seguimiento de la Sociedad Civil a las sentencias T-388 de 2013 y T-762 de 2015, segunda y tercera en declarar el estado de cosas inconstitucional en las cárceles del país, evalúa y comenta los informes de seguimiento del Gobierno nacional en esta materia. En septiembre de 2019, en la última respuesta de la Comisión antes de la pandemia, sus observaciones reiteraron dos cosas que acá son pertinentes: 1) la necesidad de mejorar la información sobre el uso de la detención preventiva dados los vacíos que existen acerca de cómo funciona en términos reales —los informes de seguimiento del Gobierno no recogen de la Fiscalía indicadores al respecto: número de medidas de aseguramiento privativas de la libertad solicitadas por la Fiscalía e impuestas por los jueces; la duración promedio de la detención preventiva; evaluación de las causas subyacentes de las privaciones injustas de la libertad— y 2) la importancia de robustecer la batería de indicadores de salud dado que buena parte de ellos son confusos y problemáticos e impiden conocer con claridad los momentos concretos de la vulneración de este derecho.

Cuando llegó la pandemia, ante la catástrofe que podía significar un hacinamiento del 50% en las cárceles del país, voceros de esta Comisión recomendaron liberar a cuarenta mil personas, la mayoría en detención preventiva, es decir, personas sindicadas, no condenadas.

El gobierno de Iván Duque tardó entonces semanas en emitir el Decreto 546 del 14 de abril de 2020, a través del cual otorgó medidas para sustituir la pena de prisión y la medida de aseguramiento de detención preventiva intramural por detenciones domiciliarias transitorias, lo que debía alcanzar a cuatro mil personas.

En la primera semana de mayo de 2020, cuando la curva de contagios crecía con alarma en el país, sólo doscientos individuos habían podido hacer uso de estas medidas.

*

Decretos insuficientes.

La más delicada y abismal de las sentencias de la Corte Constitucional, el estado de cosas inconstitucional, reiterada tres veces respecto a una misma instancia del Estado colombiano: el sistema penitenciario y carcelario (1998, 2013, 2015).

Una cultura punitivista y vindicativa en una sociedad que al tiempo empieza a reconocer la gravedad de sus índices alarmantes de desigualdad y la falta de oportunidades educativas y económicas para juventudes populares fácilmente capturables por el crimen organizado.

Esto de un lado.

Del otro, colchones incendiados, puñales, una que otra pistola robada y el deseo de escapar.

La desproporción de armas y sentidos en toda su extensión.

Y luego la proyección de esta metáfora viciosa de *las armas* para dar cuenta de otra realidad: el virus transmitiéndose membrana a membrana.

Y luego también el horizonte de la vacuna como *arma* contra el virus. *Combatir* el virus. *Acabar* con el virus. *Romper* el virus.

Armas y más armas para entender y atender expresiones muy distintas y complejas de la realidad.

La pobreza en la acción es siempre antes una pobreza en el vocabulario.

*

Vladimir Melo Carrillo cerró la cuenta de Instagram donde registró su vida carcelaria en algún punto de 2021. Las últimas fotos que alcancé a verle allí lo mostraban afuera de la cárcel. La montaña de un pueblo en el fondo de la selfi, un letrero de aguas termales, dos o tres restaurantes campestres en familia, citas bíblicas.

Aunque dejé todo contacto con él en las semanas finales de 2017, poco antes de que mi padre saliera de su detención preventiva en enero de 2018, de vez en cuando volví sobre su cuenta inverosímil, nunca entendiendo del todo por qué lo hacía, quizás porque mientras escribía pensaba que seguía urgido de información o porque me urgía la información para distraerme de la ansiedad y la fatiga de estar escribiendo. O quizás porque soy un animal que necesita saber el final de las historias.

Hice cálculos y consultas y entendí que había empezado a recibir permisos de salida de setenta y dos horas. Melo Carrillo fue detenido en 2009 y condenado en 2011 a treinta y seis años de cárcel. Una tercera parte de su pena, doce años, se cumplió en 2021, y dada su buena conducta, su libro publicado y sus insistentes y múltiples participaciones en actividades educativas, era concebible que estuviera ya en fase de tratamiento de mínima seguridad, que hubiera redimido una buena cantidad de su pena y que, en fin, le hubiera llegado la hora de trabajar en su resocialización con salidas eventuales.

A mediados de 2023 descubrí que abrió una nueva cuenta de Instagram. En ella ya no hay rastro alguno de su pasado carcelario. Las citas bíblicas también aparecen menos. Fotos y videos en un bar de la Primero de Mayo. Fotos de su madre. Fotos con amistades. Textos cortos. La primera foto en esta nueva cuenta fue publicada en junio de 2021. Busqué en los registros de los juzgados de ejecución de penas y medidas de aseguramiento.

En 2016 su proceso pasó al juzgado 29. A partir de entonces, y hasta la fecha, son recurrentes las entradas que registran distintas formas de solicitud de redención de pena. Me fijo en una entrada del 18 de agosto de 2016: «Se recibe oficio procedente de la escuela de estudios de género. Facultad de Ciencias Humanas. Universidad Nacional». ¿La escuela de estudios de género? ¿Qué dice el oficio? ¿Se escribe a voluntad de quién, con qué propósito? El 30 de enero de 2020 aparece la primera entrada relacionada con «permiso administrativo de hasta 72 horas». Luego hay varias referencias a «solicitudes» que no se especifica de qué se tratan. En contraste, cuando se trata de *redenciones de pena*, esto sí aparece siempre de manera explícita y clara. Sólo hay una entrada más que habla de manera directa de *salidas*. Está fechada el 28 de febrero de 2022: «Tipo salida: TEMPORAL, fecha salida: 28/02/2022, oficio: 4276…». Una última entrada me sobresalta. Está fechada el 1 de abril de 2022: «Por solicitud escrita de la usuaria ACQQ (¿quién es ACQQ?) se recupera NI y se modifica de salida definitiva a temporal / JSML». (¿Quién es JSML?)

Sondeo el meandro: podría preguntar por la naturaleza del oficio de la escuela de estudios de género, por el error en abril de 2022 cuando tuvieron que modificar su salida de *definitiva* a *temporal*. Podría averiguar, sobre todo, por el número de permisos de setenta y dos horas que le han concedido hasta la fecha, porque dos, que son los que aparecen registrados, parecen pocos considerando la cantidad de fotos en las que Melo Carrillo se exhibe en la calle. Pero me detengo. Las velas de este libro ya no pueden desplegarse más. Es un hecho que Melo Carrillo está saliendo en permisos alineados con la reinserción social, y el abismo de realidad que eso significa desborda la disolución en curso a la que este libro se dirige.

El penúltimo capítulo de *La Biblia rota* se titula «Misión Carácter». Allí Melo Carrillo cuenta, precisamente, la manera como entendió y abordó su proceso de resocialización a partir de un programa en el Inpec llamado «Misión Carácter», proveniente de la organización La Red Business Network, profesionales cristianos con quienes dice haber tenido contacto al inicio de su carrera política. Melo Carrillo relata entonces la manera como se hizo instructor del programa en clave de *servicio a la comunidad* —no dice una palabra directa sobre la relación entre hacerse instructor y recortar los años de su sentencia—, da detalles de las sesiones y de las lecciones de la cartilla («aprender a confiar en Dios», «valorar a la familia») y proyecta un futuro propio que, siempre ha sido mi intuición, será su relato público o comunitario una vez termine de pagar su pena: «[…] en su entender es tal la calidad del material que se visualiza dictando conferencias apoyadas en este exquisito insumo, en iglesias, empresas, auditorios, salones comunales y centros de convenciones».

Dictar conferencias, hacerlo en iglesias, apoyarse en *exquisitos insumos*. Uno de esos materiales será su historia de vida, su relato ecuménico de inocencia. Puedo imaginar la materialización de ese relato: él al final de las escaleras de una tarima de iglesia tomando de la mano a quien se le acerque, marcándole las puntas de los dedos con las letras A, B y C, como lo hizo con Leidy Díaz, la tallerista de La Picota, y contándole a quien lo escucha la naturaleza de los testimonios que hicieron parte de las pruebas que lo condenaron.

*

Converso con Rubiela Castañeda, funcionaria administrativa de la dirección de La Picota en la época de la pandemia. (Reviso también el análisis del impacto de la pandemia en las cárceles del país del Grupo de Prisiones de la Universidad de los Andes hecho junto a la Fundación Friedrich Ebert Stiftung. «El coronavirus en las cárceles colombianas», 12/2020.)

Rubiela me cuenta cómo operó la cárcel en ese largo año y tres meses hasta que fueron retomándose las visitas en junio de 2021. Hubo un puesto de policía apostado a las afueras del penal. Hubo patrullajes permanentes del ejército con jóvenes nerviosos prestando su servicio militar prolongado por meses. La Secretaría de Salud de Bogotá visitaba el complejo carcelario cada tercer día para hacerles pruebas de detección de covid-19 a los guardias y a los funcionarios administrativos. De las pruebas a los privados de la libertad no me habla. Averiguo. De ellas se ocupó la Unidad de Servicios Penitenciarios y Carcelarios (Uspec). Cuando alguno presentaba síntomas graves, venía una ambulancia, lo valoraba y lo remitía al Hospital Universitario de La Samaritana, donde instalaron una carpa vigilada para los reclusos de La Picota. «El número de contagios nunca fue alto», excepto por un par de semanas en las que perdieron el control a raíz del traslado de dos internos de la cárcel de Villavicencio a quienes no les hicieron prueba y llegaron enfermos.

(La lectura del Grupo de Prisiones es menos optimista. Es cierto que los picos no fueron altos, pero los rebrotes fueron constantes. La vulnerabilidad de los presos está expresada en la diferencia entre las tasas de contagio de junio a noviembre de 2020. Por cada mil personas, en la población general el promedio de contagios fue de 2,15. En la población carcelaria ese promedio subió a 19,16.)

Hay un elemento del relato de Castañeda que me desconcierta. Según ella, la mayoría de los privados de la libertad fueron comprensivos con la suspensión prolongada de las visitas familiares. Apenas unos pocos interpusieron acciones legales para defender su derecho a la visita. Me desconcierta porque las visitas son el oxígeno de los detenidos. Si esa fue su postura general, tuvieron que tener mucho miedo por la salud de sus familiares para preferir ese cuidado por encima de su propia salud mental. Lo pienso una segunda vez y me desconcierta menos: todos fuimos dóciles y obedientes.

El análisis del Grupo de Prisiones termina con dos páginas de «recomendaciones de medidas integrales de mediano y largo plazo». Las leo varias veces. Medito en ellas. Las desordeno para leerlas como versos. Trato de entender en qué sentido pueden ser extravíos de radicales. No hallo sino sensatez:

> Implementar mecanismo de justicia que se enfoquen en la solución de conflictos sociales más que en el castigo y la exclusión de los responsables.
>
> Reducir de manera drástica del uso de la detención preventiva.
>
> Fortalecer el sistema de defensoría pública.
>
> Construir con enfoque diferencial y de género la política criminal y penitenciaria.
>
> Formular política pública de atención al pospenado y las comunidades que lo reciben.

En definitiva, estas medidas resumen y adaptan, a las contingencias de nuestra propia crisis carcelaria perpetua, lo que cientos de investigadores en el mundo llevan décadas planteando como camino para dejar atrás el encarcelamiento masivo y afrontar el delito desde la prevención y la acción social y no desde la reacción punitivista. Todo demócrata contemporáneo debería conocerlas. Sin embargo, ciertas mesas de radio de la mañana en Colombia, en América Latina, trabajan día a día para que cada una de estas recomendaciones suene descabellada y alarmante.

Día a día nos achican la imaginación.

Todas las mañanas.

La inmunidad es más que un hecho biológico

Nos confinamos para distanciar nuestras membranas mucosas y nuestros vasos sanguíneos ante la alarma del virus, pero quizás también para detenernos y entender.
Cada periodista se convirtió en periodista de salud.
Algunos filósofos (los europeos, sobre todo) publicaron libros en vivo y en directo y fantasearon ya ya ya con la crisis del capitalismo ya ya ya y los cambios democráticos estructurales postergados en el espectro de sus vidas.
Las distintas escuelas de epidemiología se sentaron al lado de los dirigentes de las naciones y de las ciudades y de los pueblos e hicieron su mejor esfuerzo para pasar pronto del *se los advertimos, pero no nos escucharon*, al más urgente *esto es lo que conviene hacer dependiendo de cuántas vidas aspiren a salvar*.

*

Una vez comprendes que tu vida o la vida a tu alrededor puede desmoronarse a raíz de una realidad mediada por un lenguaje especializado —el de las leyes, el de la militancia política; en este caso, el de la salud pública y la epidemiología—, devorar ese lenguaje es uno de los caminos de supervivencia a los que te lanza tu cerebro: lo tragas desde el misticismo, lo saboreas a partir de las prácticas retóricas que le sean propias y consigas dilucidar, lo muerdes a través de sus lógicas y racionalidades.
Intentas apropiártelo. Y acabas comprendiendo, o creyendo que comprendes, cosas que en otras circunstancias nunca comprenderías o al menos no con la velocidad con que acabas haciéndolo en esta alarma expansiva y devoradora.

*

Una crisis es una grieta cognitiva: entiendes a los tajos; algo entiendes y acabas cortado.

*

Toda alarma pasa por el cuerpo.

*

En la pandemia tuve a mis abuelos maternos vivos. (Siguen vivos.) Ambos estaban en los ochenta y pico de años. Si les prendía el virus, los mataba. Mi abuelo llevaba entonces tres años recuperado de un cáncer de estómago brutal y era (es) diabético. Mi abuela, en fin, estaba vieja y achacosa.

El régimen de las membranas y los vasos sanguíneos me dijo *durante el próximo año tus abuelos se mueren.*

Y luego me enseñó la noción comorbilidad: una segunda enfermedad, en este caso el covid-19, se agudiza en presencia de determinados trastornos primarios.

Así apareció la lista de la condena y del suplicio: edad avanzada, enfermedad pulmonar obstructiva crónica, cáncer de pulmón, fibrosis quística, fibrosis pulmonar, asma moderada a grave, hipertensión pulmonar, embolia pulmonar, miocardiopatía, cualquier enfermedad cardíaca congénita, accidentes cerebrovasculares, diabetes y obesidad, trasplantes de cualquier tipo.

Demencia.

Asma moderada o grave.

El asma de mi hermano.

Su inhalador incrustado en el culo de una botella de plástico desde los cuatro añitos.

Mis traumas.

Mi hermanito apuñalado en febrero de 2017.

Lo que esa puñalada abría.

Aquello que sólo se cerraría, en mi ordenación íntima y arbitraria de la existencia, un año después, el 20 de enero de 2018 cuando conseguimos sacar al viejo de la cárcel.

Como nos ocurrió durante los momentos más destructivos y arbitrarios del proceso penal en contra de mi padre, yo podía entender de manera suficiente la lista de elementos y los contornos del suplicio. Pero entender no me servía de consuelo. No en ese primer momento de alarma cognitiva.

*

Comprender en este momento posterior de la escritura, un momento otro, postergado, sosegado en el cerebro aunque caliente todavía en el cuerpo —mientras escribo lloro, me detengo, camino, visito psicólogos; me han dicho que escribir es revivir el trauma, mi trauma propio y el de otras personas, mejor entonces estar acompañado y acompañar—, comprender en este atardecer de los hechos, luego de construir un tejido de lo ocurrido así ese tejido no conteste a las decenas de preguntas abiertas en el proceso de tejido, sí me brinda consuelo y es *consuelo complejo,* descargado del deseo malsano por encontrar una cabeza última a la cual señalar y cargado a su vez de cierto cinismo saludable: siempre podrán cometer nuevas arbitrariedades en contra del viejo o cualquiera de nosotros los ciudadanos; el trabajo civil por delante es que tengan que esforzarse para justificar sus arbitrariedades.

*

En algún momento de este libro-esquirlas dije que aspiraba a la *impugnación narrativa* de la audiencia de imputación de cargos a través de la cual enlodaron la vida pública y laboral de mi padre y a la *contestación,* al menos cierta contestación, a la máquina demoledora del Estado cuando esa máquina o partes de esa máquina son abusadas por intereses privados y arrojadas de manera indiscriminada en contra de los ciudadanos, en este caso, un antiguo servidor público.

Pero ¿por qué contestar al abuso del Estado?

Para permanecer de manera responsable en democracia.

¿Qué clase de abuso del poder es aquel de los individuos en los altos cargos de responsabilidad del Estado?

Uno nefasto para la credibilidad de las instituciones democráticas.

*

Hay que reconocer el terror hacia cierta institucionalidad: buena parte del liderazgo comunitario en determinadas regiones del país apunta a dilucidar y poner en práctica formas de protegerse de los atropellos del Estado; en buena parte de la experiencia de radicalización de la gente subyace una experiencia de abuso del Estado.

*

Veo fotos del virus. Su mostrarse semicircular, sus chupas diminutas y espantosas.

Me pregunto: ¿por qué hubo quienes quisieron contárnoslo en clave de *enemigo-batalla*?

Su proteína viral, eficiente en pegarse a nuestras células pulmonares, ¿quería destruir? Sus membranas grasosas, proclives a fusionarse con nuestras membranas grasosas, ¿buscaban matar? Su liberación de material genético, ¿por qué describirla como secuestro?

Busco un sustantivo.

Guerra no fue lo ocurrido.

Fue otra materia y sigue siendo difícil de metaforizar.

Me distraigo.

Cierro los ojos.

Un verso porque aún no desentrañamos el mundo.

*

A propósito de justicia y enfermedad.

El sábado 20 de enero de 2018, cuando el viejo quedó en libertad —lo recupero hoy, una tarde de julio de 2023, mientras reviso ya sin sentido y con delirio el archivo descomunal de este caso que como el musgo en la piedra supo tomarse por años la temperatura de nuestra familia—, ese mismo día de su salida, un hermano mayor de John Villamil (Mario Roberto Villamil), residente en la ciudad de Houston (Texas), sufrió un accidente cerebrovascular y empezó a perder la vista. John tuvo que viajar al día siguiente y ausentarse varias semanas para atender la emergencia de su hermano.

Por eso no tengo un solo recuerdo de celebración con John.

Nada, un sonido, nada, un abrazo, nada.

Reparo ahora en este nudo de suertes cruzadas porque el archivo ha dejado un trazo: la carta que John le envía al juez séptimo penal del circuito con función de conocimiento explicándole su calamidad familiar. ¿Por qué esta carta al juez fechada el lunes 22 de enero de 2018?

Vuelvo a darles movimiento y ojo a las hojas del archivo. De nuevo me asombro: a raíz del fallo de apelación a la medida de aseguramiento proferido el jueves 18 de enero de 2018, la oficina del fiscal 88, a la que le reasignaron el caso, solicitó de inmediato audiencia preparatoria para empezar el juicio. No movieron una hoja en los seis meses que Álvarez estuvo detenido, pero sí quisieron lanzarse al juicio, y sobre todo morder en el aturdimiento en el que seguíamos, apenas unas horas después de nuestra recuperación de la libertad.

Justicia y enfermedad: presionarte siempre desde su intento de control de los momentos procesales; las desgracias de la enfermedad como puntuaciones de una intimidad solidificándose.

Son varios otros los episodios de enfermedad y vida y justicia en los que, voy reparando, nuestra familia ha quedado entreverada para siempre con la familia de nuestro abogado John Villamil y su socia y esposa Sara Quintero.

Intimidades sacras.

Un silencio más que empieza aquí para siempre, en esta hoja que muevo mientras los tomo de las manos, queridos John y Sara, y pase lo que pase en nuestro futuro de vida y enfermedad y justicia, les estaremos siempre agradecidos.

*

La inmunidad de los cuerpos individuales y sociales es mucho más que un hecho biológico.

La idea palpita en un texto urgente y pandémico del filósofo Paul B. Preciado, quien a su vez la deriva de los tiempos del sida analizados por Roberto Esposito, cuando éste pensó los vínculos entre *comunidad* e *inmunidad* a partir de la raíz latina *munus*: el tributo (deber) y también la ofrenda que alguien paga para hacer parte de una comunidad.

Pero el establecimiento de una comunidad supone al tiempo la fijación de una jerarquía, es decir, la definición de aquellos cuerpos exentos de tributos, *los inmunes*.

En las democracias contemporáneas, aparatos complejos y críticos, esta paradoja de la biopolítica vive exacerbada: cierta inmunidad judicial es la protección que se le garantiza a aquel que asume los riesgos superiores de la conducción del Estado, pero también la oscuridad detrás de esos altos cargos del Estado.

En Colombia, tras la Constitución de 1991 y el nacimiento de la Fiscalía General de la Nación, son excepcionales los fiscales generales a cargo que no han abusado en un grado u otro de su poder y ninguno nunca ha sido llamado a cuentas.

Hay instancia para llamarlos a cuentas —en Colombia, la tarea está a cargo de la desprestigiada Comisión de Acusaciones en la Cámara de Representantes, también conocida como Comisión de Absoluciones—, y hay, sobre todo, una cultura política de la exculpación y de la autoprotección del poder.

Los inmunes o aforados.

En el libro *La impunidad del poder* (2022), el periodista Ramón Jimeno reconstruye medio siglo de avatares nacionales a partir de la vida de dos servidores públicos decentes, el coronel Carlos Velásquez y el magistrado Iván Velásquez.

El primero presenció, entre otras tantas cosas, el auge de las relaciones criminales entre el Ejército y las fuerzas paramilitares en el Urabá antioqueño, lo denunció y a raíz de ello fue llamado a retiro del servicio. El segundo hizo parte de la Corte Suprema de Justicia que investigó y judicializó a decenas de políticos vinculados con paramilitares, en concreto en las elecciones al Congreso de 2006, lo que dejó al descubierto las bases electorales del proyecto de reelección uribista y le significó al magistrado una persecución que quiso acabar con su nombre a través de seguimientos ilegales y de un intento de montaje desde el DAS que estuvo muy cerca de concretarse.

Las historias de los Velásquez son de transparencia y reivindicación del servicio público al tiempo que anversos de la impunidad reinante en la historia reciente del país. Luego de una discusión precisa y abismal sobre el papel de la desinformación en nuestra democracia en disputa, Jimeno concluye en claves abstractas y difuminadas: «los dueños del poder», «los montajes del poder», «el poder de los arbitrarios». La justicia colombiana, en últimas, como una maquinaria espesa que opera mientras no amenace *el pacto entre élites corruptas*.

Esta sobresimplificación al final del libro de Jimeno concreta, sin embargo, uno de los núcleos del disturbio: el último meandro de la cooptación de lo público es hacernos vivir en la metáfora de Ibargüengoitia; conducirnos a creer que no hay posibilidad correcta (no corrupta) de habitar y gobernar lo público. Si el poder es sólo de las élites y las élites son un adefesio uniforme y ese adefesio es mera arbitrariedad, entonces el acceso a la administración de lo público es indigno en sí mismo y se abre pleno el reino de la desconfianza ciudadana, otro de los fangos predilectos de la cooptación corrupta.

En los meandros de la ley y el poder en Colombia, nuestra obligación democrática contemporánea es saber distinguir la naturaleza precisa de los distintos pactos.

No todos los pantanos huelen igual.

*

Yesid Reyes, familiar víctima de la toma y la retoma del Palacio de Justicia en 1985 —allí murió su padre, Alfonso Reyes Echandía, magistrado entonces de la Corte Suprema de Justicia—, renunció al Ministerio de Justicia ponderado como el abogado penalista que tenía en la cabeza lo que la Fiscalía General de la Nación debía aportar en el contexto de justicia transicional una vez el Estado colombiano firmara el Acuerdo de Paz con las antiguas Farc-EP. En su audiencia ante la Corte Suprema de Justicia en junio de 2016 no mintió y no fue elegido. Néstor Humberto Martínez Neira, en cambio, les ocultó a los magistrados información grave y relevante. Para desgracia de la institucionalidad colombiana y en detrimento de la confianza de la gente en la justicia, NHMN fue el elegido en julio de 2016.

*

Una pregunta no contestada vale más que cien respuestas si esa pregunta apunta al corazón del disturbio: ¿la dirección de una entidad tan poderosa y peligrosa como la Fiscalía General de la Nación, entre agosto de 2016 y mayo de 2019, fechas cruciales para la existencia de los propósitos de paz en Colombia, fue ejercida de manera responsable por un sujeto plagado de conflictos de interés como Néstor Humberto Martínez Neira y sus fiscales cercanos y serviles?

*

Vuelvo a *Felon*, el poemario del expresidiario Reginald Dwayne Betts. Me detengo en el último de los varios poemas titulado «Exilio». Es sobre su padre, un sujeto con su mismo nombre y la misma estrechez de caminos ante las instancias estatales que lo llevaron a él a la cárcel a los dieciséis años. Un sujeto apenas veinte años mayor que él, recio, estricto, enigmático...

>Aun así, vengo de un hombre que ha amamantado
>más que whisky, es decir, que lo cuidó todo, de una pistola,
>a una oración, a un niño pequeño en sus brazos que lo
>>llama papá.
>
>Esas revelaciones son el tipo de historia que un hombre
>que sólo tiene su propio nombre, nunca podrá poseer.

Tres meses encendidos

Tedros Adhanom Ghebreyesus, director general de la Organización Mundial de la Salud (desde 2017 hasta la fecha), venía advirtiéndolo en informes de años anteriores al 2020: el riesgo de que una cepa de gripe aviar o algún otro patógeno saltara de los animales a los humanos y produjera contagios veloces hasta convertirse en una pandemia era altísimo. «El mundo no está preparado», decía.

Pero hubo también un factor de riesgo ausente en los informes de la OMS: la coexistencia de la desigualdad social.

Dos años después de iniciada la pandemia y de acuerdo con otro informe (Oxfam, enero de 2022), los diez hombres más ricos del mundo duplicaron sus fortunas entre marzo de 2020 y noviembre de 2021. La pequeña élite calculada en 2.755 millonarios creció más durante la pandemia que en los anteriores catorce años sumados. «Se trata del mayor incremento anual de la riqueza de los millonarios desde que se tienen registros, y está sucediendo en todos los continentes», dice la Oxfam.

En marzo de 2022, cuando ya había registro de 10.700 millones de vacunas distribuidas en el mundo —la población mundial no alcanzaba aún los 8.000 millones de personas—, sólo el 1% de ese total de vacunas había llegado a los países empobrecidos. «2.800 millones de personas siguen esperando su primera dosis», reportaba la ONU.

*

En las primeras semanas del aislamiento obligatorio, para enfrentar los problemas de aglomeración de personas en plazas y supermercados, la alcaldía de Bogotá implementó una estrategia que llamó «Pico y Género». En los días impares, podían salir a hacer mercado los hombres; en los pares, las mujeres.

Los abusos policiales y ciudadanos en contra de la población transgénero crecieron. Si ha sido difícil transformar la cultura de odio extendida en contra de la comunidad LGBTIQ+, con medidas gubernamentales como el Pico y Género esos odios y sus violencias subyacentes se agudizaron.

La alcaldía defendió la medida señalando que era más eficiente que las tomadas en otras ciudades capitales a partir de números de cédula. Es decir, según la alcaldía, las cifras de aglomeración en Bogotá eran significativamente menores que las cifras en Medellín o Cali.

Una investigación de *Cerosetenta* indagó por la metodología usada para recoger estas cifras y encontró que no había tal eficiencia. Eran encuestas hechas a través de Fenalco, una agremiación de comerciantes, y ni siquiera las cifras reportadas por Fenalco mostraban una diferencia significativa entre los números de aglomeración en las ciudades citadas.

El que mide tiene poder.

Medir es en sí mismo *poder*. Qué se mide y qué no hace parte crucial del servicio público.

Recuerdo el caso estudiado por Valentina Pellegrino. Lo cité antes en un tajo del movimiento que llamo *precarcelazo*, cuando merodeé la idea de una etnografía del servicio público en Colombia.

Cumplir incumpliendo: la tecnología de encanto del informe técnico; la autoridad que otorga la cuantificación como ruta para evadir las preguntas fundamentales.

El poder de medir también puede ser enfangado. ¿Quién es responsable de identificar estos enlodamientos?

*

La pandemia magnificó las desigualdades existentes.

Pero existían (existen) desigualdades más antiguas y abismales que otras.

El repunte de la violencia doméstica en el mundo entero fue alarmante. (El verbo *repunte* en la oración es alarmante. La magnitud *mundo entero* es alarmante.)

La carga de cuidado del hogar recayó de nuevo de manera desproporcionada sobre las mujeres al tiempo que la lógica de los aislamientos y las cuarentenas las encerró o semiencerró en el mismo espacio privado junto a sus maltratadores o potenciales maltratadores.

Si el hogar ya era el espacio tenso gestionado a trancazos, el encierro obligado lo convirtió, para muchas mujeres, en una cárcel blanda y peligrosa.

Dicen que los aislamientos o semiaislamientos pandémicos sirvieron como *experimentos sociales*.

Si es cierto, aquello primero que acabaron probando fue que las crisis sanitarias, las debacles ambientales o las catástrofes económicas no golpean por igual a hombres y mujeres y menos aún a mujeres racializadas, migrantes o empobrecidas.

Más que una prueba, fue la confirmación de que la pobreza tiene género; de que la marginación la han construido con premisas racistas; de que la vulnerabilidad la desatan las preferencias y las disidencias sexuales.

El cuerpo es la disputa.

Poderes disímiles y hegemónicos como el patriarcado, la fuerza pública o la opresión económica robustecen sus embates en escenarios de desestabilización que siempre acaban siéndoles favorables.

*

En Colombia, la organización Temblores ONG, con apoyo y financiación internacional, publicó en el primer semestre de 2022, en medio de la campaña presidencial, un informe titulado «Trapitos al sol del autoritarismo: la política de la seguridad ciudadana durante la pandemia y sus efectos para la democracia».

El informe examina cuáles fueron las consecuencias del cambio en las políticas de seguridad ciudadana una vez el manejo de la pandemia les entregó amplios poderes a las fuerzas del orden para controlar el espacio público.

La primera población afectada fue la de las «economías callejeras» en un país cuyo sector informal ronda el 48%. Y no sólo por el inmediato impacto económico, sino porque se trató de la segunda población en protestar, lo que ocurrió el 24 de marzo a través de un plantón pacífico en la Plaza de Bolívar que pronto dispersaron con bombas aturdidoras y gases lacrimógenos, la receta de confrontación de una fuerza pública que, de ahí en adelante, y hasta el final de la pandemia, trabajó por empeorar su ya tensa relación con la ciudadanía.

Otro camino que el informe analiza para pensar si es cierto o no el deterioro de la relación entre la ciudadanía y la policía a raíz de las medidas tomadas durante la pandemia es el de las multas económicas, que existen como mecanismos institucionales para regular la convivencia. Son varios los resultados al respecto, pero rescato acá el relacionado con el artículo 35 del Código de Policía, donde están agrupados los comportamientos que afectan las relaciones entre las personas y las autoridades.

Entre abril y agosto de 2019 el total de multas fue de 407.534, de las cuales 41.810 fueron por el artículo 35, es decir, 10.3% de las multas. En ese mismo periodo, en 2020, el total fue de 1.118.986, de las cuales 1.0345.198 fueron asignadas al artículo 35, es decir, el 92.4%, un incremento de 82 puntos porcentuales respecto al mismo periodo del año anterior.

Para Temblores ONG, un aumento así de drástico es difícil de explicar sólo desde la perspectiva de una ciudadanía a cuyos ojos la policía ha perdido legitimidad, y no también desde la perspectiva de un cuerpo de agentes que abusó del artículo 35 una vez los fueron (se fueron) convirtiendo en reyezuelos de la calle y más allá.

Mientras la fuerza pública en Colombia interpretó su papel autoritario a lo largo y ancho de la pandemia y el ejecutivo concentró el poder —expidió setenta y tres decretos legislativos durante el primer periodo de estado de emergencia y cuarentena, vigente durante treinta días—, la pobreza monetaria aumentó 6.8%, lo que la ubicó en 42.5%, es decir, el país entró al año 2021 con veintiún millones de colombianos en hogares cuyos ingresos no permitían cubrir los requerimientos básicos de alimentación, servicios, vivienda y educación.

Entre esa inmensa población empobrecida, las más empobrecidas fueron las mujeres.

*

El colegio con sus pupitres uniformes, la iglesia con sus bancas de madera, el jardín luminoso y el parque prendido. La plaza pública en la biblioteca pública y ésta en el transporte público. Ciertas instituciones tangibles e intangibles, muchas veces vilipendiadas, desfinanciadas o tachadas de arcaicas, mostraron también, en medio de este experimento cruel, el valor de sus horas como espacios culturales de independencia o esparcimiento para los sujetos sociales diversos.

La desaparición de nuestro espacio público o el control pleno de ese espacio por parte de la policía y el ejército fue parte de la tragedia social del covid-19.

*

Los estudios sobre las consecuencias del covid-19 en la salud mental han sido tantos como en su momento lo fueron los estudios para entender la propia enfermedad.

Cada estudio despierta temprano y se presenta bañado en la prensa: ofrece un titular, una bajada precisa pero larga, sugiere.

El riesgo de trastornos psicóticos, déficit cognitivo, demencia o epilepsia sigue al alza dos años después del primer diagnóstico de la enfermedad. (Aprendo que al déficit cognitivo también lo llaman *niebla cerebral*.) Este estudio en particular, publicado en *The Lancet Psychiatry* en agosto de 2022, trabajó con «estudios de cohortes» que incluyeron a 1.284.437 pacientes.

¿1.284.437 pacientes? (Sí estuvimos en un experimento y fue de una envergadura que apenas nos cabe en la cabeza.)

Luego los matices del estudio: los niños tienen un perfil de riesgo más benigno que los adultos o los adultos mayores; los trastornos de estado de ánimo y de ansiedad fueron transitorios y su riesgo no es mayor que el de personas que sufren de otra infección respiratoria. (Aprendo que la inflamación derivada de otro tipo de enfermedades respiratorias también tiene consecuencias en la salud mental futura del paciente.)

Más estudios y cifras, ahora sobre los trabajadores de la salud. A un año largo de iniciada la pandemia, en mayo de 2021, en América Latina y el Caribe el número de trabajadores diagnosticados con covid-19 superaba el millón ochocientos mil. Nueve mil médicas y enfermeros habían muerto a causa del virus.

También en la región, durante sus cuarentenas, el 47% de los jóvenes entre quince y veintinueve años tuvo episodios de ansiedad o ataques de pánico.

Encuentro estudios y cifras sobre la población infantil: no sigo. La fuente más completa en la que me detengo, el informe de Unicef titulado «Estado mundial de la infancia 2021», me desbarata.

*

Vuelvo después de un tiempo, termino de leerlo y no me dejo desbaratar.

En un punto, el informe de Unicef dice que «los costes humanos» de no prestar atención a la salud mental de niñas, niños y jóvenes pueden ser devastadores para las personas, las familias y las comunidades, y renglón seguido pasa a «los costes financieros», que no requieren de un adjetivo porque éstos tienen estudios, metodologías, estimaciones: «[…] la pérdida anual en capital humano por las enfermedades de salud mental es de 340.200 millones de dólares […] Por trastornos de ansiedad, 26.93%; por trastornos del comportamiento, 22.63%; por depresión, 21.87% […]».

Se trata de estimaciones sin el factor «autolesión intencionada». Con este factor sumado, «la pérdida de capital humano asciende a un total de 387.200 millones de dólares».

Cientos de billones de dólares.

Dicho de otro modo: el dinero anual que la economía mundial deja de producir por no prestar atención a la salud mental de la infancia tiene un número gigante en billones que creció con la pandemia. Al *costo humano*, en cambio, se le asigna la sombra de *lo incalculable*.

La niña y su drama mental, sin escuela, encerrada en su casa a raíz de la pandemia, quizás temiendo maltratos, tiene una cifra cuando se trata de su aporte potencial (no concretado) a la economía global.

Una pérdida.

De otro modo, el drama de la niña no sólo no tiene una cifra, sino que tiene una sombra elusiva que es una palabra en medio de cientos de cifras.

¿No hay matemáticas para la *ganancia en vida* de niñas, niñes y niños atendidos en su salud mental?

Vuelve y me desbarata la impotencia de la incomprensión.

*

No estoy pidiendo una cifra que hace falta.

Estoy imaginando conciencia pública alrededor del papel y la procedencia de las cifras.

Una de las epistemologías del servicio público contemporáneo son las cifras.

Las cifras como tejido de sentido que construye los caminos de intervención en la realidad.

Es decir, una distancia construida.

Estoy pidiendo conciencia pública y estética alrededor de esa distancia construida.

*

Aprendo la noción *covid persistente*.

Síntomas de la enfermedad empecinados en el cuerpo de millones de personas durante meses: fatiga, dificultad para respirar y concentrarse, pérdida del olfato y del gusto.

Un estudio considera hasta setenta síntomas.

Este estudio, publicado en enero de 2023 en la revista médica *The BMJ*, concluye que la mayoría de síntomas o afecciones desarrolladas luego de una infección leve por covid-19, y que se prolongan por meses, se desvanecen en un año.

La noción se desdibuja.

Pero no tan rápido.

Si la infección no fue leve, sino aguda —visita a cuidados intensivos, por ejemplo—, el covid persistente vuelve a tomar forma.

Comprender es siempre una ambivalencia maldita y en esplendor.

*

También aprendo la noción *crecimiento postraumático*: la posibilidad de transformarnos para bien a partir del trauma.

Leo sobre los psicólogos que formularon esta teoría en los noventa y trato de poner en mis palabras eso que entiendo: una cosa se rompe, y en vez de intentar pegar sus pedazos para conseguir la misma forma en que antes existía, haces otra cosa más bella, o bella distinta, con esos pedazos.

La opongo a la *niebla cognitiva*.

Pero pienso un momento y no hay tal relación de oposición, primero porque no se llama niebla cognitiva sino *niebla cerebral* —es decir, déficit cognitivo: barreras en la acción de distintos procesos cognitivos—, y aunque ambas nociones orbitan en el universo de la salud mental (crecimiento postraumático y niebla cerebral), la segunda es una manifestación neurológica mientras la primera es una ruta psicológica, lo que puede querer decir que también tiene efectos neurológicos sólo que en grados distintos.

¿*Grados* de qué?

Me fatigo. Como cuando Catalina y yo tuvimos el bicho y pensamos que íbamos a morir porque todos estuvimos allí en la hipocondría compartida.

Como cuando metieron a mi viejo a la cárcel y junto a mi hermana Carmen y mi hermano Juan Diego pensamos que íbamos a enloquecer de la impotencia.

La posibilidad de hacer algo más de nosotros mismos a partir del trauma.

¿Qué ha hecho la humanidad consigo misma después del trauma colectivo de la pandemia? ¿Hemos aceptado ya que vivimos un trauma colectivo?

Los 2.755 hombres más ricos del mundo multiplicaron exponencialmente sus riquezas.

No parece consensuada la ruta de la búsqueda de la equidad y la justicia ambiental.

Nadie parece recordar ya el riesgo creciente de enfermedades zoonóticas a medida que deterioramos nuestras estructuras ecológicas.

El filósofo vasco Daniel Innerarity pide dejar atrás la metáfora de la crisis porque su sentido de inicio y final no da cuenta de nuestro tiempo. Ya el mundo no *entra* o *sale* de las *crisis*, el mundo es *crítico*. No se trata de una sociedad donde hay contagios, sino de sociedades contagiosas y de un mundo epidémico. No somos las crisis económicas, somos la inestabilidad financiera permanente y nunca en detrimento de los 2.755 hombres más ricos del mundo.

*

La noche del martes 8 de septiembre de 2020, en medio de la pandemia, el estudiante de Derecho y taxista Javier Humberto Ordóñez Bermúdez, de cuarenta y dos años y padre de dos niños, salió de su casa en el barrio Villa Luz en la localidad de Engativá y fue detenido para un procedimiento por los patrulleros de la policía Harby Damián Rodríguez Díaz y Juan Camilo Lloreda Cubillos.

Las cosas fueron saliéndose de control porque los patrulleros decidieron multarlo, luego detenerlo y esposarlo y para ello lo tiraron al piso y le hicieron varias descargas eléctricas con un *taser* mientras vecinos del barrio grababan y escuchaban a Ordóñez decir «ya, por favor, no más», y ellos mismos, los que grababan, les decían a los dos policías que se detuvieran.

Los agentes lo llevaron al Centro de Atención Inmediata (CAI) del barrio. De una forma u otra, dentro de esa comisaría policial, en custodia de los agentes, Ordóñez recibió golpes en la cabeza que primero lo desmayaron y después le causaron la muerte. En un punto de la madrugada lo trasladaron a la Clínica Infantil Santa María del Lago, pero Ordóñez llegó allí sin signos vitales.

El video de la brutalidad policial se propagó por las redes sociales. La noticia indignó a la ciudadanía. Para esa misma noche del 9 de septiembre de 2020 fueron convocados cacerolazos, velatones y plantones al frente de los distintos CAI de la ciudad. Luego de un par de horas de protesta pacífica, las cosas escalaron, volaron las piedras y el primer CAI en ser incendiado fue el de Villa Luz.

Apareció entonces el Escuadrón Móvil Antidisturbios (Esmad), que en las movilizaciones sociales de años anteriores venía registrando ya índices graves de violación a los derechos humanos y la peor de las relaciones entre una fuerza del orden y la ciudadanía. Varios de los cuerpos de policía de la ciudad resolvieron usar sus armas de fuego de manera indiscriminada.

Entre las noches del 9 y 10 de septiembre, en Bogotá y Soacha murieron trece personas —la mayoría, se ha probado ya, a causa de disparos de la Policía— y hubo cientos de heridos entre ciudadanos y policías. También se registraron denuncias de delitos sexuales perpetrados por agentes en medio de la respuesta violenta.

Cuestión Pública sacó el 13 de septiembre una primera entrega de los hechos titulada «La noche del 9S: voces de una masacre». Es escalofriante.

*

Una semana después de los hechos, la noche del miércoles 16 de septiembre, el entonces presidente de la República, Iván Duque Márquez, visitó varios CAI de la ciudad vistiendo la chaqueta verde fluorescente de la Policía Nacional.

A los familiares de las víctimas ciudadanas no les dedicó una palabra.

*

En un país roto de principio a fin como Colombia, saber hacer con el dolor es nuestra única oportunidad de futuro. El proyecto social de la reconciliación será más un esfuerzo de la imaginación que de la moral.

*

El 28 de abril de 2021, a un año de iniciada la crisis sanitaria, cuando la vacunación en el país ya llevaba varias semanas en curso y como respuesta a la propuesta gubernamental de reforma tributaria que buscaba subirles los impuestos a las clases medias y populares, cientos de miles de colombianos empezamos a salir a la calle en una movilización convocada en principio por sindicatos, centrales obreras, estudiantes y movimientos sociales.

La protesta empezó a prolongarse en el tiempo, semana tras semana, como consecuencia del descontento ciudadano, la desesperanza de la juventud y una nueva reacción violenta de la ya desprestigiada fuerza pública.

Un día antes del 28 de abril, el Tribunal Administrativo de Cundinamarca, con fallo de la magistrada Nelly Yolanda Villamizar de Peñaranda, decretó medidas cautelares y ordenó a las autoridades locales aplazar las manifestaciones por los riesgos de contagio.

La ciudadanía no le hizo caso al fallo del tribunal.

Nadie hoy ni siquiera recuerda dicho intento de detener la protesta social iniciada a finales de abril de 2021 y prolongada hasta finales de julio.

Fueron tres meses encendidos.

Manifestaciones multitudinarias en un número creciente de capitales y municipios del país, bloqueos de vías urbanas, intermunicipales y nacionales, intentos de toque de queda, derrumbamiento de estatuas, buses del transporte público incendiados, chorros de agua desde las tanquetas de la policía para dispersar manifestantes, pancartas sentidas y estridentes y batucadas callejeras de día y de noche.

Gaseadas de rigor, choques entre el Esmad y los jóvenes de barrios populares en las intersecciones de avenidas, traumas oculares irreversibles, policías heridos, presionados, saqueos de almacenes, almacenes convertidos en centros de detención, civiles con armas de fuego y de fogueo a la entrada de barrios de clase alta, venta de armas de militares a civiles, bateas de construcción convertidas en escudos engallados con pintadas aguerridas y reclamantes y las fachadas de los bancos selladas con láminas de madera y hormigón.

Mesas de acción popular, ollas comunitarias en los barrios, gestores de convivencia desbordados, donaciones de cascos de construcción para cuidar las cabezas de los jóvenes sin futuro parados adelante en la primera línea, cartuchos eléctricos de aturdimiento empotrados en las tanquetas antimotines y lanzados a veces en los cuarenta y cinco grados reglamentarios y a veces no.

Ciudadanos muertos y desaparecidos.

También, cientos de jóvenes detenidos y decenas de ellos indiciados como terroristas.

Al respecto, una investigación de *Cuestión Pública* de octubre de 2022, titulada «La Fiscalía persigue a manifestantes como si fueran parte de grupos armados», demuestra el uso indiscriminado, por parte de la Dirección Especializada contra el Crimen Organizado, de herramientas creadas para combatir grupos armados organizados arrojadas en contra de jóvenes de barrios populares.

Frente a este tipo de procedimientos, actuados por oficinas de la Fiscalía General de la Nación, no puedo evitar preguntarme: si a un exfuncionario como Álvarez, con medios para defenderse, le presentaron para detenerlo informes de policía judicial errados y otros conducentes a hacer creer como ciertos hechos falsos, ¿qué son capaces de hacer en el meandro de una audiencia de imputación de cargos para dejar enterrados a jóvenes que estuvieron en la primera línea del paro nacional del 2021?

Sospecho que son capaces de cualquier cosa. Y esa es una tragedia antidemocrática. (En este choque de radicalizaciones, ¿por qué las oficinas del Estado, con su tamaño y poder descomunales, no pudieron contestar en una clave distinta a la clave airada de los jóvenes de barrios populares?)

También es terrible la heroización discursiva de estos jóvenes. Los hace mártires y justifica su sacrificio.

Tres meses encendidos.

Así nacen las crisis de credibilidad

La intersección entre el desprecio por el servidor público tildado de burócrata, la percepción de corrupción respecto a entidades estratégicas de la justicia como la Fiscalía General de la Nación, la confianza escasa hacia la administración pública en general y la mediación en disputa de este entramado a cargo de los medios masivos de comunicación y los ciudadanos en las redes sociales, constituye hoy (¿hoy es cuándo?) una red de complejidades a tal punto densa que nuestra discusión pública parece más un rompecabezas de piezas cortadas con saña que la llanura despejada para la escucha y la comprensión de la realidad.

Vivimos en tiempos de ruido alto, de aparatos retóricos y políticos especializados en la fabricación y ampliación del ruido, y distinguir entre un bit y otro parece el nuevo reto epistemológico y moral de la participación democrática contemporánea.

Un reto agudizado, por lo demás, con la irrupción de la pandemia, porque así como el vocabulario médico y científico pasó al frente del debate público, así también el ecosistema informativo fue caótico y la desconfianza hacia los datos gubernamentales, heterogéneos y cambiantes, se sumó al entramado espeso y a la disputa por la fiabilidad.

*

Ver el titular causado por la administración del exfiscal general Néstor Humberto Martínez Neira y su fiscal al frente del caso, Jaime Alonso Zetien Castillo, en el sentido de un exsecretario de Samuel Moreno metido a la cárcel, oírlo propagarse en su comodidad mediática y saberlo convertirse en una materialidad con la capacidad de moldear la realidad hasta el día de hoy, fue para mí el pico alto y descorazonador del ruido público al tiempo que el germen de un esfuerzo de comprensión que me ha traído del hígado por estas cientos de páginas y que ya tiene que acabar, sólo que deberá hacerlo por fuera de la curva dramática a la que nos han acostumbrado: el hechizo del final del juicio o del juicio final.

*

El juicio en contra de mi padre no ha terminado. Sigue allí afuera su curso mientras yo sigo aquí este curso mío de lápiz y borrador y tal vez, en cierto sentido traumático, así será para siempre, como un extravío incomprensible de líneas jurisprudenciales y marañas procesales infinitas. Respecto a ese curso del juicio —cuyos episodios me he abstenido de tocar pese a que son de naturaleza pública—, he decidido que nuestra vida, o al menos mi vida respecto a mi familia o lo que vaya desmoronándose con el paso del tiempo como mi familia, no estará signada por el hecho de que a mi padre lo declaren culpable o inocente.

El Estado social de derecho también tiene funciones de farsa y en este pase específico conozco su reparto y su trama.

*

En el orden pandémico, cuando la vacuna contra el covid-19 empezó a circular en países desarrollados tan temprano como diciembre de 2020, una primera encuesta de Ipsos y el Foro Económico Mundial quiso averiguar acerca de la confianza de los ciudadanos de distintos países y regiones del mundo frente a ésta y la decisión de aplicársela.

En América Latina, las personas que no pensaban aplicarse la vacuna o no estaban seguras de hacerlo rondaba el 30%. En países de la OCDE ese porcentaje subía hasta el 45% y en la mayoría de los casos el principal reparo apuntaba a los efectos secundarios.

Es decir, en aquel primer momento traumático, los resultados de actitud y percepción pisaron franjas peligrosas para el interés común porque, para alcanzar la inmunidad colectiva, siempre se habló de la necesidad de coberturas de vacunación de entre el 60 y el 80%.

Ahora, ¿cómo construimos consensos y escenarios de confianza alrededor de lo que llamamos *interés común*? ¿Por qué una pregunta así nos impela a pensar en los poderes públicos que estructuran y gestionan lo que entendemos como nuestra experiencia democrática?

La administración del Estado, con un *presidente a la cabeza* —del cual esperamos todas las soluciones en clave de patriarca de la familia—, también rezuma prácticas y lógicas heteropatriarcales más antiguas que cualquier aspiración democrática.

*

Las prisiones son regímenes de frontera, *cogobiernos* ante la debilidad de la institucionalidad carcelaria. Este debilitamiento ha sido autopropiciado por la lógica de encarcelamiento masivo encadenada a su vez a la lógica de la reducción del Estado social de derecho en beneficio del crecimiento del Estado corporativo.

Vivimos en la glorificación del Estado penal.

Hoy en Bogotá (09 / 2023), ciudad progresista del país, el hacinamiento en estaciones de policía es del 160% porque el Inpec tarda meses en recibir a los detenidos y las cárceles a su vez no dan abasto. Una nota de prensa habla de personas que llevan dos años en estaciones. Éstos declaran que están volviéndose locos y necesitan que los lleven pronto a la cárcel donde al menos hay comida.

¿Qué institucionalidad cuidamos cuando decimos cuidar la institucionalidad?

Hay otro libro que no es este libro: uno de periodismo de datos capaz de establecer con mediana precisión el destino procesal de los cacareados «3.000 imputados por corrupción», la cifra *pase*, la cifra magia con la que NHMN renunció a mediados de mayo de 2019 en su último abandono abrupto del servicio público.

¿Qué ocurrió con aquella otra gente a la que le cayó una imputación de cargos traída de los cabellos durante los años del programa Bolsillos de Cristal? ¿Qué ocurrió, en otra ruta de «victorias tempranas», con los varios casos mediatizados de supuestos testaferros de las antiguas Farc, muchos de los cuales ya han sido declarados inocentes, todos aparecidos en los medios entre mayo y agosto de 2017, justo en el «tiempo mediático» en el que fue detenido el director anticorrupción Moreno Rivera?

En septiembre de 2021, la reconocida periodista María Jimena Duzán (con producción de Lucy Moreno) inició en Spotify el pódcast diario *A fondo*, que durante la campaña presidencial del año siguiente se convirtió en referente de entrevistas profundas y comprensiones complejas de los hitos políticos del país.

El primer episodio, publicado a la salida de la pandemia y titulado «A mí me quieren joder», fue una entrevista al candidato presidencial de centro Sergio Fajardo, en donde éste, ante los datos y los hilos que Duzán le plantea —allí resuenan las confesiones de «sicariato judicial» que la propia Duzán recibió del primer director anticorrupción de la administración de NHMN, el procesado y condenado Luis Gustavo Moreno Rivera, así como las evidencias conocidas del Cartel de la Toga en el sentido de desviaciones de la acción penal a cambio de dinero—, tuvo que salirse de su habitual discurso convencional de *respeto llano a las instituciones* para reconocerle a Duzán que a él, así como a Gustavo Petro, los empapelaron con procesos judiciales destinados a joderlos y sacarlos de la contienda electoral. (En una segunda entrevista con Duzán publicada en *A fondo* el 24 de agosto de 2023, Moreno Rivera ratificó toda esta línea de denuncia: una de sus misiones en la Unidad Anticorrupción era golpear a Petro y a Fajardo como candidatos a la presidencia; la unidad tenía la orden de seleccionar «enemigos» en los temas políticos y de lo público y poner las herramientas de la Fiscalía al servicio de «judicializarlos»; en mayo de 2018, el mismo día que le aprobaron el principio de oportunidad, a Moreno Rivera lo llevaron a un hangar de la DEA y lo subieron a un avión para evitar que siguiera declarando y cooperando en Colombia en lo concerniente a la forma como operaba la Fiscalía de NHMN.)

Esta fue pues la punta visible, la cumbre descubierta, de una práctica de corrupción judicial que, en los subsuelos, me dijo Duzán el día que conversamos en marzo de 2023, tenía como propósito alimentar la aspiración presidencial de NHMN y marcaba el peor deterioro de la institucionalidad judicial colombiana del que ella tuviera conocimiento en sus décadas de carrera periodística.

¿NH quería ser presidente?, le pregunté entonces a Duzán. «Era su propósito, a mí misma me lo dijo».

*

Así nacen en esencia las crisis de credibilidad de las instituciones: un sujeto que ha acumulado poder en el sector público, entretejiéndolo con el sector privado, combina en una única jugada varias ambiciones o intereses personales desde un flanco que ha sido objeto de preocupación de la ciudadanía y corre fácil en la indignación mediática hiperventilada: la corrupción.

Por un lado, entonces, le cuida la espalda (el nombre, el dinero, las marcas bancarias, los negocios) a los empresarios privados cercanos y para los que ha trabajado, mientras por otro lado dirige una gestión altamente mediatizada en contra de la corrupción desde el acervo de amenaza propio de la institución que administra y sin control visible de los excesos que esa gestión pueda provocar, esto así porque la susodicha gestión en contra de la corrupción se orienta con comodidad a los peces medios y pequeños, números fáciles, *los fusibles de siempre*, gente sin apenas contactos en los medios masivos para cualquier alegato de alto calibre o sin tiempo y fuerzas para la redacción extensa y detallada de una impugnación.

Esta impugnación: un hijo artista y su alarma cognitiva.

*

En diciembre de 2016, cuando el programa Bolsillos de Cristal estaba en pleno inicio de vuelo de titulares estridentes, la encuesta «Pulso País» de Datexco, uno de cuyos propósitos, desde el 2006, apunta a medir la percepción ciudadana frente a las instituciones públicas, ubicaba a la Fiscalía General de la Nación con imagen favorable del 60% y desfavorable del 33%.

A mediados de 2021, cuando el país intentaba salir de la pandemia, había terminado la gestión de NHMN y estaba en curso desde febrero de 2020 la gestión de su sucesor, el exconsejero presidencial y amigo íntimo del entonces presidente Iván Duque, Francisco Barbosa, la valoración ciudadana de la entidad se desplomó: la Fiscalía registró entonces su peor cifra de credibilidad en treinta años de existencia: 71% de imagen desfavorable.

¿Qué ocurrió en medio?

*

Una fuente reservada que trabajó en la Fiscalía entre 2015 y 2018, primero en la Dirección Nacional de Análisis y Contextos (Dinac) y luego en otra dirección, me contó que después de entregar el informe que presentaron en mayo de 2016 sobre los patrones de reclutamiento ilícito de menores por parte de las Farc-EP, el equipo del que hacía parte pasó a trabajar en otros informes sobre patrones delictivos en el marco del conflicto armado colombiano.

En ese entonces vino la reforma a la estructura administrativa y operativa de la Fiscalía, cuyo espíritu era armonizar la colaboración que debía existir entre la justicia ordinaria y la justicia transicional de cara a la implementación del Acuerdo de Paz. Esta reforma, sin embargo, la lideró NHMN, con lo cual se las arregló para que, entre otras tantas cosas, el tipo de trabajo que hacían desde la Dinac (análisis de patrones de criminalidad en el marco del conflicto) se convirtiera en una responsabilidad diluida en varias otras direcciones —Dirección de Apoyo a la Investigación y Análisis contra la Criminalidad Organizada; Dirección de Apoyo a la Investigación y Análisis para la Seguridad Ciudadana; Dirección Especializada contra las Organizaciones Criminales—, dos de estas direcciones incluso bajo oficinas superiores distintas.

Así las cosas, investigaciones de delitos como el genocidio del partido político Unión Patriótica, varios magnicidios y delitos asociados al despojo de tierras, fueron dispersadas y así controladas. (En todas ellas el común denominador es la participación de agentes del Estado y de élites políticas y económicas, es decir, *terceros civiles*, personas que, sin formar parte de los grupos armados, contribuyeron de manera directa o indirecta a la comisión de delitos en el marco del conflicto.)

Según mi fuente, a partir del primer trimestre de 2017 distintas direcciones fueron terminando y entregando diferentes informes al despacho del fiscal general y a la Dirección de Políticas Públicas, uno sobre paramilitarismo y responsabilidad de terceros civiles en los departamentos de Caquetá, Putumayo y Nariño (lo entregó la Dirección de Justicia y Paz), otro sobre muertes ilegítimamente presentadas como bajas en combate por agentes del Estado (lo entregó la Dirección de Derechos Humanos). Al tiempo empezó el lobby intenso, en el Congreso y desde el Congreso, de parte de partidos como el Centro Democrático y Cambio Radical, para que la Corte Constitucional declarara inexequible la obligatoriedad de la competencia de la JEP para juzgar los delitos de terceros civiles, propósito con el que NHMN estuvo de acuerdo desde la Fiscalía.

En octubre de 2017, el equipo de funcionarios al que mi fuente protegida perteneció, ya en una dirección distinta a la desaparecida Dinac, presentaron dos informes más, uno sobre paramilitarismo y terceros civiles en Antioquia, Córdoba y Chocó, y otro sobre los mismos perpetradores en el Magdalena Medio. Ambos informes fueron recibidos de nuevo por el despacho del fiscal general, pero nadie nunca los revisó. Nunca los formalizaron, con lo cual —sumado al fallo de la Corte Constitucional sobre la comparecencia no obligatoria de terceros civiles ante la JEP— consiguieron impedir que, en ese primer momento, se convirtieran en insumos directos para las investigaciones de la JEP. (Digo *en ese primer momento* porque la disputa alrededor de la comparecencia de terceros civiles ante la JEP sigue abierta, incluso a pesar de que, entre mayo de 2018 y marzo de 2019, en los diecisiete informes que la Fiscalía acabó entregándole a la JEP, no hubiera informes sobre responsabilidad de terceros civiles en alianza con paramilitares.)

Le pregunté a NHMN qué propósito tuvo, en materia de paz, la reestructuración de la Fiscalía en 2017, cuando disolvieron en varias direcciones las funciones que la Dinac venía adelantando, y si había existido animadversión de parte de su administración contra el Acuerdo de Paz. Me contestó que él no advirtió que existiera, por parte de algún colaborador de su administración, «un ánimo de perfidia contra la justicia transicional», y que, por el contrario, «cerca de cuatrocientas personas trabajaron en la elaboración de diecisiete informes que son, de lejos, el insumo más importante con el que ha venido trabajando la JEP». En sus respuestas quiso resaltarme también la entrega a la JEP del informe número tres, «Victimización a miembros de la Unión Patriótica por parte de agentes del Estado». Agentes del Estado sí. Terceros civiles no. Informes acotados. Esa fue en efecto la dirección de la sentencia de la Corte Constitucional, una disputa que hoy sigue viva.

*

El 6 de marzo de 2023, el tercer presidente de la Jurisdicción Especial para La Paz, Roberto Carlos Vidal, presentó denuncia penal en contra de varios funcionarios de la administración de NHMN por acciones y omisiones relacionadas con el caso de Jesús Santrich, uno de los miembros del equipo negociador de las Farc-EP.

Santrich, cerca de posesionarse en la curul de la Cámara de Representantes pactada en el Acuerdo de Paz, fue detenido con fines de extradición el 9 de abril de 2018 por presunto narcotráfico, lo que dio inicio a un drama de retruécanos, ocultamientos y estridencias cuya mejor reconstrucción puede escucharse en los primeros treinta minutos del episodio de *A fondo* de María Jimena Duzán emitido el 21 de marzo de 2023.

El episodio, que es también una entrevista a Vidal, cuenta que a raíz del informe de la Comisión de la Verdad titulado «Los obstáculos para la continuidad de los procesos de paz en Colombia» —donde reconstruyen con minuciosidad el caso Santrich como nuevo paradigma del patrón de continuidad en los ciclos de violencia por incumplimiento de los procesos de paz—, y con ayuda de un estudio forense de la firma internacional de abogados Guernica 37, la JEP comprendió que fue víctima de un entramado planeado y ejecutado desde varias oficinas de la Fiscalía para entorpecer su toma de decisiones, afectar la reputación de la justicia transicional y atentar así contra la legitimidad del Acuerdo de Paz de 2016.

*

Pero no puedo arrojar la cifra de 71% de imagen desfavorable de la Fiscalía en 2021 y retirarme esperando que tenga, por sí misma, consecuencias persuasivas efectistas.

Los grados de comprensión y conocimiento responsables requieren de algo más que eso. De hecho, al preguntarle a NHMN al respecto, me contestó señalando que, según la encuesta «Pulso País» de Datexco, «es el conjunto de la institucionalidad colombiana el que ha venido afectándose, en términos de opinión, en medio de la polarización que vive el país y de agentes que viven soslayando las tareas que cumplen servidores públicos, muchas veces con agendas inconfesables».

Agentes que viven soslayando las tareas que cumplen servidores públicos, muchas veces con agendas inconfesables. (Un subtítulo posible para la parte de este libro que habla de su Fiscalía y que no inventé yo.)

En un estudio publicado en agosto de 2021 en la *Revista Espacios* titulado «Percepción de transparencia y corrupción de los ciudadanos colombianos respeto a la administración estatal», la Fiscalía aparece entre las tres entidades de mayor riesgo de corrupción porque su indicador de Control y Sanción es el más pobre de todos, lo que recuerda las respuestas a nuestro extenso derecho de petición en dos sentidos: 1) la Fiscalía NO lleva registro de las veces que sus solicitudes de medida de aseguramiento son del tipo más grave para la libertad de los ciudadanos, aquellas de detención preventiva en establecimiento de reclusión, y 2) frente a Bolsillos de Cristal, las Direcciones de Control Interno o Control Disciplinario no registran un solo documento de seguimiento o evaluación.

¿Cómo reconocen entonces, allí adentro, los riesgos de arbitrariedad de su operación? ¿Cómo practica el control interno la entidad pública con la potestad de adelantar la acción penal y solicitar la cárcel en contra de los ciudadanos?

Como ya lo conté en el movimiento dos (*precarcelazo*), a estas preguntas NHMN me respondió de manera esquemática: las actuaciones derivadas de la acción penal corren por cuenta de cada uno de los fiscales; el soldado como responsable de lo que hace el soldado. No obstante, cuando le pregunté por su responsabilidad en la crisis de credibilidad de la institución, NHMN fue más elaborado y me reseñó la existencia de pagos hechos por personas judicializadas en su administración con el ánimo de difamarlo —no usó nombres propios, pero las señas me indican que tal vez se refería al caso del exfiscal Fabio Martínez Lugo, que se retractó de haberlo señalado de ordenar chuzadas desde la dirección de la Fiscalía—. Para completar esta respuesta, NHMN citó un libro cuyo título metafórico me sorprendió porque lo desconocía: *El fango*, del juez español Baltasar Garzón.

*

En las respuestas que recibí del exfiscal Juan Vicente Valbuena Niño a mis múltiples preguntas sobre las distintas escenas en las que acá aparece y en general sobre el proceso en contra de Álvarez, hubo una constante sutil en la que no reparé al principio: la mecanización impasible de sus líneas de trabajo; la reiteración (casi indolente) de que el caso de Álvarez era para él uno entre cientos, no tenía recuerdos detallados y no le interesaba tenerlos.

Quizás haya sido cierta voluntad de desmarcarse del caso de Álvarez dado que Valbuena fue distanciado de las investigación y relegado a funciones de coordinación administrativa muy temprano en la administración de NHMN —las tensiones evidentes entre estos dos sujetos son hechos sobre los que alguien debería investigar a fondo—, y eso puede ser preciso en la línea del tiempo; pero el énfasis de casi todas sus respuestas en la imposibilidad de recordar detalles, pues se trataba de «un caso entre cientos», habla también del tipo de virtudes asumidas en la práctica del lenguaje judicial: Valbuena quiso hacerme saber (y sentir) que el caso de mi padre era irrelevante para él porque así ponía de presente su *distancia saludable* y con ella la preservación de su objetividad como investigador probo.

Ellos, *los investigadores que acusan*, reclaman para sí mismos el traje liviano de los ojos vendados, no ven nombres (casi no ven nombres), ni rostros, ni intereses o afiliaciones, sólo atienden el recto libro de la ley diáfana y la práctica correcta de pruebas, y entre más lo enfatizan, más textura cobra su traje.

Detrás de esto hay un anverso cruel y sobre todo una paradoja: si los ciudadanos investigados no son más que números insignificantes, *unidades entre cientos y miles*, eso facilita o puede facilitar la desmesura de la arbitrariedad y el descontrol.

Dicho lo anterior, una última cosa no menos paradójica respecto al exfiscal Valbuena: tengo que reconocer que a lo largo de los meses en que lo busqué, su voluntad de contestar a todas mis preguntas fue franca. Puede que no recordara esto o lo otro y que a veces fintara, pero en definitiva nunca dejó de contestarme.

¿Cómo conseguiste, viejo, no acabar enfermo?

Vuelvo y junto palabras y digo *niebla cognitiva*. Me apropio de mis lapsus verbales con gozo. Pego palabras y le hago creer a la gente que es ingenio; mezclo fonemas y subo la voz para parecer cantando; cometo errores crasos, ensayo alrededor de ellos. A Catalina la divierte y la avergüenza. A veces en privado se me salen tales barbaridades sonoras y sin sentido que ella me pregunta, *pero tú, ¿cómo es que articulas con coherencia en público?*

Digo de nuevo niebla cognitiva porque me pregunto por su indulgencia: ¿me encontró como sonido, antes que sentido, para indicarme la hebra remota de una nueva experiencia? ¿Cuál experiencia?

Por ahí el trazo de dolor y comprensión que ya no puedo distinguir entre lo que viví y fui anotando y luego se me siguió prolongando en la vida porque lo formalicé en la escritura de este libro que son varios libros y me siguen ocurriendo.

Un lugar.

Un lugar del cual salir.

Un lugar del cual salir despacio.

Un lugar del cual salir despacio porque el rumbo de movilización es franco y espeso y difícil y es luminoso.

Un lugar del cual tu sensibilidad te dice debes salir y un lugar del cual salir no es lo más importante.

*

Si se trata de salir de nuestros lugares de trauma, Álvarez ha hecho movimientos honrosos: en el primer trimestre de 2018, recién se reponía del carcelazo y empezaba a organizarse para su defensa, se inscribió en el pregrado en Derecho del Politécnico Grancolombiano y consiguió que le validaran varias materias a partir de su título de economista y su especialización en Administración Pública. Luego se entregó dos años y medio al estudio hasta sacarse el título y la tarjeta profesional de abogado. Si iba a tener la cabeza enfangada en los pantanos de la justicia, que fuera la alerta cognitiva, y no la niebla cognitiva, su horizonte de posibilidades y acción.

Luego siguió estudiando una maestría y viviendo con apasionamiento y lidiando, junto a su familia, en conversaciones esporádicas, esquineras, la carga de un proceso penal que no parece importarle a nadie distinto a nosotros, que bien podemos anticipar ya la realidad futura, binaria y mediatizada que volverá a traducirse en un titular insulso que no le dirá nada a nadie en términos de las complejidades del servicio público o las vicisitudes de la administración pública: culpable o inocente.

*

¿Qué es la indolencia en el servicio público sino una táctica de encubrimiento? ¿Qué es la mecanización de la administración de justicia sino una maniobra de empantanamiento?

*

Un día, viejo, me contaste una escena que no supe cómo corroborar sino buscando a María Carolina Pizano Ponce de León.

Dices que ocurrió el 23 de julio de 2018 a las afueras de la capilla del Gimnasio Moderno, donde te encontraste con Pizano padre y se quedaron hablando porque ya era imposible entrar dada la cantidad de gente que asistía a la misa por Gustavo de Greiff, el primer fiscal general que tuvo el país (1992-1994), muerto cuatro días antes a los ochenta y nueve años.

Estando allí, llegó NHMN, caminó frente a ustedes, los saludó y siguió adelante para tratar de entrar a la capilla. Pizano entonces se acercó a ti y te dijo, al oído, algo como lo siguiente —no recuerdas la frase con exactitud, pero sí su espíritu, porque te dejó temblando—: *ahí va el tipo más peligroso de este país.* Tú sabías de los problemas de Pizano en la Fiscalía, él de los tuyos, que habías sido imputado y guardado seis meses, y momentos antes habían hablado de eso, aunque de refilón, como sin interés o sin energía, así que no te sentiste cómodo de ahondar en la rabia repentina que él mostraba en sus palabras.

(En este punto, julio de 2018, muy pocas personas sabían de los hallazgos de Pizano sobre pagos irregulares en el Consorcio Ruta del Sol II. Entre las personas que sabían, además de un puñado de periodistas como Iván Serrano, Cecilia Orozco y María Jimena Duzán, estaban el propio fiscal general NHMN y tal vez Jaime Zetien, el fiscal al frente del caso que calentaron en contra de Pizano para presionarlo a guardar silencio, esto último según declaraciones de María Carolina y su abogado desde 2022, Miguel Ángel del Río.)

Pienso en esta escena porque recuerdo otras palabras que me han perturbado alto, muy por encima incluso de las corruptelas que Pizano descubrió, denunció y acabaron conduciéndolo a grados de presión que agravaron su estado de salud y lo llevaron a la muerte.

Según María Carolina —Duzán lo corrobora en la entrevista que grabaron en diciembre de 2022 porque ella también se lo escuchó al padre—, Pizano pensaba (sabía) que no sobreviviría al carcelazo con el que estaban acorralándolo. La idea de una medida de aseguramiento de detención preventiva en establecimiento de reclusión, que lo guardaran seis o diez o doce meses mientras avanzaba su proceso de defensa, lo avergonzaba y lo enfermaba y lo llenaba de inseguridades.

Pienso en la hija y en esa confesión terrenal porque pienso en ti, padre, y me pregunto: ¿tú cómo hiciste para sobrellevar la angustia creciente de que fueran a encerrarte? ¿Fue una realidad que se te vino encima, sin darte cuenta, o pudiste prepararte para ella? John, tu abogado y paciente escudero todos estos años, ¿cómo hizo para ayudarte a imaginar esa supervivencia?

Al margen de la fractura de hombro el primer día de tu detención, ¿cómo conseguiste, viejo, no acabar enfermo? ¿Fue suficiente la ensalada que pudimos meterte una vez a la semana? ¿Cómo soportaste la cárcel e hiciste de esa temporada allí algo más que amargura y resentimiento? ¿Qué te dio oxígeno y cordura en medio del zumbido de bichos y mugres que durante meses poblaron tu cabeza?

*

Sí fuiste zorro. Y tu alfabetización en el complot y el poder te sirvieron para leer el patio y trabajarlo.

Y también tuviste suertes de nombre propio: Carlos Garzón y Franco Chávez, el uno excapitán de la policía y exfuncionario de inteligencia del Inpec, el otro mayor retirado de la misma institución, ángeles guardianes también guardados, cerebros-destino que alimentaron tu propia alarma cognitiva y te ayudaron a mitigar las llamas de la vergüenza y la rabia que atormentaban tu mente y pudieron haberte devorado.

Pero tampoco fuiste (eres) tan zorro, porque de haberlo sido no te habrías distanciado sólo del hermano Moreno canalla (Iván), sino que habrías sabido leer más temprano y mejor al hermano Moreno solapado (Samuel) y así haberte distanciado de él también, y más a tiempo… Pero ¿a tiempo de qué?

Haberte. Hubieras. Habrías.

Si estos son mis pretéritos de subjuntivo y mis condicionales, no puedo imaginarme los remordimientos y las pesadumbres de María Carolina Pizano Ponce de León y de Adriana Díaz Lezama.

Hay gramática del dolor que se nos escapan.

*

Supongo que es cierto, porque así pude confirmarlo, que no te fuiste de la Secretaría Distrital de Movilidad apenas empezaron a confirmarse los rumores de corrupción del alcalde

Samuel Moreno porque intervino el santismo y luego porque Clara López, la alcaldesa encargada, así te lo pidió. Pero no creo que haya sido sólo eso, fue también tu (legítima) ambición, o más que tu ambición, la convicción íntima de que no ibas a tener otra oportunidad en el poder público. Y no la tuviste: no porque en ese momento te hubieras quedado o no al frente de las responsabilidades que habías asumido, sino porque la vida cuesta comprenderla en todos sus nudos.

También somos analfabetas de nuestras propias experiencias.

*

Acercarse a la cárcel es como llenarse de polvo de repente, de pies a cabeza, porque te sacudirás pensando que te ahogas, y te ahogas, es cierto que te ahogas, pero también es cierto que el peso de repente de ese polvo no es lo que te ahoga.

*

Volví a buscar al fiscal Zetien en abril de 2023, ya no para insistirle sobre el caso de Álvarez y las preguntas que de manera opaca me contestó o no me contestó (la mayoría), sino para conocer su lectura de una Fiscalía en crisis de credibilidad y sobre su propia situación ambigua, señalado en público de presiones indebidas como la ocurrida en el caso de Pizano, pero también trasladado a Cúcuta en marzo de 2022 luego de al parecer tener lista una imputación en contra del expresidente Álvaro Uribe en un caso de injuria y calumnia denunciado por el periodista Daniel Coronell, imputación frenada con su traslado según la versión del periodista.

Zetien me contestó el 5 de mayo de 2023: «[...] le expreso que, frente a los temas que cita, no tengo lectura distinta a una lectura jurídica [...] No he terminado enredado en alguno de los casos que usted expresa, ni he actuado nunca por fuera del marco legal, ni bajo los intereses que usted señala [...] respeto las opiniones de las personas y fuentes de los periodistas que cita, aunque no las comparta».

Sobre el caso Tunjuelo-Canoas, donde uno de los indiciados fue Pizano, Zetien señala que, en su momento, el 14 de noviembre de 2018 (una semana después de la muerte de Pizano), él presentó «comunicación pública» y me invita a buscarla en internet porque, dice, se ratifica en lo entonces escrito. Busco la comunicación. Son siete puntos. En el punto tres, que está redactado de manera confusa, dice NO haber sostenido conversaciones con el abogado de Pizano en el siguiente sentido: «Han dicho en los comités del fiscal [que] jodan a Pizano» [sic].

¿Habla del entonces fiscal general? ¿De qué comités habla? ¿De los técnicos-jurídicos relacionados con el programa Bolsillos de Cristal, cuyas actas, junto a la organización El Veinte, hemos solicitado y nos las han negado sin explicación clara de por medio?

De los siete puntos, el último es el que más me interesa. Tal vez Zetien lo deja para el final porque lo considera su prueba contundente: «La investigación contra el señor Pizano Callejas permaneció activa en los últimos cinco años, lapso durante el cual nunca se cerró, por lo que jamás se tuvo que recurrir a una reapertura del proceso».

Jamás se tuvo que recurrir.

El fraseo es fascinante. Su operatividad cognitiva implica que él bien sabe que a veces *sí toca recurrir.*

Sobre todo, el punto confirma la lectura crítica consolidándose, en la opinión pública, respecto a la toma de la Fiscalía por parte de NHMN para aprovecharla en su acervo de amenaza: allí las investigaciones *permanecen activas*; allí *nada nunca se cierra* porque todo puede resultarle útil al tejemaneje del poder. La Fiscalía General de la Nación como un depósito eficaz de amenazas en potencia.

*

Existe un animal mitológico que planeó por encima de estas esquirlas de historias como ningún otro: la siempre mentada *independencia y autonomía de los fiscales*.

La citan, la prosopopeyan, ellos cargan en su guante los artículos 228, 230, 249, 250, 251, 252 y 253 de la Constitución Política de Colombia y las jurisprudencias relativas, pero en rigor, como acabé entendiéndolo luego de decenas de conversaciones con personas en la propia Fiscalía, abogadas de distinto tipo, escuchando a la senadora Angélica Lozano en el debate por la corrupción de Odebrecht/Aval en noviembre de 2018 e incluso leyendo a estudiosos de la institución, la independencia de los fiscales es en realidad relativa.

(Cuando menos, relativa.)

Para empezar, la palabra *delegados*. ¿Por qué siempre hablan de los fiscales como *delegados?*, me pregunté alguna vez en un desvarío de mi alarma cognitiva. Les llaman «delegados» porque siempre actúan en representación del fiscal general, con lo cual operan de acuerdo a las políticas y las directrices formuladas por este superior jerárquico arriba en la cúspide de un aparato con forma de pirámide. Es decir, son autónomos dentro de los principios de unidad de gestión y jerarquía, lo que significa el perfil de la jefatura de quien dirige la institución.

Los alcances de este *poder de dirección* me resultaron más claros cuando leí los artículos 249 a 253 y me explicaron lo siguiente: la Constitución habilita al fiscal general para presentar proyectos de ley en materia de política criminal; le permite otorgar funciones de policía judicial y expedir manuales de procedimientos y normas técnicas; incluso le confiere la potestad de desarrollar facultades reglamentarias en materias concretas como el principio de oportunidad, la cadena de custodia o la priorización de casos. Dicho de otro modo, el fiscal general tiene el poder no sólo de administrar el aparato acusatorio del Estado, sino de moldear la forma como el aparato opera. (Por eso pudo existir un programa como Bolsillos de Cristal.)

Es diferente con los jueces de la república, sobre quienes se predican los artículos 228 y 230 de la Constitución, y quienes (ellos sí) sólo responden a la Constitución y la ley. Los fiscales, en cambio, responden a la Constitución y la ley, pero al tiempo responden al conjunto de artículos 249 a 253, es decir, al poder de modulación del fiscal general de turno, que puede asumir investigaciones o acusaciones cuando considere que el proceso lo amerita, puede asignar o desasignar casos e incluso trasladar a cualquier fiscal a cualquier municipio del país sin necesidad de justificar o motivar las razones de reasignación o traslado: *necesidades del servicio.*

(Todo esto, de acuerdo con los conocedores de la Fiscalía por dentro, se agudiza cuando hablamos de fiscales delegados ante la Corte Suprema de Justicia a cargo de procesos de connotación nacional.)

El animal mitológico planea en el ordenamiento jurídico del país y aterriza también en una preocupación —extendida al menos en ciertos círculos de abogados procesalistas— respecto a nuestro modelo de enjuiciamiento criminal: si las defensas y los fiscales participan del proceso adversarial que decide un tercero imparcial (el juez en este sistema acusatorio), ¿cómo es posible que sea la propia Fiscalía la que investiga a los jueces por sus decisiones?

Animal mitológico y también recodo intrincado en los pantanos de la ley en Colombia.

*

NHMN nunca ha conseguido explicar con claridad su grado de conocimiento y su grado de involucramiento en los negocios Odebrecht/Aval en Colombia, un laberinto de sobornos extendidos por años que, existe un consenso en el reputado periodismo de investigación del país, las autoridades judiciales colombianas han investigado a medias, de manera fraccionada, con avances arbitrarios y retrasos inexplicables, persiguiendo a peces medios y haciéndose los de la vista gorda frente a las cabezas de las distintas operaciones, todo esto en las últimas dos administraciones de la Fiscalía General de la

Nación (2016-2023), la primera a cargo de NHMN, la segunda a cargo de un amigo cercano del entonces presidente Iván Duque, quien llegó al poder de la mano del Centro Democrático en alianza con Cambio Radical, la casa política de NHMN.

*

Al cierre de la escritura de este libro una avalancha de noticias sobre los casos de Odebrecht/Aval volvió a la carga y removió los sedimentos.

Las fuerzas se me agotan para entenderlas. Las leo sin embargo como tratando de descifrar algo que está más allá de los hechos mismos que refieren o parecen referir.

Son noticias que enmarañan (hubo más coimas), que hacen aparecer nuevos pliegues (estuvo involucrado un alto funcionario cuyo nombre permanece oculto), que despiertan nuevas demandas para la justicia porque las hijas de Jorge Enrique Pizano Callejas volvieron a exigir que se investiguen las muertes para ellas no esclarecidas de su padre y de su hermano y, al tiempo, son noticias que desatan movimientos tanto judiciales como performáticos.

Un esbozo estupefacto de esta última avalancha de noticias:

El Grupo Aval, el Departamento de Justicia de los Estados Unidos y la SEC (Securities and Exchange Commission) hicieron público el 10 de agosto de 2023 un acuerdo al que llegaron llamado «enjuiciamiento diferido» (DFA, *deferred prosecution agreement*). La autoridad de vigilancia tiene bases para acusar al investigado, pero se abstiene de hacerlo porque pactan ciertas condiciones, en este caso un monto de dinero (ochenta millones de dólares), colaboración en materia de información y cambios en las prácticas corporativas que permitieron los sobornos. El acuerdo incluye un periodo de tres años para que el Departamento de Justicia revise si se ha cumplido lo pactado. Como tituló *La Silla Vacía*, «Grupo Aval paga la factura por su corrupción y protege a sus cabezas».

En el texto del *acuerdo de enjuiciamiento diferido*, reportado y analizado por la periodista María Jimena Duzán, aparece la participación de Corficolombiana y Odebrecht en el pago de otro soborno por 3.4 millones de dólares del que no se tenía noticia en Colombia (aquí las autoridades no lo han investigado). Este nuevo soborno habría sido pactado en mayo de 2014 en vísperas de la campaña presidencial junto a un alto funcionario del gobierno de Juan Manuel Santos, denominado en el documento como «*colombian official 3*».

Una semana después de esta noticia, en sincronía con la manera como los abogados del Grupo Aval intentaron comunicarla en clave de exculpación —tarea en la que los acompañaron ciertos medios y periodistas aliados—, la Fiscalía de Barbosa anunció (volvió a anunciar) la imputación a cincuenta y cinco nuevos individuos presuntamente involucrados en la corrupción Odebrecht/Aval y con ello el cierre de la investigación.

¿El cierre de la investigación?

En el grupo de estas cincuenta y cinco personas hay doce exdirectivos de la multinacional, treinta y dos exfuncionarios, dieciséis de ellos de la Agencia Nacional de Infraestructura (ANI) y ningún alto cargo corporativo del Grupo Aval. Entre los dieciséis exfuncionarios de la ANI, nueve de ellos son testigos de la defensa del exdirector de la entidad, Luis Fernando Andrade, quien está en varios procesos y a quien volvieron a sumarle una imputación más.

Antes, a finales de febrero de 2023, cuando parte de estas nuevas imputaciones fueron anunciadas, al juez que lleva el caso de Andrade no le gustó la noticia de testigos en curso llamados a imputación y la calificó de «precedente nefasto». Luego, en esa misma audiencia pública, le preguntó al delegado fiscal: «¿Cuál es el mensaje que me quieren enviar?».

Para exfuncionarios de rangos medios el mensaje parece transparente: a partir de interpretaciones aéreas y arbitrarias de documentos contractuales, es posible que sus vidas públicas y laborales queden sepultadas.

Por sobre todo, habrá un rótulo mediático insalvable: *corrupción Odebrecht* o *corrupción Odebrecht/Aval*. Nadie nunca averiguará y expondrá de fondo si esas nuevas imputaciones a esos mandos medios son o no por hechos o procesos contractuales relacionados de manera directa con los sobornos inscritos en la marca mediatizada.

Mientras tanto, a los altos directivos del Grupo Aval, entre ellos el hijo heredero y presidente del conglomerado, Luis Carlos Sarmiento Gutiérrez —a quien ya la Superintendencia de Industria y Comercio le había formulado pliego de cargos en 2018 por el aprovechamiento de un conflicto de interés en este mismo berenjenal de la Ruta del Sol, investigación archivada dos años después porque un nuevo superintendente concluyó que la facultad sancionatoria había caducado—, no les reabrieron las investigaciones archivadas y, por el contrario, a raíz de una petición de la Secretaría de Transparencia de la Presidencia de la República, la Fiscalía de Barbosa aprovechó para ejercer de nuevo (pasó en uno de los casos contra el expresidente Uribe), y de manera velada, otra más de las defensas que no le corresponden.

El pleno pulmón

Dije al principio de este libro que no volví a acercarme a la familia Díaz Lezama para preguntarles nada. No es exacto. A finales de 2022, avanzado en la redacción, volví a buscar a Adriana para preguntarle si estaba de acuerdo con que publicara su remota carta de negativa. Conversamos largo. Acordamos no publicarla. (Lo conté en *prehistoria*, el movimiento uno del libro.) Entre mi carta detonante de finales de 2015 y mi última pregunta en octubre de 2022, pasó todo lo que ha pasado en este libro y también ocurrió que Adriana y yo nos vimos y conversamos una buena cantidad de veces y fuimos dándole movimiento a nuestro pacto de escuchas sellado con silencios.

En uno de esos encuentros ella y yo amanecimos llorando. Estábamos con un par de amigos que le pidieron a Adriana que tocara violín allí en la sala de su casa azulándose con el despertar del día. En el llanto de esa madrugada también contemplamos una posibilidad que a ella primero le sonó y luego la descartó: leer juntos, en voz alta, pasajes de este libro. No lo hicimos. Nunca lo haremos. Como el violín que tampoco sonó esa madrugada en su casa.

Y sin embargo, querida Adriana, al filo de despedir el no-libro de mi voluntad de escribir sobre tu hermana —que luego fue el libro de lo que le hicieron pasar a mi viejo y luego es también este libro disuelto en el trauma del encierro pandémico—, tuviste el gesto fértil y definitivo de liberarme de mis múltiples angustias conversadas diciéndome que escribiera lo que quisiera, nomás que lo hiciera de manera empática, y eso creo haber estado intentando desde hace años cuando te busqué y te dejé de buscar y luego te volví a buscar y también cuando tú me buscaste preocupada por mi salud mental a raíz del carcelazo del viejo, y nunca te lo dije, porque yo también me retiré de los contornos del mundo, pero cómo lloré agradeciéndote que estuvieras pendiente mientras ambos llorábamos por decenas más de cosas.

Perdóname, Adriana, si en la necesidad de contar el torbellino que levantó mi presente y mi futuro inmiscuí las geografías del pasado que el torbellino también me levantó.

Perdóname, o dime dónde empezar a reparar.

*

Y escúchame, por favor, una última llovizna que fue un sonido público donde se enlazaron los nombres de Rosa Elvira y Alejandra.

Ocurrió en el Teatro Mayor el 29 de marzo de 2023 en la inauguración del Festival Escolar de las Artes de las Secretarías de Educación y Cultura del Distrito. Distintos grupos artísticos de colegios públicos y privados se presentaron a lo largo de dos horas para mostrar trabajos del festival del año anterior y también nuevos montajes. Empezamos a ver piezas asombrosas, de enorme destreza técnica, divertidas, una coreografía urbana, dos canciones de música clásica, un grupo escueto de seis músicos con pérdidas auditivas y sonrisas gigantes.

De repente, hacia el final de la jornada, apareció un coro con puesta en escena. Primero fueron cuatro instrumentos básicos, una guitarra, un bajo, una batería y un sintetizador. Por delante de esa base se plantó una primera línea de doce adolescentes vestidas de negro con pañoletas moradas y luego cuatro más de negro también que se desplomaron en el piso de la tarima a los flancos. Representaban cadáveres. Cada una de las doce de pie fue alzando una foto enmarcada. Una vez arrancaron la música y el canto, al frente de esa línea de coro, teniendo cuidado de no pisar los cuatro cuerpos en el suelo, fueron sumándose otras doce niñas, algo más pequeñas que las primeras adolescentes, vestidas de blanco, con alas, y ellas también fueron entrando al escenario alzando un marco que, en principio, de perfil, no se sabía qué era, si otras fotos o carteles o qué, y una vez llenaron el frente de la tarima se giraron y leímos los doce nombres que a su vez iban tronando en la canción.

Se trataba de una adaptación de *Canción sin miedo* de Vivir Quintana, uno de los varios himnos de protesta feminista de América Latina, éste en particular nacido en México, de donde es oriunda la cantautora. La adaptación la hacía un grupo de niñas y jóvenes del colegio público Andrés Bello de la localidad de Puente Aranda. Los coordinaba Ofir Durán, docente de Artes del colegio. En la adaptación iban variando las regiones mencionadas en la canción original y en especial los nombres de esa serie de mujeres cuyos casos de violencia feminicida han calado en los movimientos feministas de protesta y, junto a esas protestas, en sectores más amplios de la opinión pública.

Lo que quiero decirte, Adriana, es que el teatro estaba repleto de colegios, de profesoras y profesores, de medios de comunicación, y las niñas del colegio Andrés Bello, allá arriba en la tarima, cantaban todas las canción a pleno pulmón, un grito y una demanda que fueron expandiendo por el teatro y nos fueron poblando las gargantas y los lagrimales de algo que era dolor compartido, pero también cierta alegría altiva de que ese poder aural estuviera sonando allí, con aquel puñado de niñas amplificadas de ojos transparentes:

> Que tiemble el Estado, los cielos, las calles
> que tiemblen los jueces y los judiciales
> hoy a las mujeres nos quitan la calma
> nos sembraron miedo, nos crecieron alas.

En el coro de la adaptación, el primer conjunto de seis nombres incluía a Rosa Elvira, a Alejandra y una otra llamada Juliana:

> Rosa Elvira, Alejandra, soy Juliana.

¿Quién habrá sido Juliana? ¿Cuál fue el trayecto de dolor y luego el trayecto de perseverancia y luego el trayecto estético para que su nombre estuviera allí, en el imaginario público a pleno pulmón colegial?

*

En el libro *Lo que no tiene nombre*, la poeta y novelista Piedad Bonnett tantea los límites de la escritura porque trata los límites del dolor, el suyo como madre cuyo hijo toma la decisión (por impulso) de suicidarse, y los varios de su hijo Daniel, quien lidia con un trastorno de salud mental al tiempo que enfrenta vicisitudes de la vida tan distintas como un cuadro severo de acné tardío, tratamientos dermatológicos agresivos para enfrentarlo, mandatos estéticos de su tiempo («la pintura ha muerto») que obran en detrimento de su sensibilidad y de su talento y de su claridad para tomar decisiones acertadas hasta conducirlo a una última conjunción de presiones académicas que termina por agotarlo más allá de lo físicamente comprensible.

El libro es una exploración en la herida propia y en tal medida se enfrenta, como quizás todo libro de no ficción contado desde la primera persona que narra una desgracia en la que está involucrada, a la paradoja impuesta y autoimpuesta de tener que explicar por qué ha decidido contar lo que está contando.

Bonnett empieza a resolverlo desde un pasaje de *El acontecimiento* de Annie Ernaux, donde la escritora francesa reivindica el derecho imprescriptible de escribir sobre lo que se ha vivido.

«No existe una verdad inferior», escribe Ernaux. «Da el derecho, sí. Pero me pregunto por qué lo hago», contesta Bonnett, y en la deriva de esta espiral que se expande —«narrar equivale a distanciar y a dar sentido»; «contando mi historia tal vez cuento muchas otras»; «la escritura abre y cauteriza al mismo tiempo las heridas»—, las respuestas desde todos los ángulos van ahogando una única respuesta clara y contundente porque la pregunta es pública y no íntima, merodeos, es decir, gesticulaciones para impedir que nos atribuyan algo, no sabemos qué, lo presentimos y lo calculamos, lo balbuceamos pero no podemos precisarlo, que somos tremendistas, apropiacionistas, demasiado cerebrales, el reclamo de que somos impasibles, como lo dije yo de Valbuena y lo sugerí de Zetien y por extensión tal vez de los operadores de la justicia, algo.

Si la pregunta fuera íntima y no pública, o más íntima que pública, si la pregunta permaneciera íntima extrema, encerrada en el cerebro, sin gesticulaciones de ningún tipo, viviríamos tal vez en el ala radical del derecho que Ernaux y Bonnett ponen por delante y, me temo, un ala así podría propiciar la locura.

La cuerda de la cordura vuelta a tensar.

*

Averiguaremos por qué hemos decidido contar lo que hemos decidido contar, y de la forma como hemos decidido hacerlo, mucho tiempo después si tenemos suerte. Y lo más probable es que no contemos con tal suerte.

Contar desgracias propias y ajenas es a la vez más parecido de lo que pensamos y más radicalmente diferente de lo que la unidad *contar* podría hacernos creer. Otra paradoja.

No es tan distinto porque nos encontramos en la fuerza del verbo (contar) que es dar sentido que es dar ritmo: el logos y la poesía operando la lucha contra la arbitrariedad de la vida y el dolor de vivirla.

Pero es muy distinto porque no somos nadie para imaginar la pulsación de la rabia y el rencor y la amargura de quien ha sido despojado de su amor, el cuerpo de su familiar roto, lazos de vida destruidos para siempre.

No somos nadie, y somos también nuestra única oportunidad de fragilidad y relato.

El pleno pulmón.

Otra cosa más bella con tus pedazos

Estas historias porosas o fracciones de historias o historias con silencios sobre los pantanos de la justicia en Colombia me han conducido a entender una parte significativa de la realidad como el entramado de tres tipos de verdades: la verdad íntima, la verdad mediática y la verdad judicial. También podría tomar el sustantivo *verdad* y reemplazarlo por *disputas*.

La disputa íntima, por ejemplo, que me significó dudar de la salud mental de mi viejo el primer día de su detención preventiva porque en la noche apareció en una clínica fracturado del hombro derecho; o las horas anteriores, durante el primer día de la pavorosa imputación de cargos, cuando salimos de allí luego de escuchar un contrasentido paralizante y difícil de conciliar: por un lado lo acusaban de un galimatías de derecho administrativo que parecía minucia discutible, pero por otro lo llamaban «cabecilla» a diestra y siniestra y en asocio con el carrusel de la contratación.

Claro que en un punto sucumbimos al miedo provocado por este contrasentido labrado con sinuosidades retóricas y saña. Claro que hicieron mella en mi verdad íntima porque me hicieron sospechar de las calidades morales de mis afectos.

Pero mi verdad íntima es ahora de otra consistencia pues, a fin de cuentas, ¿a cuántas de ustedes, lectoras y lectores que han tenido a su padre o a su madre o a algún familiar en el servicio público, el aparato de investigación del Estado les ha esculcado hasta las últimas consecuencias y el hostigamiento, sin encontrar otra cosa que un caso traído de los cabellos?

Que la consistencia de mi verdad íntima hoy sea distinta no significa que no responda a su vez a nuevas vulnerabilidades. Aquella de la salud del viejo, por ejemplo, y en tal sentido,

¿cómo conseguir que esta injusticia que pesa sobre su nombre público no acabe enfermándolo de manera fulminante?

Al tiempo están la verdad mediática y la verdad judicial.

En rigor, la disputa mediática respecto al caso de mi padre no ha comenzado porque lo que ha existido hasta ahora ha sido su sepultamiento. Quizás la eventual publicación de este libro pueda empezarla aunque sé que tal cosa requiere de chispas o temblores sobre los que uno no tiene control: por ahí que el texto interese a la república democrática de lectores; tal vez que mi libertad de investigación y expresión sea respetada y no reaparezcan fuerzas subterráneas dispuestas al hostigamiento o a intervenir en el juicio en curso para enturbiarlo y así volver a enterrarlo todo; a lo mejor el milagro diferido de que los periodistas y los medios de comunicación que alguna vez titularon a la maldita sea y sin ánimo de precisión o comprensión alguna la noticia desgraciada («a la cárcel exsecretario de Movilidad de Samuel Moreno»), hoy se detengan y vuelvan a leer sus notas y las contrasten con todos los detalles que acá recupero y evalúen ellos mismos cómo podrían ahora ofrecernos un espacio de respuesta de igual proporción.

Respecto de la verdad judicial, de lejos la disputa que más le preocupa a mi familia y la que más angustia le causa a mi padre, ya lo he dicho antes y lo repito en este momento: corre su curso paralelo a este libro que se disuelve; se acerca a nuestra existencia como un destino insoslayable y no permitiré que sea ella la que determine mi verdad íntima ni el ancho de mi decir en la disputa que sea.

Si me abstuve de tratar dicha disputa judicial en lo concerniente a la etapa procesal llamada *juicio*, ha sido por respeto a los tribunales y sin embargo algo sí tengo para decir aquí en esta disolución: es insuficiente, cuando menos, la manera esquemática en la que los operadores judiciales la conciben de bocas para afuera, siempre repitiendo el mantra tranquilizador *la verdad judicial es una sola*, como si la mediación de sentencias de primera, segunda y demás instancias (incluidas las internacionales cuando es el caso), o las turbulencias previas de las etapas de indagación e investigación, para no hablar de los diferentes capitales afectados (económico, social, político, cultural) de los individuos en juego, no fuera todo ello la expresión de una amalgama intrincada de intereses en disputa y ripios inestables que más bien gritan lo contrario: es ante la ley donde más cruelmente acaban transparentadas nuestras segregaciones persistentes.

No creo pues que la verdad judicial sea una sola. Se trata de una verdad tan llena de escombros y sombras como cualquiera de las demás verdades mugrientas con las que contamos, incluidas por supuesto nuestras verdades íntimas y secretas, cifradas éstas en autocensuras y valentías y vergüenzas que ocultan tanto como muestran.

*

En el encierro pandémico conocí a Doris Suárez, excombatiente y líder de La Trocha, un proyecto productivo que empezó como cervecería y luego se convirtió en La Casa de la Paz, el espacio cultural más espectacular que puedan imaginar en Bogotá. Nos conocimos a raíz de un proyecto de escritura con comunidades en el que trabajamos con firmantes de paz.

Doris militó en la Unión Patriótica y en el Partido Comunista hasta el día en que masacraron a un puñado de jóvenes con quienes ella hacía trabajo de base. Tuvo miedo de ser la siguiente y pidió entrada a las filas de las Farc-EP, donde dice que siempre fue guerrillera rasa. Tiempo después la detuvieron y la condenaron a cuarenta años de prisión presentándola como mano derecha de un comandante. Estuvo privada de la libertad catorce años y un día. Salió libre a raíz del Acuerdo de Paz. Nos hemos hecho amigos.

Cuando consiguen jalarle la lengua y hacerla hablar sobre la guerra, Doris reflexiona con crudeza y en un punto u otro acaba mencionando el atentado al Club El Nogal. Ella no estuvo involucrada, pero lo nombra como una de las tantas expresiones de degradación de la lucha armada. Doris no tiene idea de que mi viejo estuvo allí adentro ese día de febrero de 2003. Va a enterarse cuando lea esto.

Durante su condena la trasladaron por varias cárceles porque siempre les montaba un comité de derechos humanos. El encierro hizo que le agarrara cariño a los libros y a la escritura y así consiguió no enloquecer. Algún día amaría escribir un libro con ella como prolongación de los varios textos que ya hemos trabajado juntos. Tiene un ensayo personal descorazonador sobre su brutal experiencia carcelaria en el libro *Resistiendo al encierro*. Allí cuenta con detalle sus dos años en «la torre 9 de mujeres de la Tramacúa», una cárcel de alta seguridad en la zona semirrural de Valledupar.

Era un centro de tortura de treinta y ocho grados centígrados promedio. Sólo tenían cinco o diez minutos de agua al día y nunca sabían en qué momento de la mañana el agua les iba a salir. Un día resolvieron organizarse y crear grupos de «aguateras» para recoger la mayor cantidad de agua posible en esos escasos minutos y poder sobrevivir. Almacenaban el agua en canecas mohosas y galones de aceite que lograban sacar (robar) del rancho. Mejoraron la convivencia a partir de minicomedias para recordarse los acuerdos básicos y no acabar matándose o suicidándose. (Suicidios igual hubo.) A la guardia no le gustó que se organizaran y arreciaron sus arbitrariedades y maltratos. La colectivización del patio de mujeres tuvo un propósito: cerrar aquella maldita cárcel. Su ofensiva fue básicamente telefónica. Un día apareció al fin una funcionaria de la Defensoría del Pueblo. Llegó desde Bogotá porque las denuncias acerca de las condiciones de aquel centro de tortura fueron viajando. «Filmaron cuando las muchachas chupaban de los tubos de los lavamanos para lograr extraer los últimos restos de agua, filmaron las moscas rondando los alimentos, el cubo de basura ubicado junto al comedor colectivo, los baños llenos de mierda por falta de agua para vaciarlos, las mujeres enfermas tiradas en el piso. Lo que la imagen no puede, lo puede la palabra. Entonces fuimos pasando una a una...».

Catalina leyó el texto que Doris escribió para *Naturaleza común* —la publicación digital resultado del proyecto de escritura con comunidades en el que la conocimos—, un relato de no ficción sobre un campesino guerrillero al que le decían Rollito, capaz de leer la trocha y la naturaleza con agudeza asombrosa. Catalina dice que es una obra de arte. Doris, fuerza sobrenatural, dice que es un homenaje. Yo creo que es la transfiguración de la memoria en oxígeno.

*

La pandemia de covid-19 derivó en un cruel experimento social de encierro en aquel presente, pero sospecho que el destilado humano que tiene para decir nos espera en realidad en el futuro, cuando seremos menos obedientes así nos vuelva a faltar el oxígeno.

No me refiero a que existirá una radicalización de la gente en contra de los Estados nacionales y sus insuficiencias democráticas (que sí), sino a que cada vez será más difícil encontrar y vender una narrativa comunitaria y global para que la gente vuelva y se encierre en sus casas y acepte tales propuestas de aislamiento como un *bien público* (salud pública) cuando, en la mayoría de los casos, las segregaciones estructurales previas a la pandemia sólo se agudizaron con las distintas respuestas gubernamentales a la crisis sanitaria en 2020 y 2021.

El discurso público en Colombia nunca se ocupó de considerar el costo social del trauma psicológico pandémico porque apenas si ha podido reconocer y digerir el trauma colectivo de las décadas de guerra. Con más razón, en esta geografía nuestra, la carga de crueldad que el encierro covítico nos significó será una ruina por venir.

*

He apelado a metáforas, expresiones y rompeduras del corazón para dar cuenta de lo que le pasó a mi viejo: nombrarlo, y en ese gesto pasajero que no es sólo lenguaje, concretar la confidencia que alcanza a ser escuchada.

Nunca, sin embargo, conseguí estabilizar una expresión unívoca que, desde el principio de la experiencia de escritura de este libro que es varias esquirlas de libro, haya podido usar de manera sistemática e inequívoca y ya es tarde para ello.

No tengo un nombrar estable porque no basta con llamar a todo esto *injusticia*.

Acá hubo (sigue habiendo) mucho de «justicia» en el sentido de *operatividad judicial*, costumbres y prácticas recurrentes de nuestra cultura jurídica, y eso también es la justicia dentro del régimen de la verdad judicial que tiene tanto de *mugre* como de *mandato de acciones a cumplir*.

Que no tenga un nombre definido y estable para lo que le pasó a mi padre (le sigue pasando) no quiere decir que no lo haya ido nominando de distintas maneras o también negándome a usar otras.

Alguna vez, temprano en el tiempo, lo llamé *acoso judicial*. Pero resulta que el acoso judicial es un concepto posicionado para describir el escenario al que son conducidos los periodistas o los líderes sociales por personas u organizaciones poderosas con la capacidad litigiosa para judicializar aquello que quieren censurar. (De hecho, en 2021, El Veinte presentó un proyecto de ley para proteger a periodistas y defensores de derechos humanos del acoso judicial, pero la discusión no pasó en ese entonces de la Comisión Primera del Senado, donde los congresistas acabaron discutiendo su experiencia personal de confrontación con la prensa y no el fondo del significado y valor de cuidar la libertad de expresión de las formas asfixiantes que existen y ejercen grupos con poder a quienes no les cuesta un centavo de más emprender demandas millonarias.)

Hubo un momento en el que reflexioné con detenimiento, junto a una abogada cercana, sobre las formas y alcances de la *deslealtad procesal*, pero ella acabó persuadiéndome de que lo que le ocurrió a Álvarez fue más grave y no se agota en un caso tal, así en ocasiones puntuales eso haya ocurrido y por eso así lo indiqué cuando lo indiqué.

Me niego a llamarlo *falso positivo judicial* porque la carga de dolor y abuso que adquirió esa expresión, en la historia social reciente del país, nos obliga a cuidarla y a distanciarnos de su abaratamiento narrativo.

¿Presiones indebidas? ¿Mañas procesales? ¿Funcionarios obedientes, empeñados y astutos? ¿Intimidaciones propias del acervo operativo del aparato acusatorio del Estado y sus operadores entrenados o dirigidos en tal trayectoria? ¿El riesgo natural, para un funcionario de alto rango, una vez determinadas entidades del Estado son enfangadas por los intereses políticos y económicos de las fuerzas con poder en el país?

Regresar a la operación de la Fiscalía en ese entonces en materia anticorrupción, descrita por Moreno Rivera como *sicariato judicial*, me estremece porque los verbos que la constituyen están sagazmente cerca de los verbos autorizados para que los fiscales cumplan con su obligación constitucional de adelantar la acción penal del Estado: priorizar (¿seleccionar enemigos o blancos fáciles para encubrir amigos?); investigar (¿poner las herramientas de la institución al servicio de la persecución de los enemigos seleccionados?); judicializar (¿hacerlo como cortina de humo e incremento indiscriminado del indicador *número de imputados?*).

La historia social estableció el nombre de *cacería de brujas* para describir el fenómeno inquisitorial ocurrido entre los siglos XV y XVII en determinadas regiones de Europa cuando cientos de miles de personas, en especial mujeres, fueron quemadas vivas por practicar lo que los inquisidores denominaban *brujería* y que comprendía un conjunto dispar de acciones: ejercer medicina o preparar brebajes; hacer adivinaciones o actos de magia; tener marcas en el cuerpo o indicios de conductas sexuales rechazadas por las autoridades religiosas; blasfemar, que era ofender de manera verbal a la majestad divina; matar ganado, causar esterilidad en la tierra y por supuesto tener cópula carnal con Satanás.

Fórmulas automatizadas en tipos penales indefinidos —como en el caso del delito de *contrato sin cumplimiento de requisitos legales* cuando no se especifica la manera en que se violan cada uno de los principios de contratación— adelantadas a partir de interpretaciones que apenas si necesitaban de evidencias: en la Inquisición también hubo *debido proceso*.

¿Qué nombre elijo entonces?

Ya ninguno.

Es tarde y estamos agotados y sigo extraviado, aunque de forma distinta a como lo estuve en julio de 2017. Ya no prima en mí la angustia y sí la intensidad de la aventura cognitiva que en la vida real sigue fogosa, presente cada vez que asistimos a una audiencia del juicio en curso, viva en cada fórmula verbal y en cada minucia procesal y en cada objeción o astucia cuando las fuerzas de lo que llaman *justicia* van tejiendo el destino judicial de mi padre y junto a él un cierto destino reputacional de mi familia.

Que sea pues la suerte y que este intento por restañar el nombre de mi padre tampoco tenga una marca concreta y estruendosa que transparente lo que a él le ha venido ocurriendo. Que sea así porque sigo comprendiendo lo que nos ocurrió y porque algo me dice que el rótulo de eso ocurrido vendrá luego, como un conjuro, y no nos corresponderá a nosotros su enunciación.

Vendrá cuando acabemos de precisar y denunciar los contornos de lo que fue un abuso craso de la detención preventiva intramural de principio a fin, y detrás de esta arbitrariedad, la violencia estatal de presionarlo y minarlo y pretender hacerlo decir cualquier cosa o cualquier falsedad o lo que fuera que la Fiscalía de entonces necesitara que dijera. Sólo la conciencia de los fiscales que actuaron sabrá lo que pretendían.

*

Últimos temores en la Tierra: no quiero que nadie de mi familia vaya a radicalizarse a raíz de esta injusticia judicial.

Es raro: en esa familia (una de mis familias), es a mí a quien consideran propenso a la radicalización.

Creo que ocurre lo siguiente: yo no considero que radicalizarse sea algo malo por sí mismo. En la práctica artística, digamos, radicalizarse puede ser la más sustancial de las experiencias.

Para ser precisos, lo que no quiero es que mi hermano o mi hermana o mi viejo se dejen crecer el hongo de este fango como resentimiento.

Es raro: yo encuentro virtudes epistémicas en el resentimiento.

Supongo que lo no quiero es que ellos agarren eso que les rompieron e intenten pegarlo igual. Supongo que lo que quiero es que hagan otra cosa más bella con sus pedazos.

*

¿Cómo ocurre la descomposición de la materia en el pantano?

*

Creemos que el agua se estanca en el fango. Y se estanca, pero no para siempre, y no sólo el agua, y no es sólo estancamiento.

El sutil movimiento del agua y las algas del pantano proveen un filtro para la mierda del mundo.

Fósforo y nitrógeno, sedimentos y contaminantes, multitudes y torrentes de desechos humanos acaban en pantanos y humedales y en los lagos del mundo y son descompuestos o decantados por las algas acuáticas y los movimientos delicados del agua.

Así los ecosistemas lénticos se desfiguran con el tiempo: una alta carga de desperdicios los dispara en trayectorias que hacen crecer su población de algas y la saturación de éstas impide el acceso de luz, la fotosíntesis y la producción de oxígeno libre a la par que crece la actividad metabólica de los organismos descomponedores.

El pantano crece, pero también empieza a faltarle oxígeno.

*

Este libro es el soplo que quiere agitar allí ese meandro escaso de agua de pantano para que entre luz y aparezca oxígeno.

Tómalo tú, Catalina miamor, ayúdame a soplar para recuperarnos de mi extravío.

Tómenlo ustedes, Juan Diego y Carmen, y soplen conmigo como mi hermano lo hizo a los cinco años cuando nos guiamos la respiración con la voz.

Es para ti, viejo bello: un ancla de palabras y palabras transmutadas en oxígeno libre; este aire en la palma de mi mano para que respires bien, padre mío.

Agradecimientos

Son decenas los agradecimientos que pronunciaré al oído de quienes en un grado u otro de energía saben que me ayudaron a comprender y a sobrevivir este libro. Muchos de esos nombres propios están acá adentro impresos y ya les murmuré mis gracias, a algunos de manera explícita, a otros en los varios silencios que tejimos, a unas pocas personas en gestos que sabrán hallar. Estos agradecimientos sin nombres propios empiezan a dirigirse también a los desconocidos de corazón abierto que lleguen a esta historia, porque sólo la bondad de su lectura podrá obrar el conjuro.

(Este libro también fue posible gracias al espacio laboral de la línea de investigación en escritura creativa del Instituto Caro y Cuervo.)

«Para viajar lejos no hay mejor nave que un libro.»
Emily Dickinson

Gracias por tu lectura de este libro.

En **Penguinlibros.club** encontrarás las mejores recomendaciones de lectura.

Únete a nuestra comunidad y viaja con nosotros.

Penguinlibros.club

Penguin Random House Grupo Editorial

Penguinlibros